Anat Feinberg

Die Villa in Berlin

Eine jüdische Familiengeschichte

1924–1934

Anat Feinberg

Die Villa in Berlin

Eine jüdische Familiengeschichte 1924 – 1934

Wallstein Verlag

Bibliografische Information der Deutschen Nationalbibliothek

Die Deutsche Nationalbibliothek verzeichnet diese Publikation in der Deutschen Nationalbibliografie; detaillierte bibliografische Daten sind im Internet über http://dnb.d-nb.de abrufbar.

3. Auflage 2025

Wallstein Verlag GmbH
Geiststr. 11, 37073 Göttingen
www.wallstein-verlag.de
info@wallstein-verlag.de
Vom Verlag gesetzt aus der Alegreya und der Alegreya Sans
Umschlaggestaltung: Marion Wiebel, Wallstein Verlag, unter Verwendung zweier Fotografien aus dem Privatarchiv Feinberg. Sie zeigen die Familie Grüngard und ihre Villa in Berlin.
Druck und Verarbeitung: bookSolutions Vertriebs GmbH, Göttingen
ISBN 978-3-8353-5315-2

Rückblende

»Erzähl mir von ihnen. Was haben sie dir über die Jahre in Berlin berichtet?«

»Wie soll ich das? Ich habe meinen Großvater Faivel nie kennengelernt. Er starb fünf Monate, bevor ich zur Welt kam«.

»Und deine Großmutter Braina?«

»Sie hat kaum über die Berliner Jahre gesprochen.«

»Aber du bist doch mit ihr aufgewachsen, oder?«

»Ja, von Geburt an. *Savta* Braina war die Königin bei uns zu Hause in Tel Aviv. Ihr prüfender Blick reichte in alle Zimmer, sie plauderte stundenlang am Telefon – Jiddisch, Hebräisch, alles durcheinander. Und wie sie kochte! Durch die Wohnung zog der Duft köstlicher Gerichte, mit denen sie Gott und die Welt bewirtete – –«

»Entschuldige, aber du schweifst ab. Was hast du denn von ihr gehört?«

»Am Schabbat-Morgen, gleich nach dem Aufwachen, eilte ich zu ihr ins Bett – und dann erzählte sie. Nein, nicht über Berlin. Über die *ki*-Menschen, wie ich sie nannte: ihre Freunde Wirschubski, Uzhinski, Dubowski, Zmijewski und Tolkowski – und auch über ihre Familie, die Sudarskis, und die zahlreichen Verwandten aus Litauen. Aber das war alles nicht so wichtig für mich. Das Wichtigste war, zusammen mit *Savta* im Bett zu liegen und mich an sie zu schmiegen. Später, als ich aufs Gymnasium ging, konnte man sie nicht mehr fragen, was damals in Berlin gewesen war. Als ich *Savta* im gediegenen Altenheim *Neve Aviv* besuchte – wir nannten es im Scherz *Neve Oj-wej* –, leuchteten ihre dunklen Augen, sie küsste mich, wollte alles von mir hören und sprach nur wenig. Langsam erlosch das Licht in den Augen, sie verlor die Sprache, das Gedächtnis und verstummte.«

»Und deine Mutter Ayala, hat sie denn nichts erzählt?«

»Selten. Und nicht viel. In meiner Kindheit existierte keine Welt jenseits des Meeres, nur der Staat Israel. Ich hatte ja nie eine Grenze überquert. Was sie erzählte, klang wie ein Märchen, irgendwo in weiter Ferne. In unserer Wohnung standen schwere Möbelstücke, darunter ein riesiges Buffet (so nannte sie es, selbst wenn sie Hebräisch sprach). An den Wänden hingen zahlreiche Ölgemälde mit eigenartigen, ganz ›un-israelischen‹ Landschaften. ›Alles haben wir damals mitgenommen‹, bemerkte meine Mutter trocken. Für Nostalgie hatte sie keinen Platz und keine Zeit. Sie war eine junge Witwe, musste schwer arbeiten, um die Familie durchzubringen. Jahre später – sie war schon alt und gebrechlich – haben wir angefangen, sie auszufragen, auch weil uns die immer selben Geschichten erheiterten. Sie erzählte eigentlich nur Bruchstücke, immer das Gleiche – auch, dass sie in ihrer Jugend in Berlin nicht glücklich war. Nach ihrem Tod blieb uns nur ihre Stimme auf einigen Tonbändern, und dann ist da noch eine Video-Kassette, auf der man sie sehen kann. Erst jetzt weiß ich, dass sie vieles verschwiegen und verborgen hat, bewusst oder unbewusst.«

»Bist du dir sicher?«

»Absolut. Jede Menge Überraschungen warteten auf mich.«

»Wo denn?«

»In zahlreichen Archiven – und nicht nur in Deutschland. Auch in Schweden, Polen und natürlich in Israel. Angefangen mit den Entschädigungsakten. Oder die Unterlagen im Grundbuchamt in Berlin-Schöneberg und der Jahresbericht des Rückert-Gymnasiums. Und dann die Akten im Stockholmer Stadtarchiv. Sogar im Archiv des *Habimah*-Theaters in Tel Aviv bin ich fündig geworden. Und noch in weiteren Sammlungen – darunter auch ein privater Nachlass, der im Internet zum Verkauf angeboten wurde. Dank der Digitalisierung kam ich zudem an zahlreiche alte Zeitungen und Zeitschriften heran, vor allem auf Deutsch und Hebräisch. Außerdem sichtete ich wissenschaftliche Bücher, Aufsätze, Doktorarbeiten. Und natürlich las ich Memoiren und führte Gespräche mit Zeitzeugen. Es gelang mir sogar, die Nachkommen der jüdischen Schülerinnen, die gemeinsam mit meiner Mutter in Berlin das Abitur machten, in Israel und in den USA ausfindig zu machen.«

»Das alles muss dich viele Jahre gekostet haben?«

»Das schon. Aber es war aufregend, und ich hatte großes Glück. Menschen, die ich nicht kannte, haben ihre Hilfe angeboten, stöberten mit mir und für mich in alten Akten, übersetzten aus unterschiedlichen Sprachen, gingen geduldig auf meine oft seltsamen Fragen ein. So wie der langmütige Mitarbeiter des Friedhofs an der Heerstraße in Berlin, der sich wohl insgeheim darüber wunderte, warum es mir so wichtig war, das Todesjahr der Malerin Olga Meerson herauszufinden. Doch – –«

»Wieso schweigst du plötzlich?«

»Es war mir von Anfang an klar, dass ich kein wissenschaftliches, kein historisches Buch schreiben wollte. Ich habe bereits zwei Historiker in der Familie – das reicht vollkommen.«

Aber was wollte ich denn eigentlich? Nun, natürlich wollte ich die Geschichte meiner Familie wieder zutage fördern – und zugleich den jüdischen und hebräischen Alltag im Berlin der zwanziger und dreißiger Jahre aufleben lassen. Beides irgendwie zusammenzuführen, das war meine feste Absicht. Aber ich hatte keine Ahnung, wie ich es anstellen sollte. Diszipliniert und voller Tatendrang habe ich mich jeden Morgen an den Schreibtisch gesetzt. Die Erinnerungsstücke schauten mich neugierig an: von der Kommode blinzelte mir der farbenfrohe Fasan auf der wunderschönen Porzellanvase zu, in der Bibliothek sehnten sich die edel gebundenen Bände der großen Bialik-Ausgabe förmlich danach, durchgeblättert zu werden. Diese und viele andere Objekte hatte meine *Savta* 1934 von Berlin nach Tel Aviv mitgenommen – und Jahrzehnte später begleiteten sie mich von meiner Geburtsstadt Tel Aviv nach Stuttgart.

So verstrichen Wochen, Monate. Das Material stapelte sich auf und neben dem Schreibtisch, auf den Regalen, sogar auf dem Teppich. Ich habe kein einziges Wort geschrieben.

Auch an jenem Vormittag. Meine Augen schweiften über fotokopierte Dokumente, die Briefe des Großvaters und die überquellenden Notizen. Mein Blick blieb resigniert am Fenster hängen. Draußen nieselte es.

Und plötzlich war er da. David.

»*Ich* werde es für dich erzählen«, sagte er.

»Wer bist du denn?«

»Ach, Anat, ich bin nicht so wichtig. Du musst auch nicht alles wissen. Wichtig ist, dass ich viel Zeit mit deinen Großeltern in Berlin verbracht habe.«

Ich war verblüfft.

»Aber wie bist du zu ihnen gekommen? Erzähl mir alles, erzähl über dich«, drängte ich ihn.

Doch er war bereits weg. Zurückgelassen hat er diese Seiten.

1 Schabbat, 22. März 1924

Das Gerücht verbreitete sich wie ein Lauffeuer. Am Bayerischen Platz pfiffen die Spatzen von den Dächern, dass der Herr aus Schweden ein tüchtiger und erfolgreicher Geschäftsmann sei. Wie hätte er auch sonst den Bau der prächtigen Villa am Rande des Parks, unweit vom Rathaus, in Angriff nehmen können?

»Vierhunderttausend Mark.«

»Vielleicht sogar mehr.«

»Ein merkwürdiger Familienname. Sind sie von unserem Stamm?«

»Eigentlich ja, aber Ostjuden.«

»Grüngard mit Umlaut?«

»Ja, mit Umlaut. Sie kommen jedoch aus Litauen, irgendeinem Städtchen.«

»Und sind reich.«

»Steinreich.«

»Und was haben sie denn in Stockholm gemacht?«

»Wer weiß ... Geld haben sie gemacht.«

Henni blieb nach dem Bridgespiel noch eine Weile für einen Plausch mit Mutter, nachdem die anderen längst fort waren. Als ich nach Vaters Tod aus Palästina nach Berlin zurückkehren musste, bemerkte ich, dass sich die beiden Frauen noch nähergekommen waren. Seitdem verbringen sie ungezählte Stunden miteinander. Es war schon spät, als sich Henni an jenem Abend endlich verabschiedete. Da fiel ihr ein, dass sie mich noch etwas hatte fragen wollen. Ich kam aus meinem Zimmer. »David, wie viele Privatschüler hast du jetzt«, wollte sie wissen, und ob ich Interesse hätte – –

»Ach, lass ihn doch in Ruhe, Henni«, warf meine Mutter ein, »es ist ja kein sehr lohnendes Geschäft. Und zudem Hebräisch ... – Du weißt ja, was ich davon halte. Ich bin froh, dass er endlich im Warenhaus Tietz eine Stelle mit regelmäßigem Salär gefunden hat. Das ist keine Selbstverständlichkeit in diesen schweren Zeiten.«

Am nächsten Abend schaute ich auf dem Weg nach Hause bei Henni vorbei.

»Die Leute aus Stockholm suchen einen Lehrer für ihre Tochter«, berichtete sie.

»Einen Hebräischlehrer?«, fragte ich.

»Auch für Hebräisch. Aber nicht nur.«

Ich fragte nicht, woher sie das wisse. Die treffenden Worte meines Vaters kamen mir in den Sinn: »Die liebe Henni, ein richtiger Kochlöffel, sie rührt in allen Töpfen.«

Es war ein klirrend kalter Abend. Warum hatten sich die aus Stockholm Zugezogenen ausgerechnet für die Freiherr-vom-Stein-Straße, in der nicht allzu viele Juden wohnen, entschieden, fragte ich mich auf dem Weg zu ihnen. Wenn sie wirklich vorhatten, sich in unserem Viertel, in Schöneberg, niederzulassen, wäre es naheliegender gewesen, sich eine der Straßen rund um den Bayerischen Platz auszusuchen. Dort wohnen zahlreiche Juden, gibt es jüdische Geschäfte, eine Metzgerei, Kaffeehäuser, einen Kindergarten und mehrere bekannte Ärzte.

Als ich ankam, schoss ein wutschnaubender, vielleicht auch nur erschrockener Hund auf mich zu. Er bellte, sprang hoch und folgte mir, als ich die Freitreppe hochging.

»*Herzlach wilkumen*!«, begrüßte mich die elegante Hausherrin. Ihr Mann gab mir die Hand. »*Baruch boacha*, dein Kommen sei gesegnet!«

»Juditz, Ingalc, kommt rasch«, rief sie. Kinderfüße trampelten die Treppe herunter.

»Herzlich willkommen«, begrüßte mich in perfekter deutscher Aussprache der adrette Junge. Eigentlich heißt er Jehuda Isaak.

Kurz darauf kam ein Mädchen angerannt, mit Brille und lockigem dunklen Haar. Sie blickte mich schüchtern an. »*Välkommen, välkommen*«, kicherte sie, »*jag föddes i Stockholm*«, piepste sie, drehte sich um und verschwand.

Seit diesem Abend ging ich bei den Grüngards ein und aus. Und die

Kleine, die mal Ayala, mal Inga genannt wird, wurde meine neue Schülerin, nicht nur im privaten Hebräischunterricht.

2 Schabbat-Ausgang, 10. Mai 1924

Ein ganzes Jahr war seit dem Tag vergangen, an dem der schwedische Staatsbürger Faivel Grüngard das großflächige Grundstück gekauft hatte, bevor er schließlich zusammen mit seiner Frau Braina und den zwei Kindern in die prachtvolle Villa einziehen konnte, die nach ihren Anweisungen – oder besser gesagt: nach den Herzenswünschen seiner Gattin – gebaut wurde. Im Frühsommer 1922 – kurz bevor unser Außenminister Rathenau von rechtsradikalen, militanten Antisemiten ermordet wurde – war das Ehepaar nach Berlin gefahren, um die Möglichkeit eines Umzugs auszuloten. »Schade um jeden Tag, der verstreicht«, drängte Braina damals ihren Mann und erwähnte einmal mehr die vielen Freunde, die in der Stadt lebten. »Vollblutzionisten, wie wir«, kommentierte sie, »Bialik, unser Nationaldichter, ist dort, auch andere hebräische Literaten, worauf warten wir noch?«

Wohnungen waren schwer zu bekommen. Deshalb willigte Faivel ein, ein unbebautes Grundstück im Stadtteil Schöneberg zu erwerben. Die exklusiven Pläne, die der bekannte jüdische Bauingenieur Jacobowitz vorlegte, begeisterten ihn und noch mehr seine Frau. »Wenn nicht jetzt, wann dann«, drängte Braina. Die Hyperinflation, die wir durchlebten, kam dem Käufer aus Schweden entgegen. Täglich, oft sogar stündlich, verlor die Mark an Wert, wodurch der Wechselkurs der ausländischen *Valuta* stieg.

Im September erhielt Jacobowitz von Faivel eine Generalvollmacht, zwei Monate später begannen die Bauarbeiten. Ende Januar 1923 wurde der Name des Herrn aus Schweden als neuer Eigentümer ins Grundbuch eingetragen. Am nächsten Morgen fand der erste Parteitag der NSDAP unter der Führung Adolf Hitlers statt. In München marschierte die SA mit Fahnen und Standarten auf.

Der Bau verzögerte sich. Monate gingen ins Land. Die Familie musste mit Ausweichquartieren vorliebnehmen: in einer angemieteten Wohnung in Bad Homburg, in Pensionen und Kurhotels, unter anderem in Meran. Als sie endlich am letzten Tag des Jahres 1923 ihr neues Haus betraten, drängte sich Faivel Grüngard das Gefühl auf, *»dass der Verlust größer als der Gewinn war«*, wie es in der Mischna, Sprüche der Väter, heißt. Der Stapel der Rechnungen wuchs ständig an. Dazu kam die bedrückende Stimmung im Land angesichts der wirtschaftlichen Lage.

Das Haus Grüngard befindet sich in der Freiherr-vom-Stein-Straße Nr. 13. Nach Braina, die abergläubisch ist, Nr. 12a, nie und nimmer 13. »Ein Haus ganz aus Stein, vom Feinsten, wer hat so etwas jemals gesehen!« Ein geräumiges Erdgeschoss, zwei stattliche Stockwerke und ein ausgebautes Dachgeschoss, herrschaftliche Fenster, an der Rückfront ein Wintergarten, auch dieser auf ausdrücklichen Wunsch der Hausherrin. Zwei Pappeln links und rechts behüten das Haus. Über eine Freitreppe, deren beiden Aufgänge wie verschränkte Arme wirken, gelangt man zu der Haustür. Im ersten Stock führt ein weitläufiger Flur, Tag und Nacht von weichem Licht erhellt, zu einem eleganten Salon, der an ein prächtiges Esszimmer angrenzt. Rechts von der Diele das Herrenzimmer und die Garderobe. Alle Wände sind mit edlem Holz vertäfelt.

Da ich dort regelmäßig ein und aus gehe, konnte ich einige der 18 Zimmer, auch die beiden Küchen, in Augenschein nehmen. Manchmal werde ich nach Ende der Unterrichtsstunde zu einem schmackhaften Mahl eingeladen. Bereits eine Woche nach meiner Anstellung forderte mich Faivel auf, mit dem Siezen aufzuhören: »Im Hebräischen ist man ja immer per ›du‹, und so halten wir es auch.« Gelegentlich bittet er mich anschließend in sein Bureau im Gartengeschoss. Auch dort sind in zwei Zimmern die Wände mit Eichenholzpaneelen verkleidet, ein Kamin, ein Mahagoni-Schreibtisch sowie eine gut bestückte Bibliothek. Eine Schreibmaschine und eine elektrische Rechenmaschine helfen ihm im Geschäft. Dennoch, an den Tagen, an denen er in Berlin weilt, zieht der Kaufmann es vor, sich mit seinen Herzensangelegenheiten zu beschäftigen: Hebräisch und Zionismus. Seine Geschäfte scheint er eher nebenher zu erledigen.

Von dem Einzug in die Villa und den Geheimnissen des Hauses

schreibe ich hier, so wie ich sie aus dem Munde meiner liebenswürdigen Schülerin, der neunjährigen Ayala, zu hören bekommen habe. Sie erzählte wie ein Wasserfall.

»Wir kamen mittags an. Es war kalt, und es schneite. Aber die Sonne schien auf uns. Die Droschke hielt vor dem Haus Nr. 13. Ein Mann mit grauer Jacke öffnete uns die Tür. ›Guten Tag, Familie Jrünjard‹, begrüßte er uns. Das klang lustig, Papa sagte, das sei Berlinerisch. Es war unser *gojischer* Portier, Suppik, mit einem großen Schäferhund. ›Ruhig bleiben‹, befahl er, und Lona gehorchte und bellte nicht ein einziges Mal. Kannst du das glauben? Jetzt bellt sie pausenlos. Absichtlich tut sie es, sie weiß, dass Papa und Mama vor ihr Angst wie vor dem *Tiefel* (Teufel meinte sie) haben. Ich guckte auf das Haus und ringsherum. Alles war ruhig, sauber, kein Mensch auf der Straße. Vielleicht ist es ein *dröm*, dachte ich. Entschuldigung, David, auf Deutsch heißt es Traum, ich weiß ... Dann öffnete sich die Haustür. Eine dicke Frau begrüßte uns. Piekfein. Das war Marie, unser Stubenmädchen.«

Weiter ging es mit dem lebhaften Bericht über den jungen Architekten, der die Familie von einem Zimmer zum anderen führte, von einer Etage zur nächsten, vom Keller bis zum Dach. Er beantwortete mit Engelsgeduld die tausend Fragen, die Braina stellte. In den Zimmern blankpolierte Holzmöbel, Vitrinen mit Buntglas, bildschöne Teppiche, Stehlampen und *Kristalllichter* (sie meinte Leuchter) an der Decke, und *holle* (helle) Gardinen an den Fenstern. Der junge Architekt von der Firma Jacobowitz hatte an alles gedacht. Im Salon steht ein riesiger Flügel, an den Wänden jede Menge Bilder: Landschaften, Wälder und Berge, und überall der Name des Malers, G. Hesse. Braina fragte, woher der Künstler kommt, wer bei ihm die Bilder bestellt hatte. ›Der junge Architekt. Er hat sich um alles gekümmert. Auch darum‹, erklärte Marie und zeigte auf die wunderschönen Blumen in den Vasen. In den Schlafzimmern waren die Betten gemacht, die Bettwäsche duftete nach Honig. Juditz bekam zwei Zimmer mit Bad, Ayala nur ein Zimmer, mit hellgrüner Tapete.

»›Ich habe eine Überraschung für dich, kleines Fräulein‹, hat mir der Architekt gesagt. ›In der Wand wirst du eine kleine Tür finden und dahinter ein Geheimfach. Für dich und deine Schätze.‹ Ich fragte ihn: ›Wo?‹, und lief von Wand zu Wand, vielleicht ist es kein *dröm*, und bald bekomme ich einen goldenen Schlüssel! Plötzlich rief mich Mama: ›Komm doch, wir gehen runter zum Garten!‹ Der Garten ist so-o-o groß, aber wir haben nur kahle Bäume gesehen. Marie tröstete uns: ›Geduld, meine Herrschaften, es ist doch noch Winter!‹ ›Und was wird im Frühjahr und im Sommer sein?‹, fragte ich. Juditz warf mir einen tadelnden Blick zu. Und Marie sagte: ›Geduld. Auch darum hat sich der Architekt gekümmert. Es gibt Obstbäume, Äpfel, Birnen und Kirschen, alles zu seiner Zeit‹. Wir haben sogar Erdbeerbeete und *vinbärsbuskar*!«

Dies alles habe ich von Ayala gehört, und nicht nur einmal. Wann immer sie es erzählt, habe ich das Gefühl, dass sie ihr Märchen erneut durchlebt. Und was den Garten betrifft, so erwacht er langsam aus seinem Winterschlaf. An den Rosenbüschen sind erste Knospen zu sehen, unscheinbare, noch ziemlich blasse Kügelchen hängen am Kirschbaum. In drei oder vier Wochen werden sie blutrot sein. Und für Ayala steht bereits fest: Sie wird Marie helfen, die Kirschen zu pflücken: »Bis zur allerletzten Kirsche.«

3 Freitag, 11. Juli 1924

»Wir haben uns Zeit gelassen, und das ist unser Lohn«, bemerkte Braina mir gegenüber und klagte mehr als einmal darüber, dass Faivel und sie gesäumt hatten, Schweden früher zu verlassen. Drei Monate nachdem sie im ›Palast‹ (so Ayala) eingezogen waren, brach unser Nationaldichter Chaim Nachman Bialik nach Erez Israel auf und ließ sich in Tel Aviv nieder. Die Inflation, die Faivel zugutegekommen war, hatte den Dichter in größte Schwierigkeiten gebracht. Der rasante Wertverlust der Mark und die einsetzende Wirtschaftskrise durchkreuzten seine Pläne, den seinerzeit in Odessa gegründeten *Moriah*-Verlag wiederzubeleben sowie den neuen Verlag, *Dvir*, profitabel zu machen. Anfangs war er voller Tatkraft ans Werk gegangen. Er war zugleich Redakteur, Korrektor und Verlagsbuchhändler. Doch schon bald setzte die Ernüchterung ein: »Der heftig schwankende Kurs der Mark macht allen Plänen und Geschäften einen Strich durch die Rechnung«, konstatierte Bialik verbittert. Fremd und unbehaust fühle er sich in der Stadt, weder wolle er in den Straßen flanieren noch den Duft der Gärten genießen. Die Menschen interessierten ihn ganz und gar nicht. »Der Geist Gottes schwebt nicht über dem hebräischen Leben in Berlin«, so drückte er es mit einer Anspielung auf die Bibel aus. Schon bald konnte er die Lage nicht mehr aushalten, ›rettete sein Leben‹ und ließ sich in Bad Homburg nieder, wo er Geistesgefährten fand, Liebhaber der hebräischen Sprache und Literatur, darunter den Schriftsteller Shmuel Josef Agnon und den dort oft zu Besuch weilenden Philosophen Martin Buber. Der Kurort vor der Höhe wurde Bialik zur Wirkungsstätte; von hier aus führte er seine Geschäfte weiter, und soweit es nötig war, fuhr er – ohne große Begeisterung – nach Berlin.

Faivel war schon in Litauen ein leidenschaftlicher Bewunderer Bialiks gewesen, erzählte mir Braina einmal. Bei jedem Treffen der zionistischen Ortsgruppe, ja überhaupt bei jedem Anlass trug er Gedichte Bialiks vor und endete oft mit den Versen des Gedichtes *Eyneha*, »Ihre Augen«. »Du wunderst dich sicherlich warum«, hatte sie mit einem Lächeln bemerkt, als ob sie ein Geheimnis hüte. Und als ich nicht antwortete, deklamierte sie in aschkenasischer Aussprache: »Heimlich in dem Waldgehege / Hab' ich sie gesehen; / Unter Blumen ging sie wandeln – / Sah sie und blieb stehen.« Sie strahlte vielsagend. »Frag ihn doch warum – er wird es dir erzählen, es sei denn ...«

In Faivels Bureau nimmt die hebräische Jubiläumsausgabe von Bialiks Schriften und Übersetzungen einen Ehrenplatz in der Bibliothek ein. Erschienen sind sie vor einem Jahr zur Feier des fünfzigsten Geburtstags des Dichters, dank der Förderung durch den Verein *Chovevei ha-Safa ha-Ivrit*, die »Liebhaber der Hebräischen Sprache«. Faivel zählt zu ihren Mitgliedern, und die vier schönen Bände, die er sein Eigentum nennt, stammen aus der Vorzugsausgabe von tausend Exemplaren, die auf schwerem Papier gedruckt und in Halbleder gebunden sind. Den Vorsatz des ersten Bandes ziert ein Portrait des Dichters, ein Kupferstich des Malers Max Liebermann. Holzschnitte des Künstlers Joseph Budko schmücken die Seiten.

Vergangenen Sommer traf die Familie Grüngard Bialik in Bad Hom-

Chaim Nachman Bialik,
Schriften und Übersetzungen,
4 Bände. Berlin 1923.

burg, wo sie sich damals aufhielt, um die Fertigstellung der Villa abzuwarten. Eines Abends versammelten sich die dort weilenden Zionisten zu einer literarisch-musikalischen Veranstaltung in einem Saal des Hotels Braunschweig, unter ihnen Agnon und Bialik. Im Mittelpunkt stand jedoch ein prominenter Besucher, der von allen verehrte Achad Ha'am, welcher für den Kulturzionismus, die Propagierung eines geistigen Kulturzentrums in Palästina, eintrat. Hebräische Schriftsteller und Leser trafen sich in dem noblen Kurort regelmäßig zum *Oneg Schabbat*, der Feier der Schabbat-Freude, im Salon von Josef Persitz und seiner Frau Shoshana, der großzügigen Förderin der hebräischen Kultur und Inhaberin des *Omanut*-Verlags. Jehuda und Ayala schlossen sich den anwesenden Kindern an und sangen auf Hebräisch, wie mir Faivel erzählte. Die Erwachsenen heiligten den Feiertag mit Schabbat-Liedern und sprachen ausschließlich auf Hebräisch über nationaljüdische Angelegenheiten, über Literatur und Philosophie.

»Wer könnte besser als ich verstehen, was in Bialiks Herzen vorgeht«, murmelte Faivel vor sich hin. »Sein Platz ist in Erez Israel, nicht hier, in der *Gola.*«

Eines Abends saß ich allein mit Faivel im Wintergarten der Villa. Braina hatte uns gedrängt, die frische Luft zu genießen. »Es ist doch ein angenehmer Sommerabend, es gibt immer noch Tageslicht und der Himmel leuchtet«, schwärmte sie. Der berauschende Duft der violetten Fliederbüsche bekam Faivel nicht. Er musste immer wieder niesen, aber er weigerte sich, hineinzugehen. »Ich denke, dass ich dich erstaunen werde, und vielleicht wirst du dich wundern«, sagte ich. »Ich habe in Erez Israel viele Bewunderer Bialiks getroffen, aber nicht alle haben seine Gedichte tatsächlich gelesen.«

»Ich weigere mich, das zu glauben, David.«

»Im *Yishuv* herrscht die einhellige Meinung: Bialik ist der Nationaldichter, der ganz im hebräischen Geist schreibt. Man spricht mit Ehrfurcht von ihm, aber er entzieht sich ja stets den Ehrerweisungen und verabscheut Lobreden. Die Krone lastet auf ihm«, brachte ich vor. Unbedacht erwähnte ich, dass man dies schon hier in Berlin erleben konnte. Wie groß war die Enttäuschung gewesen, als Bialik bei der Feier abwesend war, die man ihm zum fünfzigsten Geburtstag in der völlig überfüllten Philharmonie ausrichtete! Einige meiner Freunde in der hebräischen Gruppe nehmen ihm dies immer noch übel.

Faivel lenkte das Gespräch sofort auf meine hebräische Gruppe. Dank dieser Freunde ist es mir möglich, Hebräisch zu reden, zu lesen und in der Sprache zu denken, nachdem mich Vaters plötzlicher Tod zur raschen Rückkehr nach Berlin gezwungen hatte. Ihnen verdanke ich es auch, dass ich meine Kräfte wieder sammeln konnte und darüber hinwegkam, als ich Hals über Kopf Erez Israel verlassen musste. Ich erzählte Faivel von der herben Enttäuschung, die ich meinem Vater bereitete, als ich mich entschloss, mein Studium an der Universität zu unterbrechen und nicht in seine Fußstapfen als Rechtsanwalt zu treten. Ich wanderte nach Erez Israel aus. Vielleicht hat sein Herz deswegen aufgehört zu schlagen. Das knappe Jahr, das ich dort verbrachte, war ganz und gar nicht einfach; gleichwohl war ich mit meiner Entscheidung zufrieden und voller Hoffnung.

Faivel hörte aufmerksam zu und unterbrach mich nicht. Das Licht wurde schwächer, die Dämmerung brach herein. Als ich geendet hatte, saßen wir in Stille. Die Vögel zwitscherten vor Anbruch der Nacht.

»Ich bin bewegt von dem Vertrauen, das du mir geschenkt hast«, versicherte er und fragte, ob er etwas zur Unterstützung meiner Gruppe tun könne. Denn sie weckte in ihm Erinnerungen an seine eigene Jugend und die hebräische Gruppe in seinem Geburtsort Wirballen. »Ich schweife ab«, entschuldigte er sich und kam auf die Frage zurück, ob er etwas für mich tun könne. Und noch bevor ich antworten konnte, bestand er darauf, meinen Lohn für Ayalas Privatunterricht zu erhöhen. »Ich weiß, dass die Arbeit im Warenhaus dich nicht beglückt. Man sagt dir nach, du hättest ein pädagogisches Talent«.

»Wer sagt das?«

Er lächelte: »Ich hoffe, du wirst noch weitere Schüler gewinnen. Dann kannst du auch die Arbeitszeit bei Tietz verringern.«

»Amen und abermals Amen«, rief ich.

Braina ›*wuchs und blühte*‹, wie es in der biblischen Josefsgeschichte so schön heißt. Ob zu Hause oder auswärts, in ›ihrem‹ Café, im Theater oder beim Besuch von Freunden – stets ist sie à la mode angezogen. Mal ein Kleid aus blauer Seide, mal ein Mantel mit roten Stickereien, hier ein Strohhut, da ein runder Samtputz – alles ganz nach Art der Damen der Berliner Oberschicht. Marie kümmert sich um alle Angelegenheiten des Haushalts. In der Küche arbeitet das emsige Fräulein Ladebeck, das unentwegt am Kochen, Backen oder Einmachen ist – alles köstlich. Manchmal schleicht Braina um die Töpfe herum, kocht eine *goldene jojch* oder *gefilte fisch* für den Schabbat. Mehr als einmal habe ich unter den Gästen am elegant gedeckten Esstisch gesessen. Das Auge blickt gebannt auf den warmen Dampf der Schüsseln, und begehrt mehr, selbst wenn der Magen schon satt ist. »Bis du eine Frau findest«, bemerkte Braina neulich, und setzte schelmisch hinzu: »Nu, David, wann ist es so weit?« Faivel blickte mich an, stolz auf seine Frau und zugleich etwas geniert, dass sie sich in Angelegenheiten einmischte, die nicht die ihren waren.

Der Hausmeister Suppik, der in einer Einliegerwohnung im Gartengeschoss wohnt, bekam unlängst eine neue Aufgabe. Er ist nicht mehr nur Gärtner und Chauffeur, sondern von nun an auch Nachtwächter. In letzter Zeit hat die Zahl der Diebe und *Parasiten* (so Braina) – einige nennen sie auch Kommunisten – zugenommen, die im Schutz der Dunkelheit versuchen, Geld und Lebensmittel zu erbeuten. So wurde vereinbart, dass er bis zum Morgengrau aufbleiben und die Bösewichte mit Hilfe von Lona fernhalten sollte. Montagmorgens, kurz vor acht Uhr, fährt er den Hausherrn zum Bahnhof. Faivel macht sich auf den Weg nach Danzig, wo er sich um die Ölfabrik kümmern muss, die ihm gehört. *Doß ejßek*, nennt es Braina in ihrem jiddischen Idiom. Freitagabends obliegt es Suppik, ihn abzuholen und zurück nach Haus zu chauffieren.

Ob die ständige Fahrerei Faivel unglücklich macht? Keineswegs, meint Braina. In seiner Jugend in Litauen war der Bahnhof in Wirballen einer seiner Lieblingsorte. Dort stand er mitunter eine ganze lange Stunde am Gleis und schaute sich die Züge an, die die Grenze überquerten: Richtung Osten nach Sankt Petersburg, Richtung Westen nach Berlin. Er lauschte gebannt, wie die schweren Räder über die eisernen Schienen ächzten.

»Heutzutage sind die Züge großartig«, schwärmt Faivel, »und im Zug gibt es niemanden, der zu mir redet oder mich stört. Ich vertiefe mich in ein Buch, döse ein wenig und gönne mir einen gemütlichen Abstecher in den Speisewagen.«

Wieder daheim erzählt ihm Juditz begeistert von den Geheimnissen der Algebra und von dem ausgezeichneten Lehrer am Werner-Siemens-Realgymnasium. Auch davon, wie er Helli Herzberg in vier Schachpartien besiegt und beim fünften Mal ein Remis erzielt hat. Ayala will ebenfalls erzählen. Allmählich freundet sie sich mit der Mädchenschule an, denn diese ist zu Fuß von zuhause aus schnell zu erreichen, und in der Klasse gibt es nur zwölf Mädchen – wie man es von einer Privatschule erwartet. Die Direktorin, Frau Zickel, ist pedantisch und streng, und manchmal sorgt sie gönnerhaft für Disziplin, indem sie aus einer kleinen Blechdose, die sie stets griffbereit hat, ein Bonbon hervorzieht. »So hat sie uns im Griff«, berichtet Ayala. »Papa«, sagt sie verspielt und zupft an seinem Jackett, »die Lehrerin hat mich dafür gelobt, dass ich weniger Fehler mache.«

»Auch dank der Stunden, die David dir gibt.«

»›Wenn du dich bemühst und fleißig lernst, wirst du ein gutes Zeugnis bekommen, und niemand wird wissen, dass du aus Schweden gekommen bist‹, so ermutigt mich Frau Zickel immer wieder. Aber ich werde niemals, n-i-e-m-a-l-s, vergessen, dass ich aus Schweden komme«, und Ayala stellt sich in die Mitte des Salons und beginnt mit dünner Stimme zu singen: »*Ack, Värmland, du sköna, du härliga land, du krona bland Svea rikes länder.*«

4 Freitag, 19. September 1924

»›*Ki tov*, siehe, es ist gut‹«, bekräftigte Braina, das Gotteswort zitierend, aus ganzem Herzen. Doch ist es nicht so sehr die Pracht, für die sie dankbar ist, sondern die unmittelbare Nachbarschaft zu ihren Verwandten. *Blut is nit kejn waßer*. Ginge es nach ihrem Wunsch, hätte sie sich mit all ihren Brüdern und Schwestern umgeben. Elf waren es, erzählte mir Faivel, und einige kenne ich. Am Freitagabend sitzt man zum Schabbat-Mahl zusammen, gemeinsam mit Freunden aus dem Osten, die in Berlin weilen, aber auch fernen Bekannten. Denn der Grüngard'schen Villa eilt ihr gastfreundlicher Ruf voraus, auch ist die Großzügigkeit der Dame des Hauses weithin bekannt. »Selbst wenn du um Mitternacht zu uns kommst, wird Mama dir ein warmes Essen servieren«, so Ayala. »Sie höchstpersönlich. Denn Fräulein Ladebeck legt um Schlag sechs Uhr die Schürze ab.«

»Vier am Esstisch? Ich kann mich nicht an eine solche Situation erinnern«, schmunzelte Faivel. »Gewiss nicht in Brainas Elternhaus in Litauen. In Stockholm saßen fast ein Dutzend Leute mit uns am Tisch, Juden, wenngleich nicht allesamt Zionisten. Und doch waren es immer noch zu wenig, nach ihrem Geschmack. Das war einer der Gründe, weshalb sie von dort wegziehen wollte.«

Brainas Stadtplan von Berlin gleicht dem einer winzigen Stadt, einer Art *Schtetl*. Die westliche Stadtgrenze verläuft entlang der Giesebrechtstraße 15 in Charlottenburg. Dort wohnt seit vier Jahren ihr Bruder Selig mit seiner Frau, dem Sohn Jerachmiel und der gerade geborenen Tochter namens Chaviva. Über seine Geschäfte weiß ich nicht viel. Es handele sich um *bizzness* mit zwei Brüdern in Amerika, so bekam ich einmal zu hören. Ein anderes Mal erwähnte man einen Handel mit Schweineborsten. Selig ist ein leidenschaftlicher Zionist und der engste Freund Faivels. »In ihrer Kindheit waren sie unzertrennlich«, erzählte Braina, »und so wurde Faivel in unserem Haus eine Art Ziehsohn. Im Grunde verbrachte er mehr Zeit bei uns als bei seinen Eltern. Da ich die Kleine war, vierzehn Jahre jünger als er, hat Faivel mich kaum wahrgenommen.« Was Seligs Töchterchen betrifft: Nach *Pessach* kam der berühmte hebräische Dichter Saul Tschernichowski mal wieder zu Besuch im Hause Grüngard und gesellte sich zu der versammelten Familie, die im Wintergarten bei Tee und feinem Gebäck zusammensaß. Zu Seligs Rechten saß seine hochschwangere Frau. »Wenn es eine Tochter wird, nennen wir sie Libbe«, verkündete Selig, »im Angedenken an meine Schwester Libbe, die mit neun Jahren starb«. »Aber nein, auf gar keinen Fall«, empörte sich der Dichter. Er lehnte den traditionellen jiddischen Namen rundheraus ab und schlug stattdessen die hebräische Entsprechung *Chaviva* vor. Er erwähnte, dass er eine gleichnamige Erzählung geschrieben hatte, die ich leider, trotz all meiner Bemühungen, bisher nicht habe finden können.

Kürzer ist der Weg zu Bassja, der jüngsten Schwester Brainas. Genau fünfzehn Minuten sind es zu Fuß bis zu ihrem Haus, das sich in unserem Viertel befindet, Barbarossastraße 38. Es vergeht kaum ein Tag, an dem sich die Schwestern nicht sehen. »*A tajre neschume*, eine teure Seele«, preist Braina sie und küsst Bassjas Söhne, den blonden Ernst und den ununterbrochen weinenden Säugling Heinz. Mit den Namen konnte Braina sich nicht abfinden – »Wie kommt man nur auf solche *gojische* Namen«, seufzte sie und zürnte mit der Schwester, die sich dem Willen ihres Mannes gebeugt hatte. Fritz heißt er, ein gutaussehender Mann mit Vermögen: ein Jude, aber deutsch durch und durch. Von seinem Vater hatte er eine florierende Handschuhfabrik mit mehr als vierzig Angestellten in Kreuzberg geerbt, die übrigens auch unser Warenhaus Tietz beliefert. »Beschäftigt. Immer ist er beschäftigt«, klagt Bassja.

Zwischen Braina und ihrer Schwester Bassja wohnt die Witwe ih-

Die wichtigsten Männer im Leben von Braina (von links nach rechts): ihr Gatte Faivel sowie die Brüder Elieser, Nissan und Mendel. Der Vierte von links: Schwager Fritz. Es fehlen die Brüder Selig und Ephraim. Die Aufnahme ist vor dem Wintergarten der Villa aufgenommen.

res Bruders Chajim Lejb. Dieser war an den Folgen einer Kriegsverwundung gestorben, die er als russischer Soldat erlitten hatte. Braina setzte alles in Bewegung, um die Schwägerin mit den drei Halbwaisen nach Berlin zu holen. Sie hat ihnen eine bescheidene Mietwohnung in der Nähe besorgt und unterstützt sie wo nur möglich. Gittel heißt sie, ist von kurzer Statur und mit schneeweißer Blässe im Gesicht. Einmal traf Tschernichowski auf sie, als er im Hause Grüngard gerade *zu kest* war (ein Ausdruck, der – wie ich vermute – vom deutschen Wort Kost stammt). Faivel erzählte ihm damals, was es mit Brainas Namen auf sich hatte: »In der Familie pflegte man zu sagen, dass Chajim Lejb die Weiße zur Frau genommen hatte, und ich die Braune.« Braina richtete sich auf. Sie mochte ihren Namen, ›die Braune‹, ganz und gar nicht. Hätte man ihr doch nur einen hebräischen Namen gegeben, klagte sie bitterlich. Da rief Tschernichowski aus: »Von heute an ist dein Name *Schchuma*« (die Braune, so heißt es auf Hebräisch).

Die Stadtkarte von Berlin endet am Haus von Nissan und Rachel.

Ursprünglich hatte Braina vorgehabt, ihren Bruder und dessen Frau in der Villa unterzubringen. Drei Zimmer hatte man für sie im Dachgeschoss vorgesehen, eines davon sollte als Nissans Arztpraxis dienen. Allerdings ging Brainas Wunsch nicht in Erfüllung. Vielleicht weil die Eheleute es vorzogen, ihr Leben nach ihren eigenen Vorstellungen zu führen, oder weil sich eine Wohnung in der Meraner Straße fand, nur einen Steinwurf von der Villa entfernt. Jehuda bemerkte belustigt: »Von Mama kommt man nicht so einfach weg.« Als ich Nissan zum ersten Mal begegnete – »Dr. Sudarski«, so stellte ihn Braina vor – wies er kaum Ähnlichkeit mit dem Mann auf, den ich nur auf Fotografien gesehen hatte. Es stellte sich heraus, dass seine Mähne und sein dichter Schnurrbart, die ihm das Aussehen eines russischen Bohemiens gegeben hatten, der Vergangenheit angehörten. Jetzt schmückten ihn seine gepflegten Haare wie eine Krone, und auf seinem breiten Nasenbein ruhte eine imposante Brille. Seine Frau Rachel, hochgewachsen und feingliedrig, mit kleinen Augen und zusammengebundenem Haar, stammte aus der Familie Ginsberg, aus deren Reihen auch der Kulturzionist Achad Ha'am hervorgegangen ist. In seiner Jugend hatte Nissan davon geträumt, Arzt zu werden, und es war nur folgerichtig, dass er sein Studium an der renommierten Universität von Heidelberg begann. Zu seinen dortigen Studiengefährten und Trinkgenossen zählte Saul Tschernichowski. Ihre Wege trennten sich später. Im Krieg dienten sie beide als Ärzte in der zaristischen Armee. Jetzt leben sie beide hier, aber ohne ärztliche Approbation. Dank einer Gefälligkeit von Professor Meyer, den er noch aus den Zeiten der Promotion in Berlin kennt, arbeitet Nissan aushilfsweise in dessen Kinderklinik.

Die Räumlichkeiten im Dachgeschoss der Villa erfüllen nun einen neuen Zweck: In einem Zimmer werden Bilder präsentiert, und der für die Praxis vorgesehene Raum hat sich in ein Spielzimmer verwandelt. In dessen Mitte steht eine breite Holzplatte, auf der ein kleiner, weißer Ball munter hin und her springt – ping, pong ... ping, pong. Stundenlang spielen Jehuda und seine Freunde dort Tischtennis.

Das Haus ist erfüllt von Geräuschen. Im Esszimmer klappern Geschirr und Besteck, im Treppenhaus trampeln Kinderfüße, irgendwo wird eine Tür zugeschlagen, Lachen erschallt, jemand klimpert auf dem

Klavier, und in der Luft liegt ein Sprachgewirr, wie ich nie zuvor eins erlebt habe: Russisch, Jiddisch, Deutsch und Hebräisch, Schwedisch, ja sogar Englisch. Wie einst beim Turmbau von Babel.

So war es auch am letzten Freitagabend. Um den großen Tisch herum saß die ganze Familie, dazu noch einige Freunde. Die Stimmung war ausgelassen. Die Kinder tollten im Salon und kreischten. Meine Augen wanderten hinüber zum Platz des Hausherrn, der für gewöhnlich an der gegenüberliegenden Seite des Tisches sitzt. Aber Faivel war nicht da. Etwas enttäuscht verzichtete ich auf den *lokschenkugel* und begab mich stracks in das Bureau. Faivel saß gemütlich in seinem Ohrensessel. Mit seinen dünnen Lippen zog er an einer Zigarette und schmauchte den Rauch in gleichmäßigen Ringen aus. »Setz dich hier hin, David«, sagte er beinahe flüsternd und zeigte auf den zweiten Sessel. »Aber sei so gut und lass uns die Stille weiterhin genießen.«

5 Freitag, 10. Oktober 1924

»Mir reicht's«, rief Ayala, »ich gehe nie mehr in die Schule!« Plötzlich stockte sie, ihren Lockenkopf heftig schüttelnd. Das Gesicht verkrampfte sich, die Hände zitterten. Sie ließ die Seiten mit den Vokabeln, die ich ihr diktiert hatte, auf den Boden fallen. Ich erschrak. Das Mädchen, das ich kannte, war liebenswürdig, neugierig, manchmal ungeduldig, aber nicht bockig. Ich wusste nicht, was zu tun.

Wir befanden uns beide im Wintergarten. Die Mauern der Villa waren mit dunkelroten Blättern von wildem Wein überwachsen, und die Sonne blinzelte matt. Der Herbst war gekommen, der Apfelbaum beugte sich unter der Last seiner reifen Früchte. Ich sammelte die Seiten auf und legte sie auf den Tisch. Erst dann blickte ich sie an. Ihre Brillengläser verbargen die Tränen nicht.

»Was ist denn?«, fragte ich. Als sie zu sprechen anheben wollte, versagte ihr die Stimme. Ich stand auf, um Braina zu holen. Da hörte sie auf zu weinen und rief: »Nein, bleib hier!«

»Erzähl doch; ich verspreche dir, dass du mir alle Geheimnisse anvertrauen kannst.«

Sie nahm die Brille ab, wischte die Tränen mit der Hand weg und atmete tief ein. Sie hatte entschieden: keine Schule mehr. Und wieder flossen die Tränen.

»Ayala, deine Schule – die Schule von Frau Zickel – ist eine der besten in der ganzen Stadt.«

»Dann geh du doch«, erwiderte sie patzig.

Sie erzählte mir Dinge, von denen ich keine Ahnung hatte. Zweimal habe die Lehrerin sie mitten in der Stunde vor versammelter Klasse gefragt, warum sie während des Unterrichts gähne. »Schlafen kannst du zuhause«, habe die Lehrerin sie angeherrscht. In der Pause sei sie allein auf dem Schulhof gestanden. Keine von ihren Freundinnen habe sich zu ihr gesellt.

»Solche Sachen passieren jedem von uns«, versuchte ich sie zu besänftigen.

Sie schaute mich aufgewühlt an. Der Damm war gebrochen, und die Geheimnisse sprudelten aus ihr hervor.

Sie fühle sich fremd. Sei nicht hier geboren. Sie sei keine Deutsche wie die anderen Mädchen in der Klasse.

»Aber auch Vera Burkhard ist doch in deiner Klasse«, bemerkte ich. »Noch vor einigen Tagen hast du mir erzählt, dass sie aus dem Osten kommt.«

»Sie spricht kein Deutsch.«

»Aber du sprichst es.«

»Sie sagen: ›Wer mit Vera Burkhard in den Pausen geht oder überhaupt mit ihr spricht, verrät sein Vaterland‹. Die Mädchen nennen sie ›Spion‹.«

»Wer, die Mädchen in deiner Klasse?«

»Nein, im Buch.«

»Im Buch?!«

Mea culpa. Schließlich war ich es gewesen, der Ayala seinerzeit die *Nesthäkchen*-Bände nahegelegt hatte. Ich war der Meinung, dass sie an den beliebten Mädchenbüchern von Else Ury Gefallen finden und dabei gleichzeitig auch ihr Deutsch verbessern würde.

»Ist sie Jüdin?«, hatte Braina gefragt.

»Selbstverständlich.«

Noch in derselben Woche bestellte Braina alle Bände, die bis dahin erschienen waren.

Von Vera aus dem vierten Band, dem fremden Mädchen, das aus der Klassengemeinschaft ausgestoßen wurde, erzählte mir also Ayala. So gehe es auch ihr. Nicht nur sei sie selbst eine Fremde, sondern auch das einzige Mädchen mit Brille. Sie schäme sich so für die Brille.

Allerdings schämte sich auch Braina für Ayalas Brille. Deshalb war sie gemeinsam mit den Kindern im Sommer nach Wittenberg gefahren, um die Meinung eines angesehenen Augenarztes einzuholen. Es hieß, er könne Sehstörungen ohne Operation korrigieren. Fortan musste Ayala auf seinen Rat eine neue Brille mit besonders dicken Gläsern, sogenannten Prismengläsern, tragen.

Einige Tage später war die Brille weg, als hätte es sie nie gegeben.

»Zumindest haben wir einmal Wittenberg gesehen«, lachte Jehuda.

Wann immer man Ayala fragte, wo die Brille sei, gab sie keine Antwort.

Gestern habe ich mich wieder daran erinnert. Als sie von Vera erzählte, fragte ich nach der Brille.

»Ich habe sie im Park weggeworfen. Ich konnte nichts sehen.«

»Warum hast du es niemandem erzählt?«

»Nur meinem Tagebuch.«

»Und Jehuda?«

»Nie und nimmer. Er hätte mich ausgeschimpft: ›Man muss wissen, wie man sich benimmt‹«, ahmte sie etwas unbeholfen den zwei Jahre älteren Bruder nach.

»Warum hast du es nicht deiner Mutter erzählt? Sie sorgt sich doch um dich und sucht die besten Ärzte auf. Nur der Beste ist gut genug.«

»Ich wollte nicht«, brach es mit gesenktem Kopf aus ihr heraus. »Man darf Mama keine Sorgen bereiten«, flüsterte sie. »Was passiert ist, soll ein Geheimnis bleiben. Erzähl es ihr nicht.«

Noch während sie mich im Wisperton bat, die Sache für mich zu behalten, hörte man sich nähernde Schritte im Salon. Ayala hatte das noch vor mir vernommen. Voller Begeisterung sprang sie den offenen Armen von Onkel Fritz entgegen.

Ayala mit Onkel Fritz, dem Mann ihrer Tante Bassja.

»Mein liebes Ingalein«, küsste er sie und fuhr mit den Fingern durch ihre Locken.

Ihr Lieblingsonkel, Fritz – von dem man sagt, er sei immer beschäftigt – war zu Besuch gekommen, wie immer ohne jede Ankündigung. Elegant gekleidet, in dunklem Anzug und mit goldenen Manschettenknöpfen, schenkte er sich eine Tasse Tee ein, während Ayala ihm nicht von der Seite wich.

Erstaunlich, erstaunlich, wie Niedergeschlagenheit, der Schmerz des Außenseitertums, von einer Minute zur nächsten in Glück umschlagen können.

Das Glück ist uns gewogen. Diejenigen, die uns mit den Worten Jeremias ›*Verwüstung und großen Jammer*‹ voraussagten, lagen falsch. Zwar hatten Bialik und andere hebräisch schreibende Autoren sowie die Redaktion der zionistischen Wochenzeitschrift *Haolam* Berlin inzwischen den Rücken gekehrt. Dennoch ist unser Leben hier mitnichten eintönig. Wir lassen nicht zu, dass der ›*Mut uns entfällt*‹. Gewiss, man kann es nicht leugnen: Die Zahl derjenigen, die Deutschland verlassen, schwillt an; einige meiner gleichaltrigen Gefährten im hebräischen Klub haben ihre Koffer gepackt und sind nach Paris oder nach Erez Israel übergesiedelt. Agnon, einer unserer besten Erzähler, ist aus Bad Homburg fortgezogen, nachdem dort sein Haus abbrannte, und hat sich in Jerusalem niedergelassen. Ihm gleichgetan hat es der von uns hochgeschätzte Musiker Joel Engel, der uns in die Geheimnisse der jüdischen Musik eingeweiht hat. Bevor er abreiste, sangen wir seine neue Vertonung eines Gedichtes von Tschernichowski: »Heißt es nicht, ein Land sei dort, satt an Sonne.«

Faivel wiederholt stets von neuem die Worte, die er bei ihrer Ankunft in Berlin ausgesprochen hatte: »*Se ha-Bayit*, das ist das Haus«. Er sagt nicht: »*Higanu habayta*, wir sind daheim angekommen.« Sorgfältig studiert er die Ausgaben der *Jüdischen Rundschau*, des Organs der deutschen Zionisten: ausführliche Artikel über die politische Lage in Erez Israel, detaillierte Berichte über Landwirtschaft und Bauwesen. Auf diesen Seiten interessieren ihn ganz besonders die Listen der bäuerlichen Erträge sowie Neuigkeiten vom Obst- und Zitrusanbau. Unweit von Tel Aviv haben aus Warschau stammende *Chassiden* eine Siedlung namens Bnei Brak gegründet. »Schau mal hier«, ließ er seiner Freude vollen Lauf und zeigte auf eine Meldung: »Eine Tabak- und Zigarettenfabrik in Palästina! Herr Lubliner, der Inhaber, hat auch uns nicht vergessen, und schon jetzt kann man in Berlin seine Rauchwaren genießen.«

Gleichwohl sind nicht alle Nachrichten erfreulich. In Schweden ist die Lage schwierig. Die Juden dort interessieren sich kaum für das national-jüdische Projekt. »In Schweden macht sich besonders das Fehlen eines energischen zionistischen Führers sehr bemerkbar«, las Faivel vor. Aus Polen wandern Juden nach Erez Israel ein, manche allein, andere mitsamt ihren Familien. Ihre Zahl geht in die Tausende. Aber längst nicht alle kommen aus zionistischer Überzeugung. Viele versuchen den Auflagen und Steuern zu entgehen, die der polnische Haman, Ministerpräsident Grabski, ihnen aufgebürdet hat. Und überhaupt geben die Nachrichten aus dem Osten Anlass zur Sorge. Verhaftungen, Einschränkungen, Verbote – und ein Hass, der eine lange *tradizje* hat.

Trotz alledem weigert sich Mendel, Brainas Bruder, Litauen zu verlassen. Er ist der Letzte der Geschwister, der im Osten geblieben ist. Wie durch ein Wunder ist er heil und unbeschadet von den Schlachtfeldern zurückgekehrt. Anfangs diente er als hochgestellter Militärarzt im zaristischen Heer; später als Oberarzt in der Artilleriedivision der Roten Armee. »Als die Kämpfe ein Ende nahmen, flehten wir ihn an, sofort aufzubrechen und in den Westen zu kommen«, erzählte Faivel. »Schließlich hat er Medizin an der Universität zu Berlin studiert. Aber er ist ein *akschener jid*, ein Starrsinniger. So war er von eh und je. Nun hat er sein Haus in Kowno in eine Praxis für Augenleiden, Röntgenbestrahlung und Strombehandlung umgewandelt. Er arbeitet von morgens bis abends, und seine Frau ist ›*eine Hilfe, die ihm entspricht*‹, wie die biblische Eva für Adam. Muße kennt Mendel nicht, und soweit ihm freie Zeit bleibt, widmet er sie den Bedürftigen und den Angelegenheiten der jüdischen Gemeinde«.

Die ersten Seiten der *Jüdischen Rundschau* sind Faivels Domäne, den Lokalteil überlässt er seiner Frau. Letzterer gewährt Braina Einblick in das zionistische Geschehen in der Stadt, das sich so grundlegend von dem unterscheidet, was in der jüdischen Gemeinde vor sich geht. »Wer hätte das geglaubt«, begeisterte sie sich, »eine hebräische Sprachschule gibt es hier, Jugendbünde und Gruppen, in denen man Hebräisch lernt, ja sogar Kindergärten, die von Zionistinnen geleitet werden!« Ich erzählte ihr von meiner Gruppe. Seitdem ließ sie es sich nicht nehmen, mir die Neuigkeiten aus der Zeitung vorzulesen und mich auf Termine von Vorträgen und Zusammenkünften hinzuweisen. »Juditz und Inga sind noch zu jung«, versicherte sie mit einem Anflug von Entschuldigung. »Eines Tages werden sie sich dir anschließen. Hoffen wir es … Nächstes Jahr feiert Juditzl übrigens seine *Bar Mizwa*.«

Ein Jahr ist nun seit ihrer Ankunft in Berlin vergangen. Braina verzichtet unter keinen Umständen auf ein abendliches Programm, ob es nun Theaterstücke, Konzerte oder Vorträge sind. Auch in der erfolgreichen Revue *An Alle* war sie, und sie beschrieb mir in aller Ausführlichkeit die ausgelassen tanzenden Revuegirls in ihren glitzernden, enganliegenden Kostümen: Sie »*entblößten eine Handbreite und verhüllten eine Handbreite*«, zitierte sie den Talmud und schmunzelte dabei. Manchmal geht sie allein, manchmal mit Faivel, und mitunter schließen sich andere Familienmitglieder an. Eines ist unbestritten im Hause Grüngard: Die beste Theateraufführung war *Belsazar*, die Geschichte vom Untergang des babylonischen Königs, frei nach dem Propheten Daniel. Die Schauspieler waren alle Mitglieder des *Erez-Israelischen Theaters*, begleitet von einem jüdischen Orchester. »Fabelhafte Kostüme und Bühnenbilder«, schwelgte Braina stets von neuem, wann immer sie sich an jene sommerliche Aufführung erinnerte, »ein Wunderwerk!« Auch deshalb schimpfte sie über Arnold Zweig, der es gewagt hatte, das Stück und die schauspielerische Darstellung zu kritisieren. Ja, er hatte sich nicht einmal geschämt, seine Besprechung mit einem aus dem Zusammenhang gerissenen Diktum von Achad Ha'am zu beschließen: »*Lo se ha-Derech*, dies ist nicht der Weg.«

Ich kann mich nicht entsinnen, wann genau die Entscheidung fiel, die Villa für Gäste zu öffnen. Braina wusste, dass es unter jüdischen Frauen Anfang des 19. Jahrhunderts die Tradition gab, Salons zu veranstalten, wenngleich die berühmte Rahel Varnhagen für sie nicht das Vorbild war. Schließlich sei es der Romantikerin darum gegangen, ihr Judentum vergessen zu machen und in der Gesellschaft von *Gojim* aufzugehen. In Berlin verkehrte Braina mit energischen jüdischen Frauen. Eine hatte in ihrem Haus einen hebräischen Kindergarten eingerichtet, die andere, eine großzügige Mäzenin, lud regelmäßig zionistisch gesinnte Jugendliche zu geselligen Zusammenkünften ein. Immer wieder von neuem redete Braina auf Faivel ein. Es wäre eine Übertreibung zu sagen, dass er von der Idee begeistert war. Doch sie gab nicht auf, und er vermied eine klare Antwort. Bis ihr der Geduldsfaden riss: »Lass es uns versuchen«, erklärte sie.

Das erste Bankett richtete sie unter Mitwirkung des Gelehrten Fischl

Am 16. Januar 1925, abends 8^{15} Uhr, veranstaltet die MENSCH-GESELLSCHAFT in unserm Hause, Berlin-Schöneberg, Freiherr vom Stein-Straße 12a (Telefon Stefan 9073) ein Bankett zu Ehren des

MENSCHEN

Es wird u. a. Herr *F. Schneersohn* einen Bankett-Vortrag halten über das Thema

Die innere Souveränität eines jeden Menschen

(Mensch-Lehre und Mensch-Gesellschaft).

Wir laden Sie höfl. zu diesem Bankett ein. Um Antwort wird gebeten.

F. Grüngard und Frau

Einladung zum Salon-Abend in der Villa Grüngard mit Fischl Schneersohn, 16. Januar 1925.

Schneersohn aus. Zum ersten Mal hatten sie ihn im Hause eines guten Freundes, des Philosophen und Gelehrten David Koigen, getroffen. Braina war beeindruckt von den weitreichenden Ausführungen Schneersohns, der eine wechselvolle Lebensgeschichte hatte. In seiner russischen Heimat als Rabbiner ausgebildet, entschloss er sich noch vor dem Krieg, nach Berlin zu kommen, um Medizin zu studieren. Jetzt eilte ihm ein Ruf als Pädagoge und Psychologe voraus. Erst jüngst erschien auf Deutsch sein Buch *Die katastrophale Zeit und die heranwachsende Generation*, das er ursprünglich auf Jiddisch verfasst hatte. Es behandelt den Einfluss von Katastrophen, so etwa der Pogrome, auf die seelische Entwicklung von Kindern und Jugendlichen, und auch aus diesem Grund widmet er sich der Betreuung von Einwandererkindern im Berliner Scheunenviertel.

Am Freitag, den 16. Januar versammelten sich im Hause Grüngard Dutzende Gäste, unter ihnen die Mitglieder der Vereinigung »Mensch-Gesellschaft«, die von Schneersohn geleitet wird. Die Einladungen waren lange vorab gedruckt und versandt worden, und die Neugier war desto größer. Der Gelehrte hielt einen Vortrag über »Die innere Souveränität eines jeden Menschen«. Im Haus wimmelte es von Gästen. Parfümschwaden und ein Gewirr von Sprachen durchzogen die Räume. Der Referent trug eifrig vor, bis er die Ungeduld der Anwesenden bemerkte, die – wie sich herausstellte – nicht nur gekommen waren, um zuzuhören. In der Tat wurden schon bald erlesene Speisen und Getränke serviert, und das Bankett endete erst, als die letzten Gäste in die kalte Mitternacht entschwanden. Voll des Lobes dankten alle der Gastgeberin und gaben der Hoffnung Ausdruck, dass es noch viele weitere solcher Abende geben werde.

7 Sonntag, 3. Mai 1925

Wochen- und monatelang sprach man im Hause Grüngard über die Reise nach Erez Israel. Faivel vermied gewöhnlich das Wort ›Palästina‹, auch Braina, die gelegentlich ins Jiddische fällt, redete lieber von *Erez jißruel*.

»Es ist leicht, davon zu träumen, aber schwer, es umzusetzen«, seufzte der Hausherr. Als sich die Kunde von der anstehenden feierlichen Eröffnung der Hebräischen Universität in Jerusalem verbreitete, der wir alle seit der Grundsteinlegung im Jahr 1918 entgegengefiebert hatten, traf er eine Entscheidung. »*Muchana u-mesumana,* hier bin ich, bereit! Wir fahren«, freute sich Braina.

Nachts fand sie keinen Schlaf. Unmöglich. Es schien ihr undenkbar, die Kinder alleinzulassen und sich aus der Ferne um sie zu kümmern. Die Gouvernante Frau Wandschneider und ich redeten ihr zu und versprachen, für die beiden Heranwachsenden zu sorgen und die Alltagsgeschäfte zu erledigen. Jehuda unterstützte uns; er gelobte hoch und heilig, dass er Ayala fürsorglich behandeln und nicht hänseln werde.

Die Wochen der Abwesenheit der Eltern vergingen wie im Flug, und es zeigte sich, dass wir alles bestens im Griff hatten. Jehudas Freunde kamen oft vorbei und spielten stundenlang zusammen; Bassja schaute jeden Tag nach dem Rechten, Selig und seine Frau ab und an ebenfalls; und Gittels Sohn Isaak, der so alt wie Jehuda ist, übernachtete hin und wieder. Am Esstisch saßen nur junge Leute, schwatzten durcheinan-

Faivel und Braina posieren als ›Beduinen‹ auf ihrer Hochzeitsreise durch Erez Israel im Sommer 1911. Auf der Rückseite der Postkarte schreibt Faivel auf Jiddisch: »Liebe Schwester und Schwager, wir schicken euch unser Bild von Erez Israel. Ihr sollt euch nur nicht erschrecken von den Beduinen. Seid gesund und munter. Euer Faivel«.

der und lachten. Fräulein Ladebeck, die Köchin, schwor sich, dass sie zehn Tage Urlaub nehmen werde, sobald im Haus wieder Ruhe einkehre.

Braina war blass und geschwächt von der Seekrankheit, mit der sie auf der Rückreise zu kämpfen hatte. Gleichwohl schien sie glücklich und zufrieden. Faivel wollte mir mit einer Extra-Zulage danken. Ich lehnte ab.

Sie erzählten, ein ums andere Mal.

Vierzehn Jahre waren seit ihrem letzten Besuch – es war ihre Hochzeitsreise – in Erez Israel, das seinerzeit unter osmanischer Herrschaft stand, vergangen. Eine Erinnerungsfotografie von damals hängt im Eingangsflur und begrüßt einen jeden Gast, der ins Haus eintritt. Beide posieren in Beduinentracht, als ob sie in der Wüste stünden: Braina trägt einen Krug auf ihrer Schulter, Faivels Kopftuch ist mit einer runden Kordel befestigt. Aus dem damals noch russischen Städtchen Vershbolow, nach dem Krieg auf Litauisch Virbalis, auf Deutsch Wirballen, an der Grenze zu Ostpreußen gelegen, waren sie aufgebrochen. Es war Sommer, und nach vielen Tagen auf hoher See erblickten sie von der Fähre aus am Horizont Jaffa. Eine Barke brachte sie an Land.

»Faivel, der mich noch aus Kindertagen kannte, hatte vor der Reise um meine Hand angehalten«, erzählte Braina. »Meine Eltern stimmten sofort zu. Ja, genau genommen hatten sie es so erwartet, er war doch schließlich wie ein Ziehsohn in unserem Haus. Ich erwiderte ihm: ›Du hast mein Jawort – aber nur, wenn du mich nach Erez Israel nimmst.‹ Ich war damals zwanzig Jahre alt. Jung und *chuzpedik*«, sagte sie mit einem Anflug von Lachen und zufrieden mit sich selbst.

»Und sie hat sich nicht geändert«, warf Faivel liebevoll ein.

»Von der überaus großzügigen *Nedunia*, der Mitgift, meiner Eltern ist nichts übriggeblieben.«

»Genauer gesagt, alles ist dort geblieben«, korrigierte er.

»Nach Petach Tikva haben wir einen ganzen Tag in der Pferdedroschke gebraucht, der Kutscher sprach tadelloses Hebräisch. Die Strecke war gefährlich – –«

»Das haben wir schon mehrmals gehört; erzählt uns lieber, was sich seitdem im Land getan hat«, drängte Selig.

»Unter britischem Mandat wirkt das Land wie neugeboren«, begeisterte sich Faivel, »und entwickelt sich von Tag zu Tag weiter.«

»Und die Menschen sind frohgemut«, mischte sich Braina ein, »eine Zufriedenheit, wie ich sie nirgendwo sonst erlebt habe. Eine natürliche Freude. Kinder, die jauchzen, und Menschen, denen es gut geht.«

»Auch das Hebräisch ist inzwischen andersartig, so frisch und sprudelnd. Die jungen Leute wachsen mit der sephardischen Aussprache auf. Ich habe mich wie ein Überbleibsel aus einer vergangenen Welt gefühlt, fast so wie ein Fossil. Ohne dass man es mir offen gesagt hat, habe ich verstanden, dass mein Hebräisch oft altertümlich und überholt ist.«

»Und Jiddisch verstehen sie kaum, die jungen Leute.«

»Das kann doch nicht sein«, rief Bassja aus, und Selig bemerkte: »Auch deshalb blieb Mendel, unser überzeugter Jiddischist, in Litauen.«

Braina stand auf und begann mit etwas rauer Stimme zu singen: »*In di soche ligt di masel-broche*«, im Hakenpflug liegt das ganze Glück, und Bassja summte mit. »Erinnert ihr euch? Das ist das Lied von Zunser, unserem *litvak*. Ein Kinderchor sang es auf Hebräisch! *Be-Machraschti*, so heißt es jetzt.«

Sie erzählten, und ich beneidete sie. Und nicht nur ich. Allerdings war ich der Einzige unter den Anwesenden im Salon, der die Orte ebenfalls mit eigenen Augen gesehen hatte. Faivel sprach eifrig über *Pardesim*, Orangenhaine, und andere Obstplantagen in Petach Tikva und Hadera, jener landwirtschaftlichen Siedlung, die sie einst in einem tristen Zustand vorgefunden hatten, von Malaria gebeutelt. Jetzt blüht und gedeiht sie, und unter den Siedlern sind auch Faivels Verwandte aus der Familie Frank. Er erzählte von Imkern und hebräischem Honig, Oliven und Ölproduktion, über das erfolgreiche Weingut in Rishon le-Zion. Die Weinstöcke werden zum Schutz vor Schädlingen mit schwefelhaltigem Wasser besprüht. »Schade, dass aus unserer Geschäftsidee nichts Richtiges geworden ist«, bedauerte er, und Selig ergänzte umgehend: »Schade um das Geld, dass verlorengegangen ist.« »Diese Geschichte soll uns eine Lehre sein«, konstatierte Braina. »›*Du sollst das Geld einbinden und in deine Hand nehmen*‹, wie es im Talmud heißt.«

Es stellte sich heraus, dass sie vor zwei Jahren zusammen mit dem Kaufmann Nachum Yudelevitz beabsichtigt hatten, eine Firma für das Trocknen von Gemüse nach einer neuen Methode des Ingenieurs Dr. Feitlowitz zu betreiben. Zu diesem Zweck wurde eine Aktiengesellschaft gegründet, deren Hauptaktionäre Yudelevitz, Faivel und der reiche Wohltäter Nasatissin aus London waren. Leidenschaftlich widmete sich Yudelevitz dem Projekt. Im Jahre 1923 fuhr er nach Karlsbad, um Unterstützer und Aktienkäufer unter den Teilnehmern des Zionistischen Kongresses zu gewinnen. Aber noch bevor die Firma ihre Arbeit aufnehmen konnte, scheiterten die Pläne an Meinungsverschiedenheiten zwischen Yudelevitz und dem Ingenieur.

Als der Name Tel Aviv fiel, warf Faivel ein: »Dort wirst du meine Liebste finden, wenn wir eines Tages im Land leben.«

»*Pinkt asoj*, ganz genau«, ergänzte sie. »Ich verliebte mich in die Stadt, und Faivel in den Strand.«

»Damals, im Jahre 1911, steckte Tel Aviv in den Kinderschuhen«, erzählte Faivel. »Sanddünen, erste Häuser, dürre Bäume, Säuglinge. Jetzt gibt es über dreißigtausend jüdische Einwohner. Eine pulsierende Stadt, in der du alles, was du suchst, finden wirst. Die Kamele ziehen immer noch den Strand entlang, aber auf den Straßen sieht man die neuesten Automobile.«

Sie spazierten durch die Straßen Richtung Norden, um die neuen Teile der Stadt zu erkunden. Manchmal schlossen sich ihnen die Freunde aus Stockholmer Tagen an, der Rabbiner Ehrenpreis und seine Frau, die zu den geladenen Gästen bei der Universitätseinweihung zählten. Faivel und Braina hatten zudem ein Ritual: In der Dämmerung besuchten sie stets das beliebte Café *Galei Aviv*, von den Einheimischen *Casino* genannt, am Strand von Tel Aviv. Sie saßen auf der offenen, in das Meer hineinragenden Terrasse und ließen die Blicke wandern: Braina musterte aufmerksam die Gäste und deren modische Kleider, Faivel blickte auf die Sonne, die rasch in den Wellen verschwand, ganz anders als beim gemächlichen Sonnenuntergang in Europa.

»Und Probleme gibt es im Paradies nicht?«, fragte einer der Zuhörer im Salon, und es war unklar, ob er es ernst oder ironisch meinte.

»Was meinst du damit?«, fragte Braina.

»Probleme«, erwiderte der Gast, den ich nicht kannte.

»Sicherlich, an ihnen fehlt es nicht«, antwortete Faivel an ihrer Stelle, »aber ich ziehe vor, das Gute zu sehen und kein Schwarzseher zu sein.«

Faivel und Braina in vorderster Reihe (im Bild rechts unten) bei der Eröffnungszeremonie der Hebräischen Universität in Jerusalem, 1. April 1925.

11. 5. 1925

Vorgestern saß ich allein mit Faivel zusammen.

»Es würde mich freuen, wenn du nach Ayalas Stunde zu mir kommst«, schlug er vor.

Der Wind pfiff, und heftiger Regen prasselte gegen die Fenster. Als ich eintrat, war er in ein Buch vertieft. Rasch unterbrach er die Lektüre und zeigte mir den dicken Band, den er in Tel Aviv gekauft hatte: *Cholmim we-Lochamim*, ›Träumer und Kämpfer‹, eine Sammlung von Geschichten und Bildern aus dem Leben der Pioniere des *Yishuv*.

»Und ihr, was habt ihr zuletzt gelesen?«, fragte er. Er dachte natürlich an meine Hebräischstunden mit Ayala.

»Nichts«, erwiderte ich. Ich wollte nicht lügen.

Jetzt im Gymnasium will sie unbedingt in allen Fächern reüssieren, so sein wie alle, das ist ihr neues Ziel. Wir pauken französische Vokabeln, ihre erste Fremdsprache. Wann immer ich Hebräisch erwähne, winkt sie ab. Zwei Fremdsprachen reichen ihr, Deutsch und Französisch, und in der Tertia kommt noch Englisch hinzu. »Nächstes Mal kommt Hebräisch dran, David«, versicherte sie mir einmal artig. »Ein Viertel der Schülerinnen im Gymnasium sind Jüdinnen«, setzte sie beschwichtigend hinzu, »und keine von ihnen kann Hebräisch.«

»Es tut mir leid, Faivel, das ist die Wahrheit.«

Faivel schwieg. Er schmiegte seinen Kopf in die rechte Hand, mit geschlossenen Augen, wie immer, wenn er in Gedanken versunken war. Wir schwiegen.

Plötzlich murmelte er: »Wir hätten doch nach Erez – –«

»Sie wird es schon schaffen, sorge dich nicht«, entgegnete ich und schämte mich zugleich für die banale Bemerkung.

Faivel schien geistesabwesend zu sein, an einem anderen Ort, weit entfernt von mir, in Jerusalem: ›Die zukünftigen Universitätsstudenten‹ und ›*Aus dem Munde der jungen Kinder und Säuglinge hast du eine Macht zugerichtet*‹, wie es der Psalmist sagt – so hatte es in großen Lettern auf dem Banner gestanden, das junge Männer und Frauen, allesamt hebräische Schüler, feierlich in die Höhe hielten. Diese Worte hatten offenbar tiefen Eindruck auf Faivel gemacht, und wohl deshalb packte ihn ein schlechtes Gewissen, wann immer er zu diesen Lettern aufsah. Wochenlang hatte er von dieser Zeremonie geträumt, war es sein sehnlichster Wunsch gewesen, mit Braina an der Einweihungsfeier der Hebräischen Universität teilzunehmen.

Die Sonne zeigte sich nur spärlich, und die ausländischen Gäste machten die Erfahrung, dass es im April in Jerusalem weitaus kälter war als in der Küstenebene. Braina war froh, dass sie ihren Pelzmantel mitgebracht hatte. Faivel und sie saßen in der ersten Reihe des steinernen Amphitheaters, unweit der Holzbühne, auf der die führenden Persönlichkeiten des *Yishuv* und die ausländischen Würdenträger versammelt waren. Unter ihnen der britische Hochkommissar Herbert Samuel, der seine Rede mit dem Segensspruch *Schehecheyanu* beschloss, wofür er stürmischen Beifall erhielt. Aber Faivels Blick wanderte immer wieder zu den Worten auf dem Banner, und die Gedanken schweiften ab zu seinen Kindern, die im fernen Berlin aufwuchsen, weit weg vom ›Altneuland‹, von dem Herzl träumte.

Zum Glück bemerkte Braina nichts von seinem aufgewühlten Zustand. Sie war gerührt von dem geschichtlichen Moment und dem Anblick der Tausenden – man sprach von sechstausend – Begeisterten: »Die Pilger von heute«, wie sie es ausdrückte.

»Wir haben gut daran getan, schon einige Stunden vorab einzutreffen«, bemerkte Faivel.

Eine biblische Landschaft entfaltete sich vor ihren Augen, karge Hügel und Anhöhen, in der Ferne das Jordantal und die Berge von Moab, getaucht in den Glanz der kalten Mittagssonne. Auf der anderen Seite der Tempelberg, im Schatten langsam vorbeiziehender Wolken.

Die Zeremonie war vorbei, aber sie hatten es nicht eilig, aufzubrechen. Die geladenen Gäste schritten zu einem festlichen Empfang, unter ihnen war auch der Rabbiner Mordechai Ehrenpreis, Faivels engster Freund aus der Zeit in Stockholm. Dieser konnte seinen Stolz nicht verbergen und erzählte später, wie er Lord Balfour, dem britischen Außenminister und Wegbereiter einer »nationalen Heimstätte für das jüdische Volk«, sowie General Allenby, der 1918 die osmanische Armee besiegt hatte, vorgestellt wurde.

Es war sehr kalt geworden, und der Abend warf seine Schatten voraus. Sie standen Arm in Arm und sahen zu, wie sich die Dunkelheit langsam auf die Hügel legte und vereinzelte Lichter aufzuflackern begannen.

8 Schabbat, 5. September 1925

Der Sommer stand unter guten Vorzeichen. Am Anfang des Monats *Tammus* wurde Jehuda-Isaak zur Tora aufgerufen und feierte *Bar Mizwa*. Ein gutaussehender Bursche – genauer gesagt, junger Mann – ist aus ihm geworden, aufgeweckt und voller Tatendrang. Er ist von hoher Statur und hat rabenschwarzes Haar; seine Augen strahlen vor Wissbegierde. Seine Leistungen im Siemens-Realgymnasium sind ausgezeichnet, er hat zahlreiche Freunde. Die *Bar Mizwa*-Feier war gleichwohl bescheiden. Faivel zog es vor, dem *Keren Kayemet*, dem Nationalfonds, eine großzügige Spende in Höhe von fünfzig Mark zu geben. Auf dem großen Tisch im Salon lag eine stattliche Zahl von Geschenken, darunter die Werke von Tolstoi und Goethe. Von den Eltern erhielt er eine teure Kamera der Marke Voigtländer, aus Kowno traf mit etwas Verspätung ein langes Gedicht von Onkel Mendel ein. Selbstverständlich auf Jiddisch, aber auch über Jiddisch – und über die drei weiteren Sprachen, die Jehuda seit frühesten Tagen begleiteten. Braina deklamierte das Gedicht freudig, mitunter auch lachend. Zu meinem großen Erstaunen – ich spreche ja kein Jiddisch – verstand ich das meiste.

Einige Tage später fuhr Braina mit den Kindern gen Norden, nach Binz auf der Ostseeinsel Rügen. Jehuda hatte sich von Herzen gewünscht, den weichen Sand unter den Füßen zu spüren und auf die Wellen und die Brandung zu schauen. Mit dem Meeresstrand von Tel Aviv könne es sich aber nicht messen, so Faivel, der nicht mitgekommen war. Und trotzdem zog die Ostsee Jehuda in ihren Bann, reichte sie doch schließlich von Schweden, wo er aufgewachsen war, bis Litauen, seinem Geburtsland. Später in den Sommerferien fuhr man in den Süden, nach Karlsbad in Böhmen.

In Karlsbad und Marienbad fühlte sich die Familie Grüngard stets wie zu Hause, denn sie kannten diese Kurorte noch aus der Zeit vor ihrem Umzug nach Berlin. Manchmal gesellten sich Verwandte und Freunde zu ihnen. Einmal schloss sich Chajsarah an, Brainas älteste Schwester, deren Besuch ein besonderes Ereignis war, da sie aus New York anreiste. Sie hatte Wunder von dem Kurort gehört und sich seit langem gewünscht, ebenfalls von den berühmten Heilwassern zu trinken – »vom ›Brunnen Mirjams‹, wie unser Dichter den Ort Marienbad genannt hat«, bemerkte Braina und meinte damit Jehuda Lejb Gordon, der aus Wilna stammte.

»Du, mein Lieber, wirst auch mitkommen, vielleicht schon nächsten Sommer«, bestimmte Braina und lud mich für den kommenden Freitag zum Schabbat-Mahl ein.

Ihr Gesicht erstrahlte, und in ihren Augen leuchtete Sehnsucht auf, als sie von diesen beiden Kurorten und den Wäldern, die sie umgeben, erzählte. An Karlsbad gefielen ihr besonders die vornehmen Gebäude, die fabelhafte Kolonnade und der weitläufige Kurpark, in dem man gemütlich promenieren konnte.

Jehuda wurde nie müde, die Geheimnisse des Quellwassers zu erläutern, für das so viele Menschen nach Karlsbad kamen. Ausführlich sprach er von den Heiß- und Kaltquellen für Heilbäder sowie den Sprudelquellen für Trinkkuren. Aus manchen Quellen entspringe Wasser mit einer Temperatur von bis zu siebzig Grad. Das Quellwasser von Karlsbad enthalte zahlreiche Mineralstoffe, darunter Calcium und Magnesium, was besonders bei der Behandlung der Zuckerkrankheit förderlich sei, aber auch allgemein der Gesundheit zugutekomme.

»Und vor allem eignet es sich für diejenigen, die einige Pfunde verlieren möchten, besonders nach einem langen Winter«, seufzte Braina.

Ayala sprang auf, ihr Stuhl fiel nach hinten. Sie lief aus dem Zimmer und kam mit einem Bündel von Fotografien des Kurorts zurück.

»Diese Aufnahmen hat dort ein Fotograf gemacht«, erklärte Braina. »Juditzl hat auch Bilder geschossen, und ich finde seine sogar besser.«

»David, rate mal, wie viele Gläser haben wir jeden Tag getrunken?«, fragte Ayala.

»Wenn ich das nur wüsste ... Erzähl du es mir!«

»Jeden Tag haben wir siebzehn Gläser getrunken.«

»Sie übertreibt mal wieder«, warf Jehuda ein. »Hör ihr nicht zu.« »Und du« – er wandte sich an Ayala – »hast nicht einmal ein Glas getrunken.«

»*Schojn gut*«, beschwichtigte Braina.

Ayala aber blieb dabei, und auch Jehuda wollte nichts zurücknehmen. »Mama hatte ihr ein Glas gereicht, aber sie hat nur geschrien: ›Das Wasser ist furchtbar sauer‹ – und es dann ausgespuckt.«

Faivel versuchte zu vermitteln. »Kommt, Kinder, wir sitzen am Esstisch, und Fräulein Ladebeck verwöhnt uns mit Leckerbissen. Verwöhnt uns zu sehr. Denkt doch, in der Kur haben wir brav gefastet. Beinahe nur Wasser von morgens bis abends. Und ich frage euch, warum wir überhaupt dorthin fahren ...«

»Weil Mama so gerne dort ist.«

»Und eigentlich auch du«, setzte Jehuda hinzu.

»Das ist wahr«, gab Faivel zu, und schließlich nickte auch Braina. »Der Ort ist ausgezeichnet, ganz so wie Marienbad, und es pilgern nicht nur die deutschen Juden dorthin. Auch aus dem Osten kommen Juden, aus den Städten und den *schtetlach*. Man begegnet sich im Kurhaus – –«

»Im Sommer ist Karlsbad ganz in unserer Hand«, unterbrach ihn Braina. »Die Zahl der jüdischen Gäste geht in die Tausende.«

»Die Hotels, sogar die teuersten, sind bis aufs letzte Bett belegt, in den Restaurants findet man keinen freien Tisch«, bemerkte Jehuda. »Die Einwohner verdienen gut an uns: Sie werden schön reich und hassen uns dennoch.«

Die Grüngards in Marienbad, Juli 1922: Faivel, Ayala, Braina, Jehuda sowie Brainas Geschwister Chajsarah und Ephraim aus New York.

»Und in Binz hasst man uns nicht?«, fragte Ayala.

Faivel widersprach ihr nicht. »Aber immerhin sind es nicht nur die deutschen Juden, die nach Marienbad und Karlsbad kommen, und das ist gut so.« Er höre dort, was die Juden aus dem Osten, weit weg von Berlin, bewegt. Einmal in der Woche versammeln sich die Zionisten unter ihnen im Hotel Glattauer, diskutieren und streiten, manchmal auch lautstark. Aber selbst wenn es hoch hergeht, kommt es doch stets von Herzen. Alle sind sie Zionisten durch und durch. »Ach, sei mir nicht böse, David, ich habe nichts gegen die deutschen Juden. Aber ich fühle mich wohler in der Gesellschaft der anderen. Die wahren Zionisten sind allesamt aus dem Osten hervorgegangen, selbst wenn Deutschland ihnen zeitweilig eine Zwischenstation war. Aber genug. Braina nimmt es mir sicher übel, dass ich euch jetzt die gute Laune verderbe.« Und er lächelte ihr zu.

»Nein, nein, ich nehme es dir nicht übel und will es auch gar nicht bestreiten. Im Gegenteil, denk an unseren Tschernichowski. Wer hat die Feier zu Ehren dieses großen hebräischen Dichters ausgerichtet, als er aus Erez Israel zurückkehrte? Der rührige Verband russischer Juden in Berlin! Sie sind es, die seine Gedichte lesen und seine wahre Bedeutung erkennen. Die deutschen Juden haben noch nicht einmal seinen Namen gehört. Sie haben nicht das geringste Interesse oder Neugier, seine Gedichte zu lesen.«

Der Abend zog sich lange hin, und als ich heimkehrte, beschäftigte mich das Gesagte weiter. Es gibt Dinge, die ich nicht zu fragen wage. Wenn die Grüngards wirklich glühende Zionisten sind, warum sitzen sie in der *Gola*, und dann auch noch in Deutschland? Ist es alles wegen dem ›*ejßek* in Danzig‹? Und wie läuft das Tagesgeschäft, wenn Faivel nicht dort ist? Hat er denn Teilhaber oder vielleicht weiteres Kapital, von dem ich nichts weiß? Ich sehe nur eine Villa, in der eine mir wohlgesonnene Familie auf großem Fuß lebt. Aber eigentlich kenne ich nur einen Bruchteil. Es muss mehr dahinterstecken. Was meine Augen sehen, ist jedenfalls ein kleines Wunder und zugleich ein großes Rätsel.

9 Sonntag, den 6. Dezember 1925

An Brainas Worten war etwas dran.

An *Chol ha-Moed Sukkot*, zwei Monate nachdem die russischen Juden dem aus Erez Israel zurückgekehrten Tschernichowski einen warmherzigen Empfangsabend ausgerichtet hatten, wurde etwas verspätet der fünfzigste Geburtstag des Dichters gefeiert. Es kamen Schriftsteller und Literaturliebhaber, begeisterte Verehrer Tschernichowskis, die meisten von ihnen Ostjuden. Für sie ist Berlin nur eine Durchgangsstation, manchmal kürzer, manchmal länger. Unter den Rednern waren der jiddische Dichter Bergelson sowie Dr. Soloweitschik. Letzterer ist als radikaler Zionist bekannt. Nach der Unabhängigkeit Litauens 1918 hatte er einige Jahre in der litauischen Regierung als Minister für jüdische Angelegenheiten gedient. Seine Ansprache kreiste um das Geheimnisvolle und Mystische in der Dichtung Tschernichowskis. »Er beglückt uns mit seinen Werken«, beschloss er seine Ausführungen und gratulierte dem Jubilar. Nur ein einziger deutscher Jude war unter den Rednern, der zionistische Historiker und Bibliothekar Heinrich Loewe. Der Dichter, mit funkelnden Augen und gelockter Mähne, sprach nur kurze Dankesworte, aber es war deutlich, dass die Würdigungen ihn berührt hatten.

»Eine wahre Musenstunde war das«, urteilte Faivel, als wir nach Hause gingen. Wer den Alltag von Tschernichowski kennt, weiß allerdings, dass der Dichter in Armut und Sorge lebt. Seinen Beruf als Arzt darf er ohne Approbation nicht ausüben, und er kommt gerade so über die Runden, indem er schreibt und übersetzt. »Der Unbehauste«, so nennt ihn Braina, wenn er mal wieder unangemeldet *zu kest* kommt, meistens zwischen den Mahlzeiten. Seine Gattin, eine Nichtjüdin, hat keiner von uns je gesehen.

Ende Oktober, im Anschluss an die von Nachum Sokolow, dem Präsidenten der zionistischen Exekutive, geleiteten Sitzungen des Aktions-Commitees, versammelte Faivel in seinem Haus namhafte Personen, die dem Dichter Unterstützung zukommen lassen und ihm eine besondere Festgabe verehren wollten. Im Salon trafen sich die ehrenwerten Herrschaften, die meisten stammen aus Russland. Unter ihnen waren neben Sokolow der Historiker Simon Dubnow; Moshe Kleinmann, Redakteur der zionistischen Zeitschrift *Haolam;* der Schriftsteller Jakob Klatzkin und der Jiddischist Meir Pines. Zu Beginn wurde der Vorschlag diskutiert, für den Dichter eine Wohnstätte in Erez Israel zu erwerben. Nach ausführlichen Beratungen entschied die Jubiläumskommission einmütig, ihm ein ›Volksgeschenk‹ zu machen: eine Gesamtausgabe seiner Werke in zehn Bänden. Von den Einnahmen könne er seinen Unterhalt bestreiten und sich dem Schreiben widmen. Nach ihren Berechnungen benötigte man dafür zehntausend Dollar, die von Einzelpersonen und Institutionen gesammelt werden sollten. Von der amerikanisch-jüdischen Hilfsorganisation *Joint* sollten tausend Dollar kommen, versicherte deren Direktor Bernhard Kahn. Im späteren Verlauf des Abends zogen sich die Vertreter aus Erez Israel – der angesehene Pädagoge David Yellin und der zionistische Aktivist Josef Shprinzak – zurück, um zu beratschlagen, wie viel der *Yishuv* beisteu-

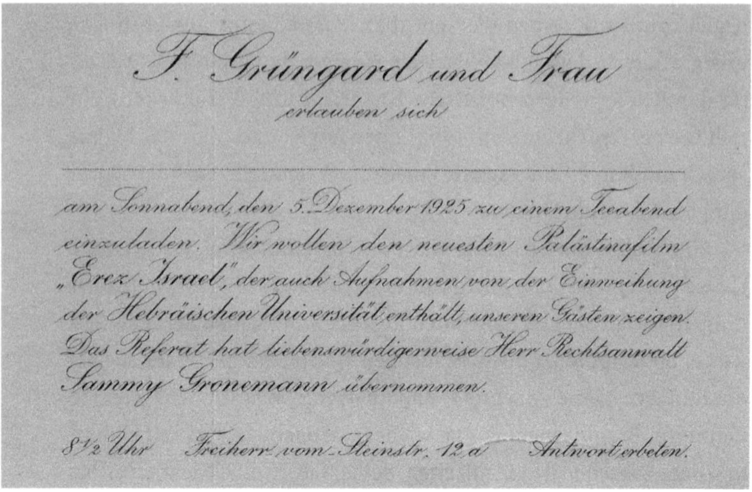

F. Grüngard und Frau
erlauben sich

am Sonnabend, den 5. Dezember 1925 zu einem Teeabend einzuladen. Wir wollen den neuesten Palästinafilm „Erez Israel", der auch Aufnahmen von der Einweihung der Hebräischen Universität enthält, unseren Gästen zeigen. Das Referat hat liebenswürdigerweise Herr Rechtsanwalt Sammy Gronemann übernommen.

8½ Uhr Freiherr-vom-Steinstr. 12 a Antwort erbeten.

»F. Grüngard und Frau erlauben sich einzuladen«: »Teeabend« mit Vorführung des »neuesten Palästinafilms« und Referat von Sammy Gronemann, 5. Dezember 1925.

ern könne. Nach einer halben Stunde kehrten sie zurück und erklärten: zweitausend Dollar.

»*Be-Scha'a tova*, möge es gelingen!«, stießen sie an und gingen in der Hoffnung auseinander, dass es nicht nötig sein werde, mit dem Klingelbeutel umherzuziehen.

Fast zwei Jahre sind nun vergangen, seitdem die Familie Grüngard hierhergezogen ist, aber es scheint so, als ob sie schon immer hier wohnen. Faivel und Braina sind verwurzelt und bestens im Bilde über alle jüdischen Angelegenheiten in der Stadt. Freunde und Bekannte geben sich die Klinke in die Hand, Gäste aus Erez Israel und solche, die auf dem Weg dorthin sind.

Erkältet und hustend kam Braina zur Wiedereröffnung des Hebräischen Klubs in einem kleinen Saal der jüdischen Gemeinde. Alle Versuche, sie davon abzuhalten, waren vergeblich – unter keinen Umständen wollte sie verzichten. »Es ist doch ein wichtiger Tag für die Liebhaber der hebräischen Sprache«, insistierte sie. Zu Beginn saß sie am Rande des Saals, später mischte sie sich unter die Feiernden.

Gestern versammelten sich etwa achtzig Personen in der Grüngard'schen Villa, um sich, wie es in der Einladung heißt, »den neuesten Palästinafilm, ›Erez Israel‹, der auch Aufnahmen von der Einweihung der Hebräischen Universität enthält«, anzusehen. »Die Karten wurden auf bestem Büttenpapier gedruckt«, erzählte Jehuda stolz. Ayala am Klavier und Jehuda mit der Geige begrüßten die Abendgesellschaft mit einem jüdischen Volkslied. Im Salon waren Spannung und Neugier zu spüren; nach Ende der Vorführung gab es starken Applaus. Wir sind gleich zweifach beschert worden, denn im Anschluss hielt der Rechtsanwalt und Erfolgsautor Sammy Gronemann, ein enger Freund der Familie, ein ebenso geistreiches wie humorvolles Referat über den *Yishuv*.

Kurz vor Mitternacht dankte ich Braina für die Einladung zu diesem Abend, der in mir Sehnsucht geweckt hatte.

»Ich weiß, woran du gedacht hast, David, als Gronemann sprach«, sagte sie verschmitzt und antwortete an meiner Stelle: »Braina, da hast du dich doch glatt geirrt. Hier haben wir immerhin den Doktor Gronemann, einen Zionisten und guten Freund. Und was ist seine Muttersprache? Deutsch! Und wo wurde er geboren? Nicht in Russland, sondern hier in Deutschland!« Und sie fuhr fort: »Es gibt auch unter den deutschen Juden gute Zionisten, wenn auch nicht so viele wie unter den Ostjuden; das hast du doch gedacht, David, nicht wahr?«

»Vielleicht«, lächelte ich zurück.

10 Schabbat, 27. März 1926

Ayala hat sich verändert. Sie ist, um es mit dem biblischen Josua auszudrücken, ›*verschlossen und verwahrt*‹ und erzählt nur wenig. Ich stelle ihr Fragen, aber sie antwortet nur einsilbig; ich stehe in der Tür, und sie blickt auf den Boden. Ein Jahr ist sie nun auf dem Rückert-Gymnasium, das sich jenseits des Parks, nur einen Steinwurf entfernt, befindet. Von Spaziergängen kannte sie das stattliche, mehrstöckige Gebäude, aber es macht eben einen großen Unterschied, ob man nur von außen vorbeigeht, oder zu jenen gehört, die jeden Morgen früh aufstehen, dort die Schulbank drücken und pauken müssen. Ihre Noten sind durchschnittlich, im Deutschunterricht lassen sie sehr zu wünschen übrig. Ein-, zweimal versuchte ich sie anzuspornen – vergeblich. Es war sinnlos, in ihrem Schmerz zu wühlen. Einiges wusste ich ja auch: so beispielsweise, dass sie sehr empfindsam und verletzlich ist, und dass sie nie an die Leistungen ihres Bruders Jehuda heranreichen wird. Und noch etwas: der Makel. Sie ist eine Ostjüdin, eine Außenseiterin, sogar unter den deutschen Jüdinnen in der Klasse.

Ayala schweigt, Braina leidet und Faivel zieht sich ratlos in sich zurück. Der Herbst ging vorüber, die Kälte kam und mit ihr der Raureif. Aber es kam auch die warmherzige Mania. Sie ist eine Klassenkameradin Ayalas, aus Minsk gebürtig, und wohnt in der Nähe. Wenn Ayala von ihr erzählt und ihre dunklen Augen dabei aufleuchten, glänzen auch Brainas Augen.

Im Spielzimmer springt nach wie vor ein kleiner Ball auf der Holzplatte hin und her. Klick, klack, klick, klack. Zweimal in der Woche sausen drei junge Burschen um die Platte: Jehuda und seine Freunde aus dem Gymnasium, Helli Herzberg und Heinz Nickelsburg. Beide stammen aus Berlin, beide sind Juden, aber Hebräisch sprechen sie nicht. Zu verlieren bedeutet für sie Schmach, und der Sieger – meistens Heinz – kostet den Triumph aus. Aber alle drei kommen in den Genuss der kalten Getränke, die das Stubenmädchen Marie nach oben bringt. Ab und zu schaut Jehuda beim Sportverein Bar-Kochba vorbei, doch er zieht es vor, seine eigenen Wettbewerbe auszurichten. Kurzerhand setzt er einen Wettlauf an, mit Akribie organisiert er ein Billard-Turnier. Braina und Faivel schauen zu und staunen nicht schlecht über den abenteuerlustigen Jungen, dessen Herz für den Sport schlägt. »Wer hätte das geglaubt?«, wundern sie sich, wo sie doch für Sport niemals viel übrighatten.

Aber an erster Stelle steht für ihn das Schachspiel. Im Gymnasium eilt ihm der Ruf als einer der besten Spieler voraus. Immer ist er auf der Suche nach neuen Schachpartnern, auch mich hat er rekrutiert, obwohl ich kaum eine Chance gegen ihn habe. »Es ist schon gut, David, es ist nicht wichtig, wer gewinnt«, lockt er mich zum Spielen – denn das ist die Hauptsache für ihn: Spielen. Es war mir klar, dass er auch diesmal gewinnen würde. Während er sich auf das Brett konzentriert, mustere ich seine Stirn, hinter der er sich die raffinierten Züge ausdenkt, und schaue auf die ehrgeizig geballten Fäuste. »Matt!«, ruft er aus – und mitunter nimmt er sich die Zeit, mir zu erklären, wo ich gepatzt habe. Nicht selten stellt er die aus edlem Holz gedrechselten Figuren zurück aufs Brett und ruft: »Revanche!«

Wie es der Zufall so will, wohnt Emanuel Lasker, sein Idol, ebenfalls in Schöneberg, unweit vom Bayerischen Platz. Zwischen beiden gibt es eine Verbindung – zumindest im Geiste. Jehuda kennt alle Geschichten über Lasker: Wie er mit Zigarette im Mundwinkel spielt, wie seine Frau manchmal bei Partien strickend neben ihm sitzt. Oft kommt er auch an Laskers Haus in der Aschaffenburger Straße vorbei, bleibt stehen und schaut bewundernd hinauf. Bislang war es ihm nie vergönnt, den jüdischen Schachweltmeister zu Gesicht zu bekommen. Und doch spielt er manchmal mit ihm. Genauer gesagt spielt er Laskers Glanzpartien nach. Siebenundzwanzig Jahre lang hatte Lasker über die besten Spieler der Welt triumphiert und den Titel des Weltmeisters verteidigt: »Steinitz, Janowski, Tarrasch und – –« Jehuda nennt weitere Namen, die ich noch nie gehört habe. In seinem Jugendzimmer hat Laskers *Lehrbuch des Schachspiels* einen Ehrenplatz. Kaum war es im Vorjahr erschienen, hatte Faivel es ihm geschenkt. Jehuda vertieft sich unermüdlich und andächtig in die Lektüre. Und doch weiß er genau, dass man vom Schachspielen nicht leben kann. »Unser Juditzl ist Realist«, sagte mir Faivel. »Er ist erfolgreich in allen Fächern und brilliert in Mathematik. Ich bin sicher, dass ihm in Erez Israel alle Türen offenstehen.«

»Dort?«, fragte ich erstaunt.

»Natürlich«, erwiderte er. »Und wenn es nach mir ginge, lieber früher als später. Denn sein Hebräisch leidet hier.«

»Besser früher …« – die Worte gingen mir durch den Kopf. Auch bei den Grüngards sind Wunsch und Tat zweierlei, dachte ich. Sie sind damit keineswegs allein.

Und wie wäre es, wenn er seinem Sohn nahelegen würde, Sprachunterricht in der Hebräischen Lehranstalt der jüdischen Gemeinde zu nehmen, und wenn nicht dort, dann anderswo? In letzter Zeit hat die Zahl derjenigen, die Hebräisch lernen, schließlich etwas zugenommen. Die meisten sind in Jehudas Alter, manche sogar noch jünger.

»Ich kann es ihm vorschlagen, aber ich will ihn nicht drängen«, antwortete mir Faivel.

Vielleicht war dies ja der Grund, weshalb Faivel sich entschied, mit Braina und den Kindern am Neujahrsfest der Bäume, der *Tu bi-Schwat*-Feier, teilzunehmen, die der Hebräische Klub ausrichtete. Auch ich nahm teil, kam allerdings mit etwas Verspätung in der Kommandantenstraße an. In den Räumen des Restaurants *Tel Aviv* herrschte ausgelassene Stimmung: Unter den Feiernden befanden sich auch zahlreiche Jugendliche, ja sogar zwei Kleinkinder, die auf dem Schoß ihrer Mutter eingeschlafen waren. Die Atmosphäre erinnerte an Erez Israel. Gesprochen und gesungen wurde nur auf Hebräisch, und die Feier endete mit *Ha-Nehenin al Pri ha-Arez*, dem Segensspruch über die Früchte des Erdbodens.

Mehrere Wochen vergingen, der Monat Nissan kam, und Braina organisierte eine Überraschungsfeier anlässlich von Faivels fünfzigstem Geburtstag. Zunächst hatte sie vor, zahlreiche alte und neue Freunde einzuladen. Aber sie rückte davon ab, nachdem ihr Bruder Selig ihr in Erinnerung rief, was sie selber wusste: dass ihr Mann sehr wenig von solcher Geselligkeit hält und sich eigentlich nur im Kreis der Familie wohlfühlt. Auch ich war daher nicht eingeladen. Und ehrlich gesagt, hatte ich es auch nicht erwartet.

Zwei Tage vor der Feier bat mich Jehuda in sein Zimmer und gab mir zwei Seiten zu lesen: ein Gedicht als Geschenk für seinen Vater. »Dieses Exemplar ist für dich«, sagte er.

Ich traute meinen Augen nicht. Das Gedicht war ganz auf Deutsch verfasst und mit Faivels Schreibmaschine getippt. Ich machte Jehuda Komplimente: das Deutsch so reich, die Reime sehr gelungen. »Du darfst es Papa nicht erzählen«, ließ er mich geloben. »Bei der Feier werde ich das Gedicht vorlesen, und ihr werdet es alle hören.«

Als ich ihm mitteilte, dass ich nicht dabeisein würde, beeilte er sich, mit seiner Mutter zu sprechen.

»Hast du auf eine Einladung gewartet? Wieso denn – du gehörst doch zu uns«, bekam ich darauf von Braina zu hören.

Faivel, Unter den Linden, Berlin, ca. 1925.

Ich las das Gedicht zwei-, dreimal durch – überrascht und zugleich enttäuscht. Das Talent des jungen Verseschmieds war nicht zu übersehen, aber warum hatte er es nicht auf Hebräisch geschrieben, wo seinem Vater die Sprache doch so am Herzen liegt? Warum hatte er es vorgezogen, in einer ›Fremdsprache‹ zu schreiben? Schließlich hieß es in dem Gedicht doch klipp und klar:

> Hebraist und Zionist
> der Du ja noch heute bist
> in Deinem Herzen sehr tief,
> übtest Du früher aus aktiv.

Das Festmahl dauerte lange. Als alle Anwesenden zum dritten Mal anstießen, stand Jehuda auf und trug das Gedicht vor. Faivel lauschte mit höchster Aufmerksamkeit, im Raum herrschte absolute Stille. Jehuda endete mit den Zeilen:

> Ich ehre in Dir den Menschen,
> doch ich liebe Dich als Vater,
> lieben Freund und klugen Berater.

Faivel erhob sich von seinem Platz am Kopfende des Tisches und nahm seinen Sohn in die Arme. Innig und schweigend verharrten sie in der Umarmung, bis schließlich Beifall geklatscht wurde.

Ich kannte fast alle, die am Tisch saßen, denn sie waren Brainas Verwandte. Den Gast aus Faivels Familie, der zu Besuch gekommen war, kannte ich hingegen nicht. So hörte ich auch zum ersten Mal die ganze Geschichte der beiden Familien, die in einem kleinen Städtchen im heutigen Litauen, nahe der ostpreußischen Grenze, begann. Selig genoss es, *majßalach* zu erzählen, von vergangenen Tagen und von den Verstorbenen, die man in höchsten Ehren hielt. Er war in Plauderlaune und zu allerlei Späßen aufgelegt. In sein Hebräisch mischten sich zahlreiche jiddische, russische und deutsche Wörter. Offenkundig war ich der Einzige unter den Anwesenden, der die Irrungen und Wirrungen der Familie nicht kannte. Da es schon spät ist, werde ich das alles bei nächster Gelegenheit niederschreiben, damit es mir nicht entfällt.

11 Schabbat-Ausgang, 29. Mai 1926

»... und an *Pessach* wirst du nicht hier sein?«

»Nein«, erwiderte Faivel, und als er mein Erstaunen bemerkte, fügte er hinzu: »Ich habe dort eine Verpflichtung.«

»Braina wird niemals einwilligen, *Pessach* ohne dich zu feiern«, bemerkte ich.

»Auch sie fährt mit.«

»Und die Kinder?«

»Sie werden den *Seder*-Abend bei Selig feiern, zusammen mit Bassja, Fritz und den Kindern. Mach dir keine Sorgen, es wird an Gästen nicht mangeln.«

Sie fuhren wie geplant nach Erez Israel und kehrten nach sechs Wochen zurück. Brainas Gesicht war von der Sonne gebräunt. Im Gepäck hatte sie Mandeln, Datteln und allerlei bestickte Tuche von feinster Qualität. Ein Jahr war seit dem vorherigen Besuch vergangen, und ›ihre‹ Stadt – so nannte Braina Tel Aviv – trafen sie nach wie vor voller Leben an. »Alles, was du in Berlin suchst, kannst du auch dort finden«, berichtete sie mit vergnügtem Stolz. »Die Früchte des Landes sind unendlich frischer und schmackhafter als jene, die man hier findet. Überall sind junge Leute.« Und sie lächelte mich an und setzte verschmitzt hinzu: »Übrigens auch hübsche Mädchen.« Natürlich gebe es auch alte Menschen, aber in der Luft liege ein jugendlicher Geist.

Sie wollte immerfort erzählen. Vielleicht war es der unbewusste Wunsch, die schönen Momente der Reise noch einmal zu erleben, der Braina dazu veranlasste, Verwandte und Freunde, sogar entfernte Bekannte, zu sich einzuladen. Ausführlich erzählte sie bei diesen Gelegenheiten von ihrem Besuch im *Moschav* Nahalal in der Jesreelebene. Dort besichtigten sie das vor Kurzem fertiggestellte Wohnhaus der Landwirtschaftsschule für junge Frauen. »Endlich haben die zionistischen Männer den weiblichen Beitrag zur Wiederbelebung des *Yishuv* erkannt«, verkündete sie und bedauerte, dass sie nicht bei der feierlichen Eröffnung hatten anwesend sein können. Wenn die WIZO – die Internationale Zionistische Frauenorganisation – nicht finanziell eingesprungen wäre, hätte das Gebäude nicht vollendet werden können. »Nur noch Haushalt und Küche? Mitnichten. Die Zeiten haben sich geändert«, erklärte sie zufrieden. »Wir sahen tüchtige Frauen auf den Feldern beim Pflanzen, in den Hühnerställen und bei der Arbeit in den Orangenhainen von Hadera.«

Zweimal besuchten sie Hadera, die *Moschava* im Norden der Scharonebene. Faivel erinnerte sich an die pessimistische Prophezeiung einer hebräischen Zeitung über die 1891 gegründete Siedlung: »Hadera hat keine Zukunft.« Sie streiften stundenlang durch die Felder, staunten über die Mandelbaumplantagen. »Der Himmel war wolkenlos, und in der Luft lag ein betörender Blütenduft«, erzählte Faivel voller Bewunderung. »Ich konnte von dem Anblick der Oliven- und Zitrushaine gar nicht genug bekommen«, fuhr er in seiner Begeisterung fort. Auch war ihm positiv aufgefallen, dass seit Kurzem alle Häuser einen Wasseranschluss hatten, von dem Vorhandensein zahlreicher öffentlicher Einrichtungen ganz zu schweigen.

Sie verbrachten mehrere Tage im Haus von Tanchum Frank, einem Cousin Faivels, der sie durch die Baumreihen des Orangenhains führte und ihnen die Jungbäume zeigte, die er eigenhändig gepflanzt hatte. »Als wir 1911 in Hadera waren, habe ich überhaupt nicht geschlafen«, erinnerte sich Braina. »Das Keckern und Schreien der Schakale jagte mir einen Schrecken ein, und die Mücken haben mich unentwegt gestochen. Diesmal hingegen habe ich tief und fest geschlafen. Ich wachte erst auf, als die Vögel am Morgen zwitscherten. Aber verzeiht mir die Sentimentalitäten …«

»Und was ist mit der tödlichen Malaria?«, warf einer der Gäste ein.

»Das Problem hat sich gelöst, Hadera ist sauber, man legte die Sümpfe vollständig trocken. So auch in Afula, und bald auch das Flussbett des Kishon.«

Bassjas Fritz wollte Näheres über die wirtschaftliche Lage erfahren, denn man hörte doch zuletzt immer wieder – –

»Die Lage ist gut«, unterbrach sie ihn. Aber Fritz ließ nicht locker. Er hätte gelesen, dass Juden das Land verlassen und nach Europa zurückkehrten. Von einer Krise sei die Rede.

»Lass, Fritz, lass«, sagte Bassja und tippte an das Knie ihres Mannes, der seinen Missmut mit einem weiteren Glas Rotwein besänftigte.

Die Neugier im Raum war freilich nicht zum Erliegen gekommen, ganz im Gegenteil. Die Fragen sprudelten geradezu. »Was die Geschäfte betrifft, müsst ihr Faivel fragen, er ist der Experte«, wiegelte Braina ab.

Aber Faivel war nicht da.

Wie es der Zufall wollte – oder vielleicht war es kein Zufall? –, hielt er sich in Danzig auf, wo er sich mit seinem Partner Sonnenberg traf.

Fragen, die ihr nicht genehm waren, wich Braina aus. Sie er-

Schülerinnen der Landwirtschaftsschule von Nahalal beim Pflanzen von Tomaten. Die Mitarbeit von Frauen in der Landwirtschaft war selbstverständlich in den *Moschavim* und *Kibbuzim*.

zählte stattdessen von dem Konzert, das der Geiger Jascha Heifetz im Atrium des *Beit ha-Am* in Tel Aviv gegeben hatte: »Der *schenjale Chejfetz*«, schwärmte sie, »auch er ein *litvak*, in Wilna geboren. Tausende waren gekommen, manche schauten und hörten sogar von den angrenzenden Dächern zu. Und trotz des großen Auflaufs setzte vollkommene Stille ein, als er die Violine auf die Schulter legte. Kaum hatte er den letzten Ton gespielt, brach tosender Jubel aus, und das Publikum verlangte begeistert Zugaben. Die Einnahmen des Konzerts nahm er nicht an, sondern spendete sie für den Bau einer Musikschule.«

Faivel verlängerte seinen Aufenthalt in Danzig. Ich wartete bereits ungeduldig auf seine Rückkehr. Denn ich wollte wissen, was genau es mit der ›Verpflichtung‹ auf sich hatte, wegen der sie die weite Reise übers Mittelmeer unternommen hatten. Ich will nicht verschweigen; es überkam mich die Angst, dass er Vorbereitungen traf, Berlin ganz den Rücken zu kehren. Seine Seele sehnte sich nach Erez Israel, und vielleicht war es nicht nur das Gefühl von Dringlichkeit, sondern auch der Überdruss an einem fremden Ort, an dem es für seinen Geschmack nicht genügend Zionisten gab. Jetzt empfand ich mehr denn je die innere Nähe zu dem Mann, in dessen Haus ich seit zwei Jahren ein und aus gehe, und dass ich diesem geistigen Band weit mehr als nur einen Nebenverdienst verdanke.

Die Verpflichtung: Es stellte sich heraus, dass er bereits in Litauen dem zionistischen Verein *Achwa* beigetreten war. Im Jahr 1913 zahlten die Mitglieder einen stattlichen Geldbetrag an die *Hachscharat ha-Yishuv*, eine Gesellschaft zur Besiedlung des Landes, die in ihrem Auftrag Boden erwerben sollte. Nun, nach *Chol ha-Moed Pessach*, fand am Jerusalemer Sitz der Gesellschaft eine Auslosung von Grundstücken statt: Es handelte sich um Land, das im Entwicklungsplan der *Moschava* Merhavia in der Jesreelebene für die Mitglieder der *Achwa* vorgesehen war, die ihrerseits von Faivel als Bevollmächtigtem vertreten wurden. Er selbst zählte zu jenen Glücklichen, denen dort zwei Parzellen zufielen, insgesamt ungefähr in der Fläche neunzig *Dunam*.

Faivel kennt den *Yishuv* wie seine Westentasche. »Es wird eine reiche Getreideernte geben«, verkündete er mir nach seiner Rückkehr, »auch die Winzer erwarten eine stattliche Weinlese. Auf dem englischen Markt erzielen die Orangen sehr gute Preise. Es besteht die Aussicht, dass bald schon weitere Orangenhaine auf tausenden von *Dunam* Fläche angelegt werden. Die von der englischen Regierung erlassenen Zollgesetze machen der Industrie und der Landwirtschaft im *Yishuv* zwar das Leben schwer, aber trotz dieser Widrigkeiten gibt es viele erfreuliche Entwicklungen: die Ölpressen produzieren im Überfluss, und für die Besiedlung steht einheimischer Zement zur Verfügung. Die Fabrik *Silikat* stellt Blöcke aus Sand und Kalk her.«

»Und die Krise?«

»Es gibt sie. Sachkundige behaupten, dass sie ihre Wurzel in den letzten Monaten des vergangenen Jahres hat. Wer die Augen davor verschließt, sieht der Wahrheit nicht ins Gesicht. Die Finanzlage ist in der Tat schwierig. Die Investitionen aus privater Hand sind zurückgegangen, die Grundstückspreise schwanken, die Mieten steigen. Nicht wenige Arbeiter haben ihre Stelle verloren und leben von der Hand in den Mund«, berichtete er. »Es gibt jene, die sich beklagen, aber bleiben – und solche, die dem Land den Rücken kehren. Leider haben sich Einige dem Spekulantentum und Wucher ergeben.«

»Braina hat uns ein ganz anderes Bild vermittelt«, bemerkte ich.

»Ich wusste, dass sie das tun würde. Sie sieht immer nur das, was ihr Auge sehen will.« Er schwieg. Dann setzte er wieder an: »Ihre Art, die Dinge zu sehen, hat allerdings etwas Gesundes und zugleich Heilsames, David. Ich habe keinen Zweifel, dass die Lage sich allmählich bessern wird. Wer dachte, dass der Weg geradlinig und ohne Hindernisse sein wird, hat sich geirrt und führt auch andere in die Irre. Ich sehe die Entwicklung in Erez Israel mit Optimismus.«

Über den letzten Satz habe ich noch lange nachgedacht. Ich erinnerte mich, dass ich diese Worte bereits gehört hatte, aber ich wusste nicht wo. Bis zu jenem Abend, an dem beiläufig der Name Ephraim Kuzenok fiel. Das war der Mann! Bei einem Vortrag, den dieser, ein leidenschaftlicher Zionist, vor mehr als einem Jahr über die zukünftigen Pläne für Afula und die Bucht von Haifa hielt, legte er Karten und Schaubilder vor, eifrig bemüht, die Zuhörer für die Sache zu gewinnen und zu Investitionen zu bewegen.

»Ich sehe die Entwicklung in Erez Israel mit Optimismus«, drückte er sich damals aus. Unter den Anwesenden waren nicht wenige, die an dem Erfolg der Projekte zweifelten, und zwei riefen empört: »Spekulation!«

Ephraim Kuzenok und Faivel sind enge Freunde. Noch bevor Faivel nach Berlin zog, trafen sie sich hin und wieder. Kuzenok erläuterte ihm seinen Plan, eine Bau- und Wohngesellschaft in dem Land zu gründen, das er – im Unterschied zu Faivel – bis dahin noch gar nicht gesehen hatte. Faivel ließ sich überzeugen und investierte tausend Pfund Sterling. Mit weiteren Geldmitteln, die Kuzenok von russischen Juden erhalten hatte, wurde schließlich eine Bodenkaufgesellschaft gegründet. Ihr erstes Projekt war der Bau der Tschlenow-Siedlung in Tel Aviv, die Faivel und Braina übrigens bei ihrem Besuch im vergangenen Jahr besichtigt haben.

Kuzenok, aus der Nähe von Kiew stammend und von Haus aus Maschinenbauingenieur, ist ein Mann von unbändiger Energie, der weder rastet noch ruht. Zusammen mit ähnlich tatkräftigen Zionisten gründete er auch *Meshek*, eine private Gesellschaft, die Erwerb, Verkauf und

Bebauung von Grundstücken betreibt. Es ist kein Zufall, dass sich das Berliner Bureau der Gesellschaft im Gebäude der Zionistischen Vereinigung in der Meinekestraße befindet. Kuzenok und seine Partner setzen auf die Ostjuden unter uns: »Ich habe keine Zeit, um sie unter den deutschen Juden zu vergeuden«, betonte er immerfort. »Meine Hoffnung ruht auf den Ostjuden.«

Als Kuzenok von den Plänen zur Entwicklung der Bucht von Haifa erzählte, war ihm Faivels sofortige Unterstützung gewiss. Ob Faivel wohl eigenes Geld in dieses wichtige Projekt gesteckt hat? Zählt er zu denjenigen, die Grundstücke oder Anteilsscheine erworben haben? Ich bin ziemlich sicher. Mir sind auch die Einwände Brainas noch erinnerlich: »Was wir schon haben, ist genug. ›*Mehr Güter, mehr Sorge*‹, wie schon die Mischna sagt. Und es kommt noch hinzu, dass das Ganze nicht um die Ecke ist«.

Brainas Skepsis trübte die Freundschaft zwischen Faivel und Kuzenok nicht. Beide sind der Überzeugung, dass man nicht nur auf nationales Kapital setzen sollte. Die zionistische Bewegung dürfe sich nicht allein auf die Spenden an die Fonds zum Aufbau eines jüdischen Staates verlassen. Es gelte, das Interesse an attraktiven Geldanlagen im jüdischen Bürgertum zu wecken. Den privaten Investitionen komme ebenso viel Bedeutung zu wie dem nationalen Kapital. Zuwendungen an den Nationalfonds *Keren Kayemet*, wie sie Braina und Faivel ebenso wie ihre Verwandten regelmäßig machten, seien schön und gut, aber es reiche nicht aus. Daher wunderte ich mich auch überhaupt nicht, als Faivel mir nach seiner Rückkehr aus Erez Israel berichtete, dass er ernsthaft erwäge, unweit von Hadera einen *Pardes* – vielleicht sogar zwei oder drei dieser Orangenhaine – zu erwerben.

12 Sonntag, 29. August 1926

Mitte Mai fiel die Entscheidung. Die zionistische Liste, die sogenannte Volkspartei, errang einen eindrucksvollen Sieg bei der jüdischen Gemeinderatswahl in Berlin. Zum ersten Mal haben die Assimilanten – oder ›Liberale‹, wie sie sich nennen – keine Mehrheit. Als die Ergebnisse offiziell bekanntgegeben wurden, schoben die enttäuschten Liberalen eilig die Schuld den Ostjuden in die Schuhe und warfen ihnen vor, die deutsche Kultur nicht zu respektieren und die Realität im Land nicht zu kennen. Sie verschonten auch die Zionisten nicht mit heftiger Kritik und unterstellten ihnen, das Gemeindehaus in ein Palästina-Bureau umwandeln zu wollen …

»Umso besser«, spottete Faivel. »Endlich hat sich die Einsicht durchgesetzt, dass man zum Wohle von Erez Israel agitieren und arbeiten muss. Ich bestreite nicht, dass die Berliner Juden ihre Probleme im Alltag haben, aber nicht weniger wichtig ist nun einmal der Einsatz für Erez Israel, sei es durch Spenden oder Investitionen. Vom Sprachunterricht und der hebräischen Erziehung ganz zu schweigen. Wer des Hebräischen nicht mächtig ist, dem wird die Kultur des Landes verschlossen bleiben. Bei uns in Wirballen …« Und er fuhr fort, mir zu erzählen (übrigens nicht zum ersten Mal), wie er als Kind hebräische Vokabeln gepaukt hatte, deren Bedeutung er teilweise gar nicht verstand.

»Scherze machten wir zwar auf Jiddisch, aber das Lesen und Schreiben waren stets auf Hebräisch«, erinnerte er sich. Avremale Sandler, unser *melamed*, war ein Schulmeister vor dem Herrn; Nachsicht war nicht seine Sache. Für ihn war selbst das winzigste Detail von größter Bedeutung, und gerade bei den Schwächsten unter uns ›*schonte er seine Rute nicht*‹, wie es in den biblischen Sprüchen heißt. Litauen galt damals als Bollwerk des Jiddischen. Dass unser Wirballen ein Fels des Hebräischen war, verdanken wir ihm und seinem *Cheder metukan*, einer der ersten dieser jüdischen Reformschulen, in denen Jungen sowie Mädchen außer den religiösen Schriften auch Geschichte und die hebräische Sprache lernten. Aber es scheint mir, dass ich dir das alles schon einmal erzählt habe … Du lächelst höflich, mein Lieber. Ich werde dir ein kleines Geheimnis anvertrauen.«

Faivel legte die Zigarre beiseite und beugte sich etwas nach vorne.

»Als ich dir zum ersten Mal begegnete – noch bevor ich wusste, wer du bist und was du tust –, war ich von deiner Stimme fasziniert. Eine dunkle und tiefe Stimme, als ob sie aus den Tiefen der Erde, unserer Erde, kommt. ›Ein richtiger Bass‹, hatte Braina damals beigepflichtet und fühlte sich an unseren einstigen *chasen* erinnert – einen Kantor, der sein ganzes Leben von einer Opernkarriere träumte. Aber ich war vor allem hingerissen von dem Timbre, das du dem Hebräischen verleihst. Braina war sogleich mit mir einverstanden, dich anzustellen. Wir wollten Ayala das Einleben in Berlin erleichtern. Wir wussten, dass du ihr in allen Fächern helfen wirst, vor allem beim Deutschlernen. Und tief im Herzen hoffte ich, dass sie auch von deinem vorzüglichen Hebräisch profitieren würde. Du willigtest ein, zu unserer großen Freude.«

»Ich fühle mich sehr geehrt, Faivel«, warf ich ein, »aber was Ayalas Hebräisch betrifft, kann ich mir keine großen Verdienste ans Revers heften.«

»Du tust dein Bestes. Die Schuld liegt nicht bei dir, sondern bei mir.«

»Bei dir?!«

»Es gibt Sachen, von denen du nichts weißt«, erwiderte Faivel.

Es war mir unangenehm, dass das Gespräch diese Wendung genommen hatte, und ich wollte es in andere Bahnen lenken.

»Du hast mir doch erzählt, dass du früher mit Jehuda ausschließlich Hebräisch gesprochen hast. Dass es die erste und einzige Sprache war, die er als kleines Kind in Wirballen hörte. Ich habe das sehr bewundert. Ich wusste zwar, dass auch der hebräische Sprachschöpfer Elieser Ben Yehuda es so mit seinem Sohn gehalten hatte, aber sie lebten nicht in einem kleinen Ort in Litauen, sondern in Jerusalem.«

»Was Wirballen betrifft: ein kleiner, aber feiner Ort. Es gab bei uns leidenschaftliche Hebraisten, nicht nur mich und Brainas Brüder, sondern auch meinen Schwager Nehemia Volpianski und andere. Wir alle sind mit dem Hebräischen aufgewachsen. Ach übrigens, Direktor Nissan Berggrün erzählte mir neulich, dass es fast dreihundert Schüler, auch Schülerinnen, im Hebräischen Lehrhaus der jüdischen Gemeinde hier in Berlin gibt. Aber du kennst sie sicherlich besser als ich. Ich bin jedenfalls der festen Überzeugung, dass alles, was man früh erlernt – der Talmud nennt es *Girsa de-Yankuta*, die Kinderlehre –, Gold wert ist.«

»Aber warum hast du dann nicht von Anfang an auch mit Ayala Hebräisch gesprochen?«

»Es gab verschiedene Gründe«, entgegnete Faivel.

Meine Neugier gewann die Oberhand über meine Höflichkeit.

»Es ist eine lange Geschichte, David. Als der Weltkrieg ausbrach, befanden wir uns in der Sommerfrische an der Ostsee. Wir hatten ausländische Papiere. Die Deutschen untersagten uns, nach Litauen zurückzukehren. Wir fuhren nach Leipzig, ein guter Freund unterstützte uns finanziell. Ich musste mich jeden Tag auf der Polizeiwache melden, da man den Verdacht hegte, wir könnten Kommunisten oder gar Spione sein ... Wir hatten Glück im Unglück. Die schwedische Regierung gestattete einigen hundert russischen Juden die Einreise. Zwei Wochen nach unserer Ankunft in Stockholm kam Ayala zur Welt. Die Tage standen im Zeichen eines Neuanfangs, einer neuen Sprache. Und Braina bestand mit Nachdruck darauf: ›Es darf sich nicht wiederholen, was damals mit unserem Juditzl passiert ist.‹«

Faivel hielt inne, wie jemand, der sich eines Fehlers bewusst geworden ist.

Wir schwiegen.

»›*Geht der Wein hinein, so kommt das Geheimnis hinaus*‹, heißt es im Talmud, David. Aber es geht auch ohne Wein«, seufzte er und nahm den Erzählfaden wieder auf. Er vertraute mir an, wie er mit Jehuda von Geburt an nur Hebräisch gesprochen hatte. Als der noch ein Säugling in der Wiege war, las Faivel ihm aus hebräischen Büchern vor, damit das Kind mit dem Klang der Sprache aufwachse. Selbst die *gojische* Amme musste einige Worte der ihr so fremden Sprache lernen. Zwei Sommer verstrichen, Jehuda begann Worte zu Sätzen zu fügen und auf Hebräisch zu sprechen. Dann erkrankte er an Diphtherie. Tage und Nächte vergingen ohne Besserung. Er lag mit hohem Fieber und wimmernd im Bett.

»Ich saß in seinem Zimmer«, erinnerte sich Faivel mit leiser Stimme. »Ich hatte schreckliches Mitleid mit ihm, aber wusste nicht, wie ihm zu helfen war. Die Entzündung seiner Atemwege wurde immer schlimmer. Die Arzneien richteten nichts aus. Braina war verzweifelt.«

In ihrer Not trafen sie eine Entscheidung: Auf Rat von Freunden machten sie sich von Wirballen nach Königsberg auf, wo sie gegen Mittag bei Dr. Falkenheim eintrafen. Sein Ruf eilte ihm voraus, besonders auf dem Gebiet der Kinderheilkunde.

»Der Doktor, mit Glatze und spitzem Schnurrbart, wechselte nur wenige Worte mit uns und wandte sich sofort unserem Juditz zu, tastete ihn ab, fuhr mit der Hand über das blasse Gesicht und fragte ihn: ›Was tut dir weh, mein Junge?‹ Braina antwortete sogleich. Der Doktor ignorierte ihre Worte, ergriff die kleine Hand und wiederholte die Frage, diesmal auf Jiddisch. Aber Jehuda weinte nur in einem fort. ›Ich bitte um Verzeihung‹, bemerkte ich, ›das Kind versteht nur Hebräisch.‹ Der Doktor wandte sich um und blickte mich zornig an: ›Herr Gründgard, das ist eine unverzeihliche Sünde, mit einem Kind in einer toten Sprache zu sprechen! Wie wagen Sie es, das Leben eines kleinen Jungen so zu ruinieren.‹«

Faivel schwieg.

Die Jahre, die seitdem vergangen waren, hatten seinen Schmerz nicht gemindert.

Ich erinnerte mich an das Gedicht, das Jehuda auf Deutsch für seinen Vater verfasst hatte.

Durch die Glastür, die Faivels Bureau vom Garten trennt, konnte man die Hündin Lona sehen, die aufgeregt umhersprang und nicht aufhörte zu bellen. Hinter ihr her lief Suppik in kurzen Hosen und mit einem Stock in der Hand. Doch so schnell gehorchte Lona nicht. Sie war in ihrem Element und tollte durch den Garten. Suppik hatte seine liebe Mühe, ihrer Herr zu werden. Wir standen auf und traten an eines der Fenster, um das wilde Spiel zu beobachten. Faivel murmelte auf Jiddisch vor sich hin: »*mitn beßten hunt is nit gut an ejßek zu hobn* …«

13 Sonntag, 26. Dezember 1926

In dieser Woche geht das christliche Jahr zu Ende. Lichter in den prächtigsten Farben erhellen die Dunkelheit der weihnachtlich geschmückten Großstadt. Auch in den Warenhäusern im jüdischen Besitz – darunter in unserem Tietz – sind, wie jedes Jahr, festlich dekorierte Christbäume aufgestellt worden. Faivel ist mit der Jahresabrechnung beschäftigt, meistens allein, manchmal gemeinsam mit Selig.

Braina backte ihren legendären *lokschenkugel* und legte für Ayala und mich zwei Portionen zur Seite. Der warme Duft von Zimt und Zucker strömte betörend durch das Haus. Ich machte ihr Komplimente, ganz so wie sie es erwartete und genoss. Ayala erzählte begeistert vom *Sommernachtstraum*, den die Schülerinnen bei der Weihnachtsfeier aufgeführt hatten. »Die Mädchen verkleideten sich als Männer, und die Feenkönigin verliebte sich in einen Esel!«

Braina blieb bei ihrer Meinung: »Gut, dass wir aus Schweden weggegangen sind. Hätte er sich an meinen Rat gehalten, wäre das schon viel früher geschehen.« Der Seitenhieb auf Faivel war unmissverständlich. »So wäre ihr der Unterricht in der Kungsholmens-Schule erspart geblieben, und man hätte sie hier einschulen können.«

»Aber Papa mochte sein Bureau in der Kungsgatan so sehr«, warf Ayala ein.

»Und sein Teehaus gewiss nicht weniger«, setzte Braina ironisch hinzu. »Dort pflegte er lange Stunden alleine zu sitzen, in den Journalen zu blättern oder Bücher zu lesen. Es fiel ihm schwer, sich von diesem, seinem kleinen Königreich zu trennen. Drei Jahre sind wir nun hier, und erst vergangenen Sommer hat er sich dazu durchgerungen, sein Bureau in Stockholm offiziell aufzugeben.«

»Ich weiß«, erwiderte ich.

»Du weißt ohnehin alles«, bemerkte sie spitz.

»Aber es ist doch kein Geheimnis.«

»Manchmal habe ich den Eindruck, dass du besser im Bild bist als ich«, versetzte sie etwas verstimmt, bevor sie in einem sanfteren Tonfall fortfuhr: »Es ist gut, dass du ihm Gesellschaft leistest, David.«

Ich ging heim und nahm ein Stück vom schmackhaften *kugel* für meine Mutter mit.

Drei Sternstunden hatten wir in der zweiten Jahreshälfte erlebt. Die erste war der Besuch von Professor Chaim Weizmann. Der anerkannte Wissenschaftler und Präsident der Zionistischen Weltorganisation fesselte die zahlreichen Zuhörer in der Philharmonie mit seiner schlichten und eleganten Vortragsweise. Seine Ausführungen zur Lage in Erez Israel waren besonnen und moderat. Die Juden seien dem Aufbau des Landes verpflichtet, doch wichtig sei auch, friedliche Beziehungen zu den Nachbarn zu entwickeln – eine Aussage, die einigen ›Radikalen‹ zu konziliant erschien. Eine Einwanderung von vierzigtausend Menschen im Jahr halte er in der jetzigen Lage für »kaum tragbare Quantität«. Am Ende des Abends sangen alle gemeinsam die *Hatikva*, und nicht wenige hatten Tränen der Rührung in den Augen.

Allmählich nimmt Berlin eine immer wichtigere Rolle für die zionistische Bewegung ein und beginnt London den Rang abzulaufen. Im Herbst stattete uns der Präsident der Zionistischen Exekutive, Nachum Sokolow, einen Besuch ab. Er traf sich mit Regierungsvertretern und Mitgliedern des Reichstags, denen er die Vision und das Aufbauwerk des Zionismus erläuterte. Auf ärztlichen Rat verbrachte er wegen verschiedener Leiden auch einige Zeit in einem Sanatorium. Im Großen und Ganzen nahm er jedoch kaum auf seine Gesundheit Rücksicht: Er setzte Besuche in Hamburg und Leipzig an, um bei den dortigen Juden für mehr zionistisches Engagement zu werben.

Am Donnerstagabend, den 28. Oktober, war Sokolow Ehrengast im Hause Grüngard. Im Salon waren mehr als hundert Personen versammelt, junge und alte, Gelehrte und Geschäftsleute. Alle stammten sie, ganz wie Sokolow selber, aus Russland. Am äußersten Ende des Raumes saß neben Jehuda und mir auch Ayala, herausgeputzt in einem auffallenden grünen Kleid. Faivel führte den hohen Gast herein, und die Anwesenden erhoben sich. Zum ersten Mal sah ich Sokolow aus der Nähe, ein durchschnittlich großer Mann mit einem bereits leicht ergrauten Spitzbart. Er hielt eine Rede zur Lage Palästinas. Die Balfour-Deklaration von 1917 mit der Zusicherung einer »nationalen Heimstätte für das jüdische Volk« habe die Anerkennung des Völkerbundes gewonnen, und daraus erwachse den Juden in aller Welt die Verpflichtung, ein jüdisches Nationalheim in Erez Israel aufzubauen. »Man hat in uns Vertrauen gesetzt, das wir zu rechtfertigen haben.« Niemand könne leugnen, dass die wirtschaftliche Lage der russischen Juden in Deutschland beklagenswert sei, doch »ihre Opfer werden gerade darum als besonders ehrenvoll empfunden werden.«

Ayala weigerte sich, auf ihr Zimmer zu gehen, bis nicht der letzte Gast gegangen war. In dieser Nacht konnte sie kaum schlafen, und am nächsten Tag wollte sie nicht in die Schule gehen. »Sie ist sehr aufgewühlt, noch mehr als Faivel und Juditz«, erklärte Braina.

»Und du?«

»Ich?«, fragte sie verwundert.

»Es fiel mir auf, dass du sehr ruhig und gelassen warst.«

»Ich mag große Gesellschaften; Faivel hingegen zieht das Gespräch im kleinen Kreis vor«, lächelte sie. »Er weiß es zu verbergen, aber tief im Herzen liegt ihm nur an sehr wenigen Menschen. Meine Natur ist anders. Ich bin für das gesellschaftliche Leben geboren.«

Sie hätte es mir nicht eigens sagen müssen. Aber sie sollte es bald schon einmal mehr unter Beweis stellen.

Nach den Feiertagen wurden wir mit der dritten Sternstunde beglückt. Das Ensemble des hebräischen *Habimah*-Theaters traf Anfang Oktober in Berlin ein. Die 1917 in Moskau gegründete Truppe hatte die Sowjetunion kürzlich verlassen und gastierte nun in ganz Europa. Das Theater am Berliner Nollendorfplatz war bis zum letzten Sitz gefüllt, an den Straßenecken vor dem Gebäude wurden Restkarten für gesalzene Preise feilgeboten. Nur ein Bruchteil des Publikums war des Hebräischen mächtig, aber die neubelebte Sprache der Bibel stand dem überwältigenden Erfolg der Truppe nicht im Wege. Zugegebenermaßen bin ich nicht so ein Theaterconnaisseur wie Braina. Vor etwa sechs Jahren, bevor ich in Palästina den Neuanfang versuchte, sah ich hier im Staatstheater eine Aufführung von *Wilhelm Tell*. Vater, der damals noch lebte, behauptete, dass man Dramen nicht nur in der Schule lesen, sondern auf der Bühne sehen müsse. Umso mehr, wenn die Regie in den Händen eines großen jüdischen Theatermanns liege: Das war der Berliner Intendant Leopold Jessner.

Ich hatte Glück: eine Karte für den *Dybuk* von Salomon An-ski. Unmittelbar vor der feierlichen Hochzeit wird die Braut Lea, Tochter des *Gvir* – des reichen Händlers –, von einem *Dybuk* besessen, dem Geist des armen *Jeschiwe*-Schülers Chanan. Dieser war tot zusammengebrochen, als er erfuhr, dass seine geliebte Lea einen anderen Bewerber heiraten würde.

Mein Glück verdankte ich Braina: Sie hatte ein zweites Mal die von ihr so bewunderte Hanna Rovina sehen wollen, die die unglückliche Braut gab. In ihren dunklen Augen spiegelte sich der Schmerz einer ganzen Welt. Eine Schauspielerin, die mit ihrer geheimnisvollen Stimme die Zuschauer in den Bann schlug.

Die *Habimah*-Truppe gastierte fast einen Monat in Berlin und gab fünf Stücke, darunter *Der Golem*. Die schauspielerische Leistung und temperamentvolle Darbietung wurden weithin gepriesen. Viele der Theaterkritiker sind Juden, aber auch die nichtjüdischen Rezensenten sparten nicht mit Lob. Nach Faivels Meinung hatte es Meinhart Maur am besten ausgedrückt: »Geht in die *Habimah!*«, legte der bekannte jüdische Schauspieler den Lesern der *Jüdischen Rundschau* ans Herz und versprach ihnen »die höchste Schauspielkunst« und eine »seelische Offenbarung«. Die hebräische Sprache sei mitnichten tot, sondern sie »singt und klingt«.

Braina verpasste nicht ein einziges der fünf Stücke. Jehuda und Ayala schlossen sich an, um Beer-Hofmanns *Jaakobs Traum* zu sehen, und wir alle nahmen auch an der großen Feier zu Ehren der *Habimah*-Schau-

Umschlagseite von *Habima: Das Hebräische Theater* (Berlin 1928). Der von dem Dramaturgen und Theaterkritiker Bernhard Diebold veröffentlichte Band bot deutschen Lesern die erste ausführliche und illustrierte Darstellung zur Geschichte des Ensembles. Es enthält auch Aufnahmen von den Berliner Aufführungen der *Habimah*. In der Mitte: Hanna Rovina in der Rolle der Lea in An-skis *Der Dybuk*.

spieler teil. Sie begann mit hebräischen Lob- und Dankesworten, von Tschernichowski gesprochen, und endete mit chassidischen Liedern und ausgelassenem *Hora*-Tanz.

Die Schauspieler waren gerade erst nach Amerika weitergereist, da wurde die *Gesellschaft der Freunde der Habimah* gegründet, die bezweckte, »die Zukunft des Habimah-Theaters sicherzustellen«. Dem Gründungskomitee gehören an: der Rechtsanwalt Sammy Gronemann, der Augenarzt Dr. Shalom Hildesheimer, der jiddische Schriftsteller Meir Pines, der zionistische Rabbiner Emil Bernhard Cohn, der Ingenieur Ephraim Kuzenok, der Industrielle Julius Altschul, der Redakteur Leo Winz, sowie Faivel und Braina Grüngard. Acht Männer und eine Frau – wohlgemerkt, nicht irgendeine Frau, sondern eine besonders energische und zielstrebige. Faivel spendete zu Ehren der »Schauspieler des hebräischen Theaters« zwanzig Mark an den *Keren Kayemet*, wofür sein Name ins Goldene Buch eingetragen wurde.

Das Jahr 1926 geht mit bitterer Kälte zu Ende. Der Antisemitismus in Deutschland nehme ab, behauptet Oscar Wassermann vom Vorstand der Deutschen Bank, der auch Vorsitzender des Stiftungsfonds *Keren Hayesod* in Deutschland ist. Und er steht mit dieser Meinung nicht allein. Hoffen wir, dass er recht behält.

14 Schabbat-Ausgang, 26. Februar 1927

Zwei so unterschiedlichen Geschwistern wie Ayala und Jehuda begegnet man selten.

Er schießt in die Höhe und reift zum Erwachsenen heran; auf seinen Wangen wird erstes flauschiges Barthaar sichtbar. Wo immer er in Erscheinung tritt, strotzt er vor Tatkraft, Selbstbewusstsein und Lebensfreude. Nie habe ich ihn als ein Kind von Traurigkeit erlebt, dennoch ist Leichtsinn nicht seine Sache.

Mit Ayala verhält es sich anders. Mal ist sie ein süßes Kind, mal weinerlich und ungezogen. Mitunter putzt sie sich heraus, um Abende in der Gesellschaft der Erwachsenen zu verbringen. »*A richtige kraßavize*«, rief Tante Bassja bei solch einer Gelegenheit aus. Aber Ayala fasste das Kompliment als Neckerei auf, stampfte mit den Füßen und warf wütend den teuren Schal von ihren Schultern – jenen Schal, den sie aus dem Kleiderschrank ihrer Mutter genommen hatte, ohne dass diese davon wusste.

Sie hat nur wenige Freundinnen, und was hier unter Freundschaft zu verstehen ist, hängt vom Gemütszustand Ayalas ab. Er schwankt häufig, mitunter mehrmals am Tag. Ihre Deutschlehrerin tadelte sie für Rechtschreibfehler, die – so ihr Urteil – in mangelndem Interesse gründeten, und gab ihr ein »Befriedigend«. Noch schlechter war die Note, die sie vom Mathematiklehrer erhielt, einem strengen und unnachsichtigen Mann. Jehuda bot ihr seine Hilfe an, aber sie lehnte rundheraus ab. »David wird es mir erklären«, schoss sie zurück. Vor uns liegen dann die Schulbücher und das offene Heft, aber Ayala gähnt und träumt vor sich hin. Sie spielt mit ihren Fingern, nimmt ein Stück Papier und malt Männchen mit einem Bleistift, obgleich sie dem Zeichnen in der Schule sonst nicht viel abgewinnen kann. Vergangene Woche zeigte sie mir die Einträge in ihrem Poesiealbum, die von Verwandten und Freundinnen stammen. Doch bevor ich auch nur ein Gedicht zu Ende lesen konnte, verzog sie ihre Miene grimmig, riss mir das Album aus der Hand und versteckte es eilends, auf dass ihre Geheimnisse bloß verborgen blieben.

Ich sah oft, wie sie sich an Braina schmiegte und sie küsste, ihre Hand hielt und nicht ablassen wollte. Ayala hängt an ihrer Mutter. Zu Faivel hingegen ist ihre Beziehung distanzierter geworden. Vielleicht ahnt sie, dass er sich Sorgen um sie macht. Einmal kroch sie spät am Abend aus ihrem Bett und rannte aufgeregt ins Schlafzimmer der Eltern, um zu sehen, ob die Mutter bereits zurückgekehrt war. Braina fand sie dort zitternd und weinend vor.

Mitte Januar begannen die Vorbereitungen für Ayalas *Bat Mizwa*-Feier. In derselben Woche fand im großen Saal der Gemeinde in der Kleiststraße eine Gedenkfeier für Achad Ha'am statt, unseren verehrten geistigen Führer, der zu Beginn des Jahres dahingeschieden war. Zwei der Redner, der Historiker und Autor der *Weltgeschichte des jüdischen Volkes*, Simon Dubnow, sowie der Herausgeber der *Encyclopaedia*

Judaica, Jacob Klatzkin, sprachen auf Hebräisch, wie es sich gebührte beim Gedenken an einen Verstorbenen, der sich ganz dem Kulturzionismus verschrieben hatte.

Anfangs beabsichtigte man, Ayalas Feier auf ihren Geburtstag zu legen, sich also wie in allen Jahren an den christlichen Kalender zu halten. Doch dann stellte Faivel fest, dass das jüdische Jahr diesmal ein Schaltjahr ist und der 21. Februar wegen der Verdoppelung des Festmonats fünf Tage nach der ersten Purimfeier, dem sogenannten *Purim ha-katan*, fällt. »Wir werden uns an die Tradition der Rabbiner und Kommentatoren halten: Man muss auch an *Purim ha-katan* Festmahl und Feier ausrichten.« »*Gepriesen seist Du, der Du des Vergessenen gedenkest*«, kommentierte Braina, den Talmud zitierend. »Du hast also nicht umsonst im *chejder* von Avremale Sandler gesessen«, lächelte sie Faivel zu.

Schlussendlich wurde die doppelte Feier verschoben und auf den Schabbat-Ausgang gelegt, damit die Gäste das Fest auskosten konnten, ohne auf die Uhr schauen zu müssen.

Wir wurden fürstlich bewirtet. Zum Auftakt eine klare Brühe mit *kreplach* und als großes Finale um Mitternacht saftige Reibekuchen, die uns Tante Bassja servierte. Dazwischen ein Reigen von Leckerbissen, die Fräulein Ladebeck vorbereitet hatte – wie immer mit Hingabe, aber auch mit einer Prise Skepsis: »Wie viel kann ein Mensch denn essen?«, murmelte sie vor sich hin. Aber Braina ließ nicht locker, und es wäre ihr nicht eingefallen, diesen Bedenken auch nur einen Gang des opulenten Menüs zu opfern.

Lärm und Trubel zählen im Hause Grüngard zum Alltag, aber diesmal übertraf man sich selbst. Alle Kinder trugen Kostüme, wie es an *Purim* Brauch ist. Bassjas Söhne – der Älteste, Ernst, und der dreijährige Heinz – waren als Harlekine verkleidet; Mila, Seligs ältester Sohn, als Koch, mitsamt der obligaten weißen Mütze. Georg Koigen hatte sich als Araber gewandet und sich mit brauner Farbe ein dunkles Gesicht verpasst. Ayalas Freundinnen aus dem Gymnasium trugen verschiedenste bunte Kostüme: Eine kam als Blumenmädchen, eine andere als Landmädchen. Bei ihnen heißt Ayala immer nur Inga. Allerdings war sie an diesem Tag mit dem Namen nicht allein. Zwei Ingas tollten durch die Zimmer. Die andere war Gittels Tochter. Ihr kleiner Bruder hüpfte als Vogel verkleidet durch das Haus und zwitscherte auf die Gäste ein. Außerdem waren zwei bildschöne Mädchen in der Feiergesellschaft, die mit ihrer Mutter aus Chicago zu Besuch waren. Erst zwei Monate zuvor war ihr Vater, Elieser, urplötzlich und noch in jungen Jahren gestorben. Selig, Nissan und Bassja waren damals bei Braina zusammengekommen und hatten gemeinsam beschlossen, der Schwägerin und ihren Kindern die Überfahrt zu bezahlen. Die Witwe trug Schwarz, vernachlässigte ihre Frisur und verbarg ihre Tränen nicht. »Ohne Lejser hat sie kein Interesse an Berlin; sie hat keine Lust auf irgendetwas«, seufzte Braina.

Da die Kinder zwischen den Gängen vom Tisch aufsprangen – einige noch mit vollem Mund, andere wie aufgezogen – fiel uns nicht auf, dass das Geburtstagskind sich entfernt hatte. Jehuda ging von Zimmer zu Zimmer, warf einen Blick in die Küche, suchte im Obergeschoss, rief laut ihren Namen – und kam doch unverrichteter Dinge zurück. »Ich nehme an, dass sie hinausgegangen ist, um etwas Luft zu schnappen«, berichtete er den Erwachsenen. »Wenn sie im Haus wäre, hätte sie mir geantwortet.« Faivel bat Suppik, im Keller nachzusehen und mit einer Lampe den Garten abzugehen.

Die Stimmung war von einem Moment auf den nächsten umgeschlagen. Die Gespräche verstummten, das Gelächter erlosch. »Vielleicht ist sie auf ihr Zimmer gegangen«, meinte Bassja. »Das ist unmöglich«, wiegelte Braina ab, »Juditz hat sie doch mehrfach bei ihrem Namen gerufen.«

»Trotzdem wäre es gut, einmal nachzusehen.«

Braina lehnte ab.

Einzig das Klirren von Besteck unterbrach die Stille. Die kleine Chaviva, die auf dem Schoß ihres Vaters Selig saß, hatte ein Messer und eine Gabel zu Boden geworfen. Braina schreckte hoch, stand vom Tisch auf und verließ den Raum.

Als Erster kehrte Suppik zurück, aber auch er unverrichteter Dinge.

Einige quälende Minuten verstrichen. Braina kam zurück. »Alles in Ordnung«, beruhigte sie, aber es lag ein trauriger Blick in ihren Augen. Sie wandte sich zu Faivel und legte ihre Hand liebevoll auf seine Schulter. »Alles ist gut«, flüsterte sie.

Maskenball in der Villa an Ayalas zwölftem Geburtstag, Februar 1927. Ayala mit Harlekinhut in der letzten Reihe, neben ihr die Eltern Braina und Faivel Grüngard.

Zu guter Letzt trat Ayala ein. Nun ohne den spitzen Harlekinhut und in einem anderen Kleid. Etwas gebeugt, mit blassem Gesicht und zerzaustem Haar. Sie schaute nur kurz zu uns und ging dann rasch mit ihren Freundinnen hinaus.

Bald war der *inzident*, wie Braina es nannte, in Vergessenheit geraten, als habe der Vorfall sich nie ereignet.

Der Abend endete mit ausgelassener Fröhlichkeit, ganz so wie er begonnen hatte.

Was hinter der verschlossenen Tür von Ayalas Zimmer gesprochen worden war, blieb ein Geheimnis. Nur einmal rutschten Braina einige Worte heraus. »Es war furchtbar, David«, sagte sie, *»me sol nit wißn fun zoreß«*.

Und Ayala?

Sie schwieg.

Bis zu jenem Tag, an dem Jehuda während unserer Nachhilfestunde an uns vorbeilief. Er zwinkerte mir zu, wie jemand, der großes Mitleid empfindet. Ayala sah es und war zutiefst gekränkt. Noch während ich mit dem Diktat fortfuhr, rief sie: »Juditz war damals böse mit mir. Er sagte, ich sei verzogen und launisch.«

»Wann?«

»Bei der Feier.«

»Na, jetzt kommt die Wahrheit heraus«, dachte ich.

»Warum ich damals Reißaus genommen habe? Ich weiß es selber nicht«, sagte sie in Gedanken versunken. »Launisch, so bin ich nun einmal.« Sie beugte sich nach vorne und schob das Heft von sich.

15 *Erev Pessach*, 16. April 1927

Pessach. Soeben bin ich von den Grüngards zurückgekehrt. Seit Vaters Tod haben wir keinen *Seder*-Abend mehr gefeiert. Mutter weigert sich, nicht nur weil die Vorbereitungen ihre Kräfte übersteigen, sondern auch weil sie seelisch angeschlagen ist. Als ich sie alleine ließ, plagten mich Schuldgefühle. Sie ging nicht ins Bett und wartete auf meine Rückkehr. Ich erzählte nur wenig, aber es genügte ihr, um abfällig auszurufen: »Gut, dass ich zuhause blieb. Ein *Seder* von Epikureern!«

Ma nishtana – ›wie unterscheidet sich diese Seder-Nacht von allen anderen Nächten?‹ In der Grüngard-Runde gab es Kinder, Erwachsene, sogar einen tierischen Gast mit hellem Fell. Der Kater schlich unter dem Tisch umher und streifte die Beine der Feiernden, die davon aber kaum Notiz nahmen.

Sie leerten den ersten Becher, Wein aus Erez Israel für die Erwachsenen und Traubensaft für die Kinder. Faivel nahm eine prächtige *Haggada* mit der traditionellen Erzählung vom Auszug aus Ägypten in die Hand, ein Geschenk seines Freundes, des Stockholmer Rabbiners Ehrenpreis. Er hob den Teller mit den ungesäuerten *Matze*-Broten und sprach feierlich: »*Dies ist das armselige Brot, das unsere Vorfahren im Lande Ägypten aßen.*«

Die vier Fragen zur Besonderheit dieses Festes sollten von Jerachmiel, Seligs ältestem Sohn, gesungen werden. Er stimmte die erste Zeile des *Ma nishtana* an, aber seine Stimme brach. Sein Hals war heiser, er fühlte sich fiebrig. »Das kommt noch vom Ziegenpeter her«, tröstete ihn sein Onkel Nissan, der Arzt. »Es ist besser, wenn du ins Bett gehst.« Wir fuhren fort mit der *Haggada*, abwechselnd gelesen von Faivel und Selig. Faivel sprach den Segen über die *Matza*, nahm etwas Bitterkraut und tauchte es in *Charosset*, das leckere Mus aus Äpfeln und Nüssen. »*Gepriesen seist Du, Ewiger, unser Gott, Herr der Welt, der uns durch seine Gebote geheiligt und befohlen hat, bittere Kräuter zu essen*«, las er vor. Während er die weiteren Segen sprach, stand Braina auf, um in der Küche nach dem Essen zu sehen.

Über die Köstlichkeiten, die sie uns servierte, werde ich hier hinweggehen, so wie der Herr ›*in Ägypten über die Häuser unserer Väter hinweggeschritten*‹ ist. Überhaupt, das Hinwegschreiten, *passach*, wie es im Hebräischen lautet: Man hielt sich nicht lange mit dem zweiten Teil der *Haggada* auf und verzichtete auf das Lesen und Singen. Die Gäste nahmen daran keinen Anstoß, waren weder erstaunt noch enttäuscht. Und noch eine Überraschung erwartete mich: anstelle des *Echad mi yodea*, »Eins – wer weiß es?«, und des *Chad Gadya*, »Ein Lämmchen, ein Lämmchen«, trug Jehuda ein Gedicht vor, das er gemeinsam mit Faivel verfasst hatte – ausgerechnet auf Deutsch.

Unter den Gästen befand sich auch ein Ehepaar aus Stockholm. Erst vor zwei Tagen hatten sie geheiratet, aber ohne großes Aufheben. Stattdessen fuhr das Paar, David Steinsapir mit seiner blonden Frau, nach Berlin. Sie kamen gerade rechtzeitig an, um den *Seder* bei ihren alten Freunden zu feiern. »*Wer eine Frau gefunden hat, der hat etwas Gutes gefunden*«, gratulierte Faivel mit Worten aus der biblischen Sprüchesammlung und klopfte dem Freund auf die Schulter. Braina schaute zu mir, dem Junggesellen – ich verstand den Wink.

Nach dem Ende des Mahls unterhielt ich mich lange mit meinem Namensvetter David Steinsapir aus Schweden, der ein, zwei Jahre älter ist als ich. Seine breite Stirn und der ungleichmäßig gefärbte Schnurrbart geben ihm eine strenge Anmutung, die aber durch seine eigentümliche Kleidung abgemildert wurde: Er trug eine Jacke aus wildem Leder, darunter eine bunte Fliege und ein weißes Hemd mit Manschettenknöpfen. Er wollte wissen, in welchem Beruf ich arbeite, und ich fragte ihn höflich dasselbe. Er antwortete, er sei ein Kaufmann, der in seiner Freizeit gern male. Und Zionist durch und durch, betonte er. Wann und wie er Faivel kennengelernt habe, wollte ich wissen. Er erzählte von einem denkwürdigen Abend, den Rabbiner Ehrenpreis 1915 bei sich zuhause ausgerichtet hatte, um die Grüngards willkommen zu heißen und in die Stockholmer Gesellschaft einzuführen. Sie waren damals erst wenige Tage im Lande. Das reiche Hebräisch Steinsapirs beeindruckte mich, wenngleich seine Aussprache fremd und merkwürdig ist. Vielleicht der skandinavische Einschlag.

Unter den Gästen ebenfalls: das Schauspielerehepaar Herr und Frau Maur mitsamt ihrem Kater, den »sie beschützen wie Mutter und Vater«, wie Jehuda zu sagen pflegt. Die Bekanntschaft mit Braina rührt von Maurs leidenschaftlichem Appell »Geht in die *Habimah!*« in der *Jüdischen Rundschau* her. Einige Monate waren seitdem vergangen, aus der Bekanntschaft war eine Freundschaft geworden. Herr Maur ist gebürtiger Ungar, ein Mann von großer Eleganz, mit feurigen Augen. Seinen Geburtsnamen Grünbaum hatte er für Maur eingetauscht, als er nach Deutschland kam und sich für eine Bühnenlaufbahn entschied. Am Anfang seiner Karriere musste er sich mit kleineren Engagements an verschiedenen Häusern begnügen, der Durchbruch gelang ihm erst bei Max Reinhardt hier in Berlin. Am besten bekannt ist er jedoch ausgerechnet als Muslim – in der Rolle des Hadschi Halef Omar in den Verfilmungen von Karl Mays Romanen.

»*Woß fir an epikoreß biste!*«, tadelte Braina ihn liebevoll und schenkte ihm einen Teller *knejdlach*-Suppe ein. Maur war voller Vorfreude auf die *kreplach* gewesen, die er schon einmal bei ihr genossen hatte – doch die werden an *Pessach* nicht gereicht, da der Teig aus Gesäuertem ist.

Ich saß neben Annie, seiner Frau, ganz so wie Faivels Tischordnung es vorsah. Als man aus der *Haggada* las, übersetzte ich im Flüsterton in ihr Ohr, wobei mich ihr süßliches Parfum etwas aus dem Gleichgewicht brachte. Hebräisch versteht sie nicht, und auch das Brauchtum von *Pessach* ist ihr fremd.

Und bevor ich es vergesse: zwei charmante Damen. Die eine, Frau Wirschubski aus Leipzig, schließt sich manchmal Braina für die Trinkkuren in Marienbad an; die andere, die ich sehr gut kenne, ist Frau Dr. Sirkin, eine leidenschaftliche Zionistin, die zum radikalen Flügel zählt. Wie gewohnt ließ sie nichts unversucht, um uns zu überzeugen, dass nur ihr Lager den richtigen Weg kenne. »Man darf nicht nachgeben!«, predigte sie uns.

Selig hörte ihr aufmerksam zu, Faivel hatte weniger Geduld: »Cecilia, jedem seine Meinung.«

›*Vollbracht ist nun der Pessach-Seder nach Vorschrift und Gesetz-Ordnungen*‹, heißt es in der *Haggada*. In der Tat: Wir hatten ihn vollbracht, diesen eigenartigen *Seder*-Abend, wenngleich eher recht frei nach dem Gesetz.

16 Montag, 2. Mai 1927

»Sie sind sehr neugierig«, bemerkte David Steinsapir.

»In der Tat.«

»Nun, es scheint Sie wirklich zu interessieren«, lächelte er und band den Wollschal etwas fester um seinen Hals.

»Ein typischer Berliner Frühling«, entschuldigte ich mich, »stürmisches Wetter und Regen.«

»Das macht nichts; auch bei uns ist es so. Wir – –«

»Sehen Sie die prächtige Straße hier links?«, unterbrach ich ihn.

»Unter den Linden, natürlich.«

Faivel war für zehn Tage nach Danzig gereist. »Geschäftliches mit Herrn Sonnenberg«, kommentierte Braina trocken. Vor seiner Abreise hatte Faivel mich gebeten, an seiner Stelle dem Gast aus Schweden am Schabbat Gesellschaft zu leisten und einen Herzenswunsch zu erfüllen – die Besichtigung der Nationalgalerie. Exzellente Gelegenheit, dachte ich. Auch ich hatte schließlich einen Wunsch: Seit Langem wartete ich auf die Chance, die Geschichten von damals zu hören.

»Ich habe Ihnen doch schon alles erzählt. Über Jehuda und die kleine Inga, über die Schlittenfahrten im Schnee – –«

»Ich bin Ihnen dafür sehr dankbar.«

»Auch über Brainas Geschwister, die alle zu Besuch kamen, und über Bassja, die während des Weltkriegs bei ihnen wohnte.« Er hielt inne. »Da sind wir ja«, sagte er und schien froh, das Gespräch in eine andere Richtung lenken zu können.

Vor dem Eingang des Kronprinzenpalais trennten wir uns. »Ich werde Sie in zwei Stunden abholen«, versprach ich.

»Doch eher drei Stunden«, korrigierte er mich und verschwand in der imposanten Eingangshalle.

Als ich zurückkehrte, regnete es in Strömen.

»Jetzt bin ich aber tothungrig. Und gerne ein Glas von eurem Bier, vielleicht auch zwei. Lassen Sie uns ein Restaurant finden. Es geht auf mich«, rief Steinsapir leutselig aus.

Ich wählte ein Restaurant in einer Seitenstraße, mit fünf einfach gedeckten Tischen. Er trank begeistert von unserem Berliner Bier und schwärmte nicht minder hochgestimmt von den »grandiosen« Gemälden. Zum Essen stand ihm der Sinn nach einer lokalen Spezialität. Schon bald dampfte ein Teller mit Buletten auf dem Tisch und verströmte einen süßlichen Zwiebelgeruch. Steinsapir aß mit großer Hingabe und sprach dabei ausführlich von einem Gemälde, das es ihm sichtlich angetan hatte: *Der Turm der blauen Pferde* von Franz Marc. Ich hörte aus Höflichkeit zu. Als die Kellnerin die leeren Teller abräumte, bestellte er sich ein drittes Bier und zündete sich die Pfeife an.

»Jetzt sind Sie dran«, entschied er und zog genüsslich an der Pfeife. »Sie hören mir wie ein braver Schüler zu, aber Sie denken doch sicherlich: ›Was gehen diese Bilder mich denn eigentlich an …?‹ Sie sind doch jetzt eine Art Ziehsohn der Grüngards und stehen Faivel viel näher als ich. Erzählen Sie mir von ihm.«

Ich berichtete ihm von unserem ersten Kennenlernen und wie sich daraus allmählich eine Freundschaft entwickelte. Dass Faivel immer gerne von der zionistischen Sache sprach, aber auch von Literatur und ihren Autoren. Dass er über das Geschäftliche hingegen kaum ein Wort verliere. Schweden erwähne er nur selten, mal lobend, mal mäkelnd.

»Mäkelnd?«, fragte Steinsapir erstaunt.

»Der Zionismus hat dort keine Zukunft, pflegt er zu sagen.«

Steinsapir verzog das Gesicht. Hatte ich ihn beleidigt?

Ich schwieg, und er hob an zu erzählen.

»In Schweden ist die Zahl der Zionisten stets recht gering gewesen. Von den Einheimischen wurden sie argwöhnisch beäugt, man unterstellte ihnen eine doppelte Loyalität. Als der Weltkrieg ausbrach, gewann Schweden dank seiner politischen Neutralität über Nacht an Ansehen in der Völkergemeinschaft. Faivel und seine Familie zählten zu den ersten Juden, die damals in Schweden eine sichere Bleibe fanden. Kaum waren sie angekommen, wurde Faivel in das Aktionskomitee der Skandinavischen Zionistischen Union gewählt, gemeinsam mit den Herren Tarschis und Lourié. Drei Männer, eine Vision: erstens, die Idee des Zionismus unter den skandinavischen Juden zu verbreiten; zweitens, das politische Programm der zionistischen Exekutive zu vermitteln; und drittens schließlich, eine Konferenz der skandinavischen Zionisten zu organisieren. Faivel diente auch als Vorsitzender bei zionistischen Zusammenkünften und hielt Ansprachen. Er erwies sich als begabter Redner, dem es auch gelang, das Interesse jener Zuhörer zu wecken, die nur Jiddisch sprachen. Gleichzeitig setzte er sich für die Kriegsflüchtlinge ein und spendete zu diesem Zweck eine großzügige Summe. Ein Jahr nach seiner Ankunft in Stockholm sandte er einen Brief an das zionistische Bureau in Berlin und teilte die Gründung einer Vereinigung zur Unterstützung jüdischer Kriegsleidender mit. Unterzeichnet war das Schreiben von ihm, dem Vorsitzenden, und dem Schatzmeister Sokolowski. Von Spenden an Erez Israel war in dem Dokument keine Rede, hingegen wurden ausdrücklich die Juden Osteuropas genannt.

»Hat er damals auch Rabbiner Ehrenpreis um Unterstützung gebeten?«

»Ja und nein. Die Sache ist kompliziert«, antwortete Steinsapir ausweichend.

»Aber sie sind doch Freunde? Ich erinnere mich, dass Ehrenpreis und seine Gattin hier in Berlin unter den ersten Gästen in der Villa waren. *Achsanya shel Tora*, ein Heim der Tora – so nannte der Rabbiner das neue Haus.«

»Sie sind enge Freunde und haben sich zum ersten Mal 1903 auf dem

6. Zionistischen Kongress getroffen. Aber in ihrer Anschauung verhalten sie sich zueinander wie Ost und West.«

»In Sachen Zionismus?«

»Ja, aber auch in anderen Sachen.«

»Die da wären?«

Er lehnte sich zurück. »Können Sie sich erinnern, David, dass Faivel jemals am Schabbat oder Feiertag eine Synagoge besucht hätte?«

Ich erinnerte mich an den epikuräischen *Seder*-Abend.

Aber Steinsapir wartete gar nicht erst auf meine Antwort. Er erzählte genüsslich von Faivels Brauch am *Yom Kippur*. »Ein guter Jude fastet bekanntlich und betet in der Synagoge. Aber unser Faivel, Sohn einer religiösen Familie, dem sogar untersagt war, am Schabbat Nüsse zu sammeln? In Stockholm ging er am *Yom Kippur*-Abend allein aus, um sich einen Film anzuschauen. Danach kehrte er in ein teures Restaurant ein, wo er sich einen Hummer gönnte. Schwerlich koscher, das alles. Aber so hielt er es Jahr für Jahr.«

»Und Braina?«

»Sie saß zuhause am Tisch, ohne einen Bissen zu sich nehmen – während die Familie unbekümmert neben ihr schmatzte. Sie allein fastete, zum Andenken an den *sejde*, ihren Großvater Moshe Sudarski, genannt Wishtinetzer. Er war ein hochgelehrter und weithin bewunderter litauischer Rabbiner, der sich nicht zuletzt als Kommentator der Schriften des italienischen Kabbalisten Luzzatto und des geistigen Führers der jüdischen Aufklärung in Galizien, Nachman Krochmal, einen Namen gemacht hatte. ›*Achte auf ein geringes Gebot wie auf ein wichtiges*‹, wie es im Talmud heißt, das war seine goldene Regel.«

»Und sie wusste nichts von Faivels Gewohnheit?«

»Sie wusste es, ich wusste es; auch Mordechai Ehrenpreis wusste es – und schwieg«.

»Merkwürdig.«

»Allerdings«, pflichtete er mir bei.

»Und weshalb verließen sie Stockholm?«, fragte ich.

»Was hat man Ihnen denn erzählt?«

»Nach der Version, die mir bekannt ist, war es Brainas Traum, in

Mordechai Ehrenpreis (1869–1951), Oberrabbiner von Stockholm (seit 1914), Schriftsteller und Zionist der ersten Stunde. Auf dem Portrait befindet sich eine handschriftliche hebräische Widmung: »Für Schraga und Schchuma Grüngard, zur Erinnerung an die ›*Herberge der Tora*‹, November 1924«.

Berlin zu leben«, antwortete ich. »Hier lebten bereits einige Verwandte aus der Familie, die Sudarskis.«

»Da ist etwas dran, aber die Wahrheit ist etwas komplizierter. Niemand kann in die Seele seiner Mitmenschen schauen«, sinnierte er und strich seinen Schnurrbart glatt.

»Und Sie, was wissen Sie?«

»Faivel war enttäuscht von der Gleichgültigkeit der schwedischen Juden. *Kalte neschumes*, nannte er sie abschätzig. Das hebräische Lehrhaus musste bereits nach neun Monaten seine Pforten wieder schließen. Es gab auch andere Versuche. So wurde ein Club des Jugendbundes Blau-Weiß gegründet, aber ein lebendiges zionistisches Leben kam dennoch nicht zustande. ›Ich sitze unter Juden, einsam und allein, und fühle mich nicht wohl dabei‹, drückte es Faivel mir gegenüber aus. Sei's drum, jetzt ist er hier, und meine Frau und ich wollten unsere Flitterwochen mit dem Besuch eines alten Freundes verbinden. Denn man sagt: Findest du einen wahren Freund, findest du einen Schatz sondergleichen. Aber das gilt ja auch für Sie und Faivel. Ja, wenn ich es recht bedenke, haben Sie hier in Berlin meinen Platz in Faivels Alltag eingenommen.«

17 Schabbat, 20. August 1927

Ich weiß nicht, wann mir zum ersten Mal die Vermutung kam, dass Faivel einen *Pardes*, einen Orangenhain – oder vielleicht sogar mehrere davon – in Erez Israel erworben haben könnte. Letztes Jahr, nach der Rückkehr von seinem Besuch dort, war er voll des Lobes für seinen Cousin Tanchum Frank, einen der Pioniere von Hadera: jener Siedlung, die bei ihrer Gründung noch von Sümpfen umgeben war. Inzwischen aber bewirtschaftete Frank dort erfolgreich eine Reihe von *Pardesim*.

Ich erinnere mich an einen grauen Wintertag, der Schnee schien kein Ende zu nehmen. Faivel und ich saßen am Kamin in seinem Arbeitszimmer, er lutschte Halspastillen gegen die Erkältung, die er aus Danzig mitgebracht hatte. Seine Augen tränten, aber nicht aus Traurigkeit. Braina spähte zwischendurch ins Zimmer, um nach dem Rechten zu sehen, und brachte ihm eine Kanne Kamillentee mit einem Schälchen Honig.

»Man sagt, die Saison werde glänzend. Nur Schwarzseher behaupten, dass Unwetter und der Starkregen den Früchten zugesetzt haben. Die meisten hingegen prophezeien eine sehr gute Ernte, etwa zwei Millionen Kisten. Stell dir vor, nicht nur nach England und hier zu uns, sondern auch nach Russland werden unsere Orangen zum ersten Mal seit 1914 exportiert. Ich bin fest überzeugt, dass man sich um die Jungbäume vorbildlich kümmern wird.«

Wen genau er damit meinte, erwähnte er nicht. Er nieste und schneuzte sich. »Gib acht, dass du dich nicht ansteckst, David. Geh besser nach Hause.«

Faivel kennt sich bestens im Anbau von Orangen aus, und ich höre gerne zu. Er erklärte mir, dass die Ausfuhr von Zitrusfrüchten die wichtigste Säule des erez-israelischen Exports darstelle. Anbauflächen in jüdischem Besitz befinden sich im Umland von Petach Tikva, der 1878 gegründeten Bauernsiedlung, und seit Neuestem auch in der Scharon-Ebene. »Wir sind allerdings nicht die Einzigen«, ergänzte er, »es gibt auch arabische *Pardes*-Besitzer, keineswegs gering an der Zahl, erfahren und tüchtig.«

Ich wollte ihn nicht weiter ausfragen. Lieber sollte er das ›Geheimnis‹ selbst lüften – hoffentlich früher als später.

Nach *Purim* – wann genau weiß ich nicht – erzählte er so anschaulich von einer Orangen-Ausstellung in Tel Aviv, als hätte er sie mit eigenen Augen gesehen. Golden leuchtende Apfelsinen an allen Ständen, ausgestellt gemeinsam mit neuartigen Transportkisten und Düngemitteln für die Böden. *Pardes*, die Kooperative jüdischer Orangenzüchter, hatte eine eigene Ausstellungshalle, in deren Mitte ein von Künstlerhand geschaffenes Kamel stand, reich beladen mit den goldenen Früchten. »Auszeichnungen wurden vergeben«, erzählte Faivel, »und Goldberg, unser *litvak*, hat gleich zwei erhalten.«

Der ersehnte Frühling hielt Einzug. Büsche und Hecken ergrünten,

Ein typischer *Pardes* im vorstaatlichen Erez Israel, Aufnahme ca. 1930.

im Garten blühten die ersten Narzissen. Faivels Vertrauter Ephraim Kuzenok kam nach Berlin. Eines Abends bat Braina mich nach der Nachhilfestunde, zum Essen zu bleiben. Ayala rannte zum Flügel, begann vom Blatt zu spielen und wollte nicht aufhören. Das Essen drohte sich zu verspäten, aber Braina wollte das Spiel ihrer Tochter nicht unterbrechen. »Schumann«, flüsterte sie mir zu, und der Stolz stand ihr ins Gesicht geschrieben. Schließlich servierte sie uns eine einfache, aber herzhafte Mahlzeit: *borscht* mit Kartoffeln und Smetana. Nach nur wenigen Minuten kam das Tischgespräch auf die Wirtschaftskrise in Erez Israel.

»Die Lage ist ernst«, bemerkte Kuzenok. »In den Städten herrscht Arbeitslosigkeit, in Tel Aviv ist die Situation besonders kritisch. Eine dunkle Stimmung liegt über dem *Yishuv.*« Er hielt inne. »Dennoch ist es der richtige Augenblick, um Grund und Boden auf dem Land zu kaufen.« Ausführlich berichtete er uns von der Urbarmachung landwirtschaftlicher Flächen und den Grundwasserbohrungen nahe Karkur.

Faivel lauschte höchst aufmerksam; zwischendurch stellte er Kuzenok Fragen oder nickte voller Zustimmung.

»Wer einen *Pardes* hat, leistet einen Beitrag zum Aufbau des Landes in diesen schwierigen Zeiten«, pflichtete er Kuzenok bei, »denn er bringt hebräische Arbeiter in Brot und Lohn.«

»Ich widerspreche dir nicht«, warf Braina ein. »Aber man hat uns doch erzählt, dass es fünf bis sechs Jahre dauert, bis der Besitzer eines *Pardes* die ersten Früchte seiner Arbeit ernten kann. Und was macht er bis dahin?«

»Das werden wir schon sehen«, antwortete er gelassen.

»Berlin ist viele tausend Meilen von Hadera entfernt«, erinnerte sie ihn an das Offenkundige.

Kuzenok sprang ihm zur Seite. »Es gibt durchaus *Pardes*-Besitzer, die nicht vor Ort, sondern im Ausland leben. Um die Pflanzungen und das Tagesgeschäft kümmert sich eine Gesellschaft für landwirtschaftliche Arbeit.«

Braina machte weiterhin kein Geheimnis aus ihrer Skepsis.

»Solange Tanchum und seine Söhne vor Ort sind, mache ich mir keine Sorgen«, beschwichtigte Faivel seine Frau. »Es gibt niemanden, der vertrauenswürdiger ist. Ich verlasse mich auf ihn.«

»Und ich verlasse mich auf dich«, gab Braina zurück. »Manchmal mehr, manchmal weniger.«

Auf den anmutigen Frühling folgte ein heißer Sommer, auf den jedoch ein Schatten fiel. Etwa dreihundert Hakenkreuzler zogen durch Charlottenburg. Sie grölten antisemitische Lieder und beschimpften wildfremde Passanten, die sie für Juden hielten. Auch in anderen Städten hat sich dieses Übel ausgebreitet. In Koblenz am Rhein wurden Juden von den Hitleristen angepöbelt. In Essen verwüsteten sie den jüdischen Friedhof. Über vierzig solcher Friedhofsschändungen zählte man im Verlauf des Jahres. Die amtlichen Angaben sagen uns, dass in Deutschland ungefähr eine halbe Million Juden leben, davon ein Drittel in Berlin. Doch die Antisemiten behaupten, dass wir das Land ›überschwemmen‹.

Von dem antisemitischen Geschwür, das sich in Deutschland ausbreitet, ist bei den Grüngards nur gelegentlich die Rede. Faivel hingegen lobte die Entscheidung der Stadt Berlin, dem jüdischen Maler Max Liebermann die Ehrenbürgerschaft zu verleihen. Eine gut gemeinte Sache, hielt ich dagegen, aber auf die Antisemiten wird es keinen Eindruck machen – eher im Gegenteil. Ich erzählte ihm, was ich von Freunden gehört hatte: In den vergangenen Monaten hatte der Hass stetig zugenommen, auch an den Universitäten.

Faivel zeigte sich betroffen. Nach längerem Nachdenken sagte er zu mir: »Unser Juditz – was er studieren wird, wissen wir nicht. ›*Od Chason la-Moed*‹, heißt es in der Bibel: ›*Die Weissagung wird ja noch erfüllt werden zu ihrer Zeit.*‹ Aber eines steht fest: Hier wird er nicht studieren. Mag sein, dass er sich an der Hebräischen Universität in Jerusalem einschreibt.«

18 Freitag, 30. Dezember 1927

Was die wirtschaftliche Lage in Palästina anbelangte, hatten die Optimisten recht behalten, und Faivel war einer von ihnen. »Hör niemals auf Schwarzseher«, sagte er zu mir, als sich herausstellte, dass die Ernte des abgelaufenen Jahres besonders üppig ausgefallen war. Mehr als zwei Millionen Kisten Orangen wurden ins Ausland verkauft. »Der Export floriert«, bekundete er gut gelaunt. »Alles läuft wie am Schnürchen: sowohl die Lieferungen als auch der Umsatz.«

Doch erreichten uns ebenfalls betrübliche Nachrichten. An einem heißen Sommertag erschütterte ein starkes Erdbeben das Land: Die bergigen Gegenden diesseits des Jordan sowie Teile Transjordaniens waren besonders betroffen. In Jerusalem gab es zehn Tote und zahlreiche Verletzte, Gebäude wurden beschädigt und stürzten ein. Sehr schwer wurde Nablus heimgesucht. Innerhalb von Minuten verwandelten sich Häuser in Grabstätten. Dutzende Menschen wurden verschüttet und starben. Nur eine gute Nachricht gab es: Mein Freund Zvi aus der hebräischen Gruppe berichtete, dass jüdische Freiwillige verwundeten Arabern zu Hilfe gekommen waren.

Wieder und wieder erweist sich Braina als eine geborene Gastgeberin. Freunde und Bekannte, die nach Erez Israel fahren oder von dort zurückkehren, finden bei ihr stets eine offene Tür vor. Nachmittags serviert Braina Tee und Kuchen im Wintergarten; wer die Grüngards abends besucht, kommt in den Genuss einer üppigen warmen Mahlzeit. Anfang des Sommers fand eine besondere Zusammenkunft im Salon statt: eine ausschließlich weibliche Teegesellschaft. Braina hatte zu einem wohltätigen Zweck geladen: Sie wollte Interesse für das *Chaluz*-Heim wecken und Spenden für dieses Haus sammeln, eine Herberge für durchreisende zionistische Pioniere auf dem Weg nach Erez Israel. Die engagierte Sozialwissenschaftlerin Margarete Turnowsky-Pinner erzählte an diesem Nachmittag vom Alltag im Lande und von der wichtigen Aufbauarbeit der *Chaluzim*. Ich war ihr schon einige Male begegnet: eine Frau voller Tatkraft, von anmutiger Erscheinung und viel bewunderter Bildung. Sie hatte zwei Jahre im Land gelebt, war aber kürzlich aus familiären Gründen – man sprach von Scheidung – nach Berlin zurückgekehrt. Von ihrem lebhaften Referat hörte ich nur aus zweiter Hand – als Mann musste ich ja schließlich außen vor bleiben.

Wie immer bei solchen Gelegenheiten begnügte sich Braina als Gastgeberin nicht damit, den Gästen Konfekt und Kuchen anzubieten. Sie hatte auch die Petersburger Opernsängerin Rozalija Gorskaja eingeladen, die jüdische Lieder und Gesänge anstimmte.

Eine Gruppe von *Chaluzim* (Pioniere) in Erez Israel bei den Vorbereitungen für die Errichtung einer Siedlung. Aufnahme ca. 1925.

In den vergangenen Monaten hat Braina viele neue Freundschaften mit zionistisch gesinnten Frauen geknüpft, die regelmäßig ihr Haus für solche gesellschaftlichen Anlässe öffnen. Manchmal diskutieren die Damen Fragen des Alltags und der hebräischen Erziehung, bei anderen Gelegenheiten hören sie einem Vortrag über die Herausforderungen des zionistischen Aufbauwerks zu. Dennoch steht es Braina nicht danach, sich lediglich einer der Frauengruppen anzuschließen; auch will sie sich nicht zur regelmäßigen Teilnahme verpflichten. Mitunter kündigt sie sich an und vergisst dann zu kommen. Sie führt keinen Terminkalender. »Ich habe dafür keinen Bedarf. Was wirklich wichtig ist, habe ich im Kopf«, pflegt sie zu sagen.

Wichtig – das sind für sie zum Beispiel die Termine der Gastspiele von *Habimah*. Obwohl sie letztes Jahr alle Stücke gesehen hatte, zeigte sich Braina hocherfreut, als die Schauspieler im Herbst auf der Rückreise von einer amerikanischen Tournee wieder in Berlin gastierten.

Es gab Gerüchte über Konflikte im Ensemble, aber die Schauspielerin Rovina – »die göttliche Rovina« – schien über diesen Dingen zu stehen. Jedenfalls ließ Braina keine der Aufführungen im Komödienhaus aus, selbst wenn sie die Stücke bereits kannte. Unermüdlich rührte sie in ihrem Freundeskreis die Trommel für das hebräische Theater. Als wir hörten, dass die Rovina am *Chanukka*-Ball, veranstaltet vom Schlem-Alejchem-Klub, der Vereinigung russischer Juden in Berlin, teilnehmen würde, willigte ich sogleich ein, Faivel und Braina zu begleiten. Und es war in der Tat keine gewöhnliche Feier, sondern ein glanzvoller Abend: Kabarett und Tanzeinlagen, gekrönt von hebräischer Rezitation der berühmten Schauspielerin.

»*Auch beim Lachen kann das Herz trauern, und nach der Freude kommt Leid*«, warnt das Buch der Sprüche. Das zeigte sich leider auch an diesem freudigen Abend. Nur für eine kurze Stunde waren Trauer und Schmerz vergessen. Selig, Sarah und die Kinder werden Berlin verlassen und nach Amerika zurückkehren. Sein Bruder Ephraim war in eine Notlage geraten: Durch den frühen Tod Eliesers hatte er seinen Geschäftspartner verloren; nun sollte Selig im *bizzness* an dessen Stelle treten. Was es mit diesem Business auf sich hat? Ich weiß es beim besten Willen nicht. Eine kleine Bürstenmanufaktur in Chicago? Eine große Fabrik in New York? Mal hörte man das eine, mal das andere.

Umgehend kündigte Selig die geräumige Mietswohnung in der Giesebrechtstraße. Fräulein Otto, das blonde Kindermädchen, fiel es schwer, sich von den Kindern zu trennen. Man entschied, dass sie sich der Familie anschließen solle. Braina verzichtete auf einen Abschiedsabend. Die Trennung belastete sie sehr. Und Faivel? Alle Brüder seiner Frau sind ihm teuer, aber Selig fühlte er sich stets besonders verbunden. Gemeinsam hatten sie sich bereits als Jugendliche in Wirballen für den Zionismus begeistert, gemeinsam pflegten sie lange Gespräche auf Hebräisch zu führen, manchmal bis zum Morgengrauen. Eine Seelenverwandtschaft fürwahr. Und wieder erzählte Braina mit Wehmut eine ihrer Lieblingsgeschichten, die ich schon zwei-, vielleicht sogar dreimal gehört habe: Einst spazierten Faivel und Selig gemeinsam im Wald, tief ins Gespräch versunken. Braina ging hinter ihnen her, aber wie so oft schenkten sie ihr keine Beachtung. Bis sich Faivel plötzlich umdrehte – und ihm zum ersten Mal auffiel, dass aus der ›Kleinen‹, die ein Lied vor sich her sang, eine anmutige junge Frau geworden war. Er beschloss, um ihre Hand anzuhalten.

19 *Erev* Schabbat, 30. März 1928

Zu Beginn des Winters kam der rastlose Zionist Ephraim Kuzenok erneut nach Berlin. Aus seinem Portemonnaie zog er Geldscheine, die wir noch nicht gesehen hatten: das neue Palestine Pound. Die britische Mandatsregierung hat die Währung kürzlich anstelle des ägyptischen Pfunds eingeführt. Kuzenok zeigte uns eine Fünf-Pfund-Banknote. Die in Rot gehaltene Vorderseite ist hebräisch, arabisch und englisch beschriftet; auf der Rückseite ziert eine Vignette mit der Davidszitadelle den Geldschein. Kuzenok hatte auch Münzen mitgebracht, teils aus Bronze, teils aus Kupfer, die wertvollsten sogar aus Silber. Auf allen sah ich einen aufgeprägten Olivenzweig.

Kuzenok berichtete voller Enthusiasmus, und wir hörten gespannt zu. Er ist und bleibt ein mutiger Zionist voller Tatendrang, obgleich einige seiner kühnen Pläne gescheitert sind. »Die wirtschaftliche Krise hat uns zugesetzt«, gab er zu. »Die private Nachfrage nach Grundstücken hat abgenommen; die Entwicklung ist Wasser auf die Mühlen der Schwarzseher, die behaupten, dass der Bodenerwerb nur mit Investitionen aus dem nationalen Kapital möglich ist.«

»*Ein Gerechter fällt siebenmal und steht wieder auf*«, pflegt er aus dem Buch der Sprüche zu zitieren und hält an seinen Träumen fest. Gestern traf ich ihn zufällig, als ich die Villa verließ. Ich hatte den ganzen Nachmittag lang versucht, Ayala auf die Mathematikprüfung vorzubereiten und ihr Mut zuzusprechen, aber ohne Erfolg. »Sowieso werde ich Juditz nicht das Wasser reichen können«, murmelte sie niedergeschlagen. Kuzenok fragte mich nach meinen Plänen. Warum ich noch immer in der *Gola* sei. Ich erzählte ihm von Mutters Krankheit. »In Erez Israel gibt es hervorragende Ärzte und Krankenschwestern«, erwiderte er. Als er verstand, dass ich nicht darüber reden wollte, klopfte er auf meine Schulter. »Du hast einen teuren Freund in Faivel«, bemerkte er, »ein gebildeter Mann und vorbildlicher Zionist.« Er erzählte mir, wie Faivel im vergangenen Jahr bei den Beratungen zur Gründung der Bank – er meinte die jüdische Genossenschaftsbank *Iwria* in Berlin – stets das Allgemeinwohl im Auge gehabt habe.

Faivel hatte dies alles mir gegenüber nie erwähnt. Die Bank, die mehrere Filialen zu eröffnen plant, richtet sich vor allem an Ostjuden und den zionistisch orientierten Mittelstand. Im Vorstand vertritt Kuzenok die Interessen der russischen Juden Berlins. Die Geschäftsführung liegt allerdings in den Händen eines deutschen Juden: Georg Kareski, der sich als Vorstandsmitglied der Berliner Gemeinde einen Namen gemacht hat.

Als ich Faivel später auf diese Dinge ansprach, entgegnete er mir nur knapp: »Es ist schön und gut, dass sich endlich Mitstreiter gefunden haben. Wollen wir hoffen, dass tatsächlich alle an einem Strang ziehen.«

Recht besehen gibt es zwei *Iwrias*, die beide denselben Namen tragen, aber nach Art und Zweck vollkommen unterschiedlich sind. Über die eine, eine jüdische Bankgründung, hatte mir Kuzenok berichtet; die andere kenne ich aus eigener Erfahrung gut: Noch vor Jahresende hatten sich aus unserer zionistischen Gruppe einige unter diesem Namen zusammengeschlossen, um für die Pflege der hebräischen Sprache einen neuen Kreis zu schaffen. Wir wollen nicht in Abrede stellen, dass sich in Berlin auch andere dafür einsetzen. Ohne Zweifel verdienstvoll ist die Arbeit der Hebräischen Lehranstalt der jüdischen Gemeinde; dasselbe gilt für den Hebräischen Klub. Aber es reicht doch nicht aus. Uns geht es darum, die hebräische Sprache zu beleben und im wahrsten Sinne des Wortes mit ihr im Alltag zu leben. Mittlerweile haben wir mehrere hebräische Vorträge ausgerichtet sowie Ausflüge in und um Berlin organisiert, bei denen nur Hebräisch gesprochen wird. Passanten schauen mitunter verwundert auf uns, manche beäugen uns sogar argwöhnisch. Einmal kam uns auf offener Straße ein hagerer und hochgewachsener Mann entgegen und umarmte zwei von uns. Es stellte sich heraus, dass er Jude war, aus Kiew genauer gesagt. Sein

Hebräisch war nicht sonderlich gut, aber er brannte darauf, es zu verbessern. Ohne zu zögern schloss er sich uns an. Aus der von deutschen Juden dominierten Gemeinde bekommen wir leider viel Gegenwind: »Wer das Hebräisch dem Deutschen vorzieht, hat hier keinen Platz. Er soll doch nach Palästina gehen.«

Faivel hegt und pflegt liebevoll seine Bibliothek, die stetig anwächst. Jüngst erwarb er Yitzhak Lamdans neues hebräisches Versepos *Masada*, das von der Wiederbelebung Israels handelt. Seit einiger Zeit schon ist er Mitglied der Soncino-Gesellschaft der Freunde des jüdischen Buches. Eher mit gemischten Gefühlen – und auf Wunsch Brainas – bestellte er Jabotinskys weltanschaulichen Roman *Samson der Nasiräer*, der in Berlin auf Russisch erschienen ist. Er selbst warte lieber auf die hebräische Ausgabe. Faivel missbilligte, dass Jabotinsky, obzwar ein glühender Zionist, den Roman auf Russisch geschrieben und so auch veröffentlicht hatte. Wer die Erziehung der hebräischen Jugend zur obersten Priorität mache, müsse die Erstausgabe hebräischen Lesern vorbehalten. »Ich schätze Jabotinsky, aber ich bin nicht immer einer Meinung mit ihm«, erklärte Faivel. Er erinnerte sich an ein Bankett, das vor etwa mehr als einem Jahr für Jabotinsky ausgerichtet wurde. Seine Anhänger – überwiegend revisionistische Zionisten, darunter Kuzenok – hielten Reden; Tschernichowski steuerte ein Grußwort bei, und auch Faivel sprach einige Worte. Dann endlich kam die Reihe an Jabotinsky. Braina war ganz im Banne des charismatischen Mannes. »Ein Genie, ein Mann mit Vision. Aus seinen Worten spricht Stolz und Zuversicht. Und recht hat er – es gibt keinen Platz für Kompromisse. Mit vorauseilendem Gehorsam gegenüber den Briten werden wir nichts erreichen«. Faivel hatte seine Frau schon lange nicht mehr so aufgewühlt gesehen und sagte zu mir: »Wie merkwürdig, David. Hier ist sie, die Frau, die ich seit mehr als drei Jahrzehnten kenne und die mir näher steht als jeder andere Mensch – und doch gibt es immer noch Geheimnisse, von denen ich nichts wusste.«

Aber noch einmal zurück zu Tschernichowski. Seit dem Sommer wohnt der große Dichter in einer winzigen Dachgeschosswohnung im noch eher ländlichen Fichtengrund. Hin und wieder schaut er im Hause Grüngard vorbei. Bei seinem letzten Besuch lief Ayala durch den

Salon, hielt sich – wie es das Prophetenwort fordert – an ›*Menschengebote, die man sie lehrt*‹, grüßte jedoch nur verhalten und verschwand sogleich wieder. »Gut, dass du sie wenigstens gesehen hast! Früher war sie hübscher«, seufzte Braina. »*Ale modne zoreß misn sach zu ir klajbn*«, jammerte sie und schüttete ihm ihr Herz aus. »Die Arme sind zu lang, sie hat O-Beine und – –« Faivel versuchte zu beschwichtigen, aber Brainas Schmerz saß zu tief. »Dem Körper fehlt es an Proportion. Jedem fällt auf, dass sie zugenommen hat. Und dann auch noch diese scheußliche Brille ...« Tschernichowski hörte ruhig und unberührt zu. Vermutlich amüsierte es ihn, glaubte Faivel. »Es ist nur das Alter«, äußerte er schließlich, mehr als Arzt denn als Dichter. »Die Gliedmaßen wachsen nicht mit derselben Geschwindigkeit, daraus resultiert die Ungleichförmigkeit der Erscheinung. Mach dir keine Sorge, Schchuma. In noch zwei, drei Jahren wird sie so schön wie du sein.«

Mutter und Tochter hängen mehr denn je aneinander. Freundin-

Saul Tschernichowski (1875–1943). Aufnahme von 1927.

nen hat Ayala, gewiss; manchmal kommen die Mädchen zu ihr nach Hause und sie sitzen gemeinsam am Kamin, tratschend und kichernd. Aber die meiste Zeit will Ayala sich nur an ihre Mutter schmiegen. Zusammen gehen sie in die Stadt; sie schauen sich an, was die Geschäfte anbieten und was in Mode ist. Wenn Braina ein Kleid mit Ausschnitt kauft, tut Ayala es ihr nach. Entscheidet sich Braina für eine Dauerwelle, dann sieht man bald auch Ayala mit Locken. Manchmal geht sie an den Schrank der Mutter und schminkt sich oder legt eine Kette und Ohrringe an. Von Braina hat sie gelernt: Kleider machen Leute. Umso mehr gilt das im Haus von Faivel Grüngard. Wer ihn kennt – oder besser gesagt: wer seine Schwächen kennt – weiß, dass er ein Faible für schöne Menschen hat.

20 Schabbat-Ausgang, 19. Mai 1928

Frühling. Aus Erez Israel bekamen wir Besuch von Moshe Halevy, dem Gründer und Direktor des hebräischen Arbeitertheaters *Ohel*. Ein Mann voller Esprit und mit brennender Leidenschaft für die Bühne. Bei zwei Gelegenheiten hörte ich ihn von dem Theater erzählen, das er vor drei Jahren in einer Baracke am Strand von Tel Aviv gegründet hat: das erste Mal im *Iwria*-Kreis zusammen mit etlichen Freunden von mir; diese Woche das zweite Mal, im Hause Grüngard. Braina verwöhnte die Gäste mit Gebäck und einem Assortiment von Obst. Im Salon verströmten Hyazinthen den Duft des Frühlings. Ayala spielte kurz auf dem Klavier und verschwand direkt danach. Als Erster ergriff Emil Bernhard Cohn das Wort, der Rabbiner der Synagoge Grunewald – ein vom rechten Weg abgekommener Rabbiner, wie manche Orthodoxe behaupten, denen seine zionistische Haltung ein Dorn im Auge ist. Aber das war nicht der einzige Makel, der angeblich an ihm haftet: Der Rabbiner war doch tatsächlich dem Bann der Theaterkunst erlegen und hatte es gewagt, Bühnenstücke zu schreiben, die in mehreren deutschen Städten mit großem Erfolg aufgeführt werden. Im Salon der Grüngards sprach Cohn von den Problemen des modernen Theaters und erläuterte die nationalen und geistigen Aufgaben der hebräischen Bühne. Der zweite Redner war erst kürzlich von einem Besuch in Erez Israel zurückgekehrt, tief beeindruckt von Land und Leuten: Gotthold Weil, der angesehene Orientalist. Er war im Frack gekommen, und auf den ersten Blick mutete der Professor recht unnahbar an. Doch seine Ausführungen waren kurzweilig und in einem warmen, persönlichen Ton gehalten. Er berichtete von dem Glück, auf seiner Reise eine Aufführung des *Ohel* erlebt zu haben. »Künstlerischer Idealismus ohnegleichen«, resümierte er, wobei sein Lob ganz besonders dem quicklebendigen Hebräisch der Schauspieler galt. Schließlich sprach Robert Weltsch, Redakteur der *Jüdischen Rundschau*, der auf die soziale Bedeutung des Arbeitertheaters abhob. Er pries, dass das Ensemble nicht nur in den Städten, sondern auch vor Arbeitern auf dem Land auftrete. Auf diese Weise werde den Kibbuzim und Siedlungen das Geschenk der erhebenden künstlerischen Leistung zuteil.

Nach einer kurzen Pause berichtete Moshe Halevy in eigenen Worten über seinen Weg zum Theater. Ursprünglich war er Schauspieler im *Habimah*-Ensemble gewesen, das er aber bereits in Russland verließ, um seine Vision in Erez Israel zu verwirklichen. Für ihn stand fest, dass ein Theater nur gedeihen konnte, wenn es in seiner natürlichen gesellschaftlich-kulturellen Umgebung wurzelte und einer eigenen sozialen Idee verpflichtet war. »In Moskau gibt es zehn Ensembles für Arbeiter, bei uns jedoch nur eins – unser *Ohel*!« Dass die Bedingungen keineswegs einfach sind, bestreitet er nicht. Die Schauspieler – mehr als zwanzig an der Zahl – erhalten keine Gage. Tagsüber gehen sie ihrem gewöhnlichen Beruf nach und nach Feierabend ihrer Berufung – der Schauspielkunst. »Unser Ziel ist es, jüdische Stoffe auf die Bühne zu bringen, aber aus dem Geist unserer eigenen Kultur und Gegenwart.« In diesem Sinne bereite seine Truppe zurzeit eine Trilogie vor: Den Auftakt mache Stefan Zweigs *Jeremias*, danach folge ein Stück über den falschen Messias Sabbatai Zvi und zum Abschluss die Uraufführung eines Bühnenwerks über das Volksleben in der neuen Heimat.

Wir hörten ihm gebannt zu. Einige äußerten den Wunsch, dass das Ensemble bald auch auf europäischen Bühnen auftreten möge, ganz so wie es die *Habimah* mit Erfolg vorgemacht hatte. Andere, darunter Braina und Faivel, vertraten hingegen die Ansicht, dass das vorrangige Ziel sein müsse, die Truppe in ihrer Heimat auf jede erdenkliche Weise zu unterstützen. Zu diesem Zweck wurde noch am selben Abend ein Komitee der Freunde des *Ohel* in Deutschland gegründet. Selbstverständlich zählen die Grüngards dazu. »Wir werden alles tun, um Ihnen zu helfen«, versicherte Faivel beim Abschied dem Theaterleiter Halevy, der von Berlin nach Salzburg weiterreiste, um dort Stefan Zweig zu treffen. Einige Gäste blieben noch im Salon und waren ins Gespräch vertieft. Ich half Braina beim Aufräumen. »Eine Sache kann ich nicht recht verstehen«, brummte sie. »Wie konnte die Ehe zwischen ihm und der Rovina in einer Scheidung enden? Was ist dort hinter verschlossenen Türen geschehen? *a soch un a wej!*«, seufzte sie – und wandte sich lachend um: »Aber wem sage ich das? Einem eingefleischten Junggesellen, der die Frauen wie den Teufel meidet ...«

Schabbat, 7. Juli 1928

Diese Woche empfing Ayala mich zu den Tönen von Webers *Freischütz*. Sie saß am Flügel und spielte ohne Noten Agathes Brautlied – ja mehr noch, dazu sang sie alle Strophen auswendig. Ihr erster Opernbesuch war offenkundig ein voller Erfolg gewesen. »So ein *masl*, David. Mama hatte für Onkel Mendel und Alte zwei Karten gekauft, aber Alte wollte nicht gehen. Zu deutsch für ihren Geschmack. ›Wenn es so ist, nehme ich Inga mit‹, erklärte Onkel Mendel.«

Es war also endlich so weit: Aus Kowno, einem der großen Zentren des litauischen Judentums, waren Onkel Mendel und seine Frau zu Besuch gekommen – ein Ereignis, das die Familie lange herbeigesehnt hatte. Ich traf das Ehepaar nur bei dieser Gelegenheit.

Wie unterschiedlich die Sudarskis doch sind! Selig, inzwischen nach Amerika zurückgekehrt, ist Geschäftsmann und zugleich leidenschaftlicher Zionist und Hebraist. Politisch schlägt sein Herz für Jabotinsky. Der Arzt Nissan, Brainas Bruder, ist von ruhigem Gemüt und nicht gerade schmaler Statur. In allen Dingen scheint er ein Mensch des Aus-

Ayala mit ihrem Onkel Mendel Sudarski (1885–1951). Der studierte Arzt machte sich einen Namen als engagierter Vorkämpfer für die jüdische Arbeiterschaft und als einer der führenden Jiddischisten in Litauen. Das von ihm mitherausgegebene Sammelwerk *Lite*, das 1951 auf Jiddisch in den USA erschien, gilt als maßgebliche Quelle für die Geschichte der Juden in Litauen.

gleichs; er hört anderen zu und redet wenig. Die blonde Bassja schließlich, liebevoll und mit Engelsgeduld. Für ›Fritz den Deutschen‹ und die gemeinsamen Söhne scheut sie keine Mühe, für Braina ist sie die Lieblingsschwester, die fast jeden Tag vorbeischaut, für die Kinder die Lieblingstante, die immer ein offenes Ohr hat.

Über allem thront Braina. So auch diesmal. Die ganze Familie war im Salon zusammengekommen. Neben Braina saß der fünf Jahre ältere Mendel. Ich hatte bereits oft von ihm gehört, sein Ruf eilte ihm voraus – nicht nur als angesehener Jiddischist, sondern auch als führendes Mitglied der *Folkspartei*, die für eine nationaljüdische kulturelle Autonomie in der *Gola* eintrat. Nun saß ich ihm also endlich gegenüber. Sein Gesicht hatte weiche, gutmütige Züge. Hinter dicken Brillengläsern blickten verträumte Augen hervor, und die Locken in seinem Haar gaben ihm eine jugendliche Erscheinung. Über seine tägliche Arbeit als Augenarzt spricht er nicht viel, sie ist sein Brotberuf. Geradezu als heilige Pflicht hingegen empfindet er sein Wirken für das jüdische Allgemeinwohl: die Ausbildung von Jugendlichen, die Stärkung der jüdischen Erziehung sowie das Engagement in der Organisation für den Schutz der Gesundheit der Juden, *OZE* genannt.

Mendel ist bescheiden geblieben trotz all seiner Verdienste – und trotz seiner Frau, der es als seiner Mitstreiterin an Temperament und Ehrgeiz nicht mangelt. »*Andere redn a* ßach *un tun gurnischt*«, tat sie selbstbewusst kund und erzählte von der gemeinsamen Arbeit. Nur in einer Sache waren sie und ihr Mann uneins, und sie ließ keinen Zweifel daran, dass ihre Meinung die einzig richtige sei: »In unseren jüdischen Schulen und Gymnasien soll man nur auf Jiddisch lehren und lernen. *Mendel is a akschener jid*. Wenn es nach ihm ginge, ist Platz für Jiddisch und Hebräisch.« Auf den Tadel für den Gatten folgte ein Loblied auf unsere »*mameloschn*«: »Wenn der jüdische Staat eines Tages existiert, wird Jiddisch die nationale Sprache sein!«

Wir hörten ihr zu und staunten nicht schlecht. Mendel hingegen blickte auf seine Frau wie ein gutmütiger Vater auf eine unbändige Tochter. Er musste dies alles schon oft gehört haben. Gelassen trank er seinen Tee.

Ayala vernachlässigte in diesen Tagen ihr Schulpensum und verbrachte viele Stunden mit dem Onkel aus dem fernen Litauen. Braina drückte ein Auge zu. »Seine Besuche sind so selten und kostbar«, sagte sie nachsichtig.

»Weißt du, Onkel Mendel kennt mich schon seit meiner Geburt«, rief Ayala ausgelassen.

»Und sogar schon davor, als du noch in meinem Bauch warst«, korrigierte Braina. »Mendel hielt sich damals in Schweden auf, bevor er nach Russland zurückkehren musste, um in der zaristischen Armee zu dienen.«

»Und er erzählt mir immer über die Familie von Papa und Mama. Er weiß alles und spricht so viele Sprachen. Als wir in Berlin ankamen, schickte er mir einen Brief. Er wusste, dass ich unglücklich war und Schweden nicht verlassen wollte. Aber er ermutigte mich, Deutsch zu lernen. ›Der – die – das: ganz egal, was richtig ist, Ingale‹, schrieb er. ›Hauptsache man versteht, was du meinst.‹«

Anfang des Sommers reiste Faivel nach Stockholm. Ich hatte mit meiner Vermutung falsch gelegen: Es stellte sich heraus, dass er doch nicht alle geschäftlichen Verbindungen gekappt hatte. »Aktiengesellschaft«, erwähnte Braina beiläufig. Erst nach seiner Rückkehr wurde mir durch seinen Bericht klar, dass er dort bei der Finanzbehörde einige Dinge regeln musste. Braina blieb in Berlin. »Es gibt in meinem Herzen keine Nostalgie für Schweden«, bemerkte sie wortkarg. »Faivel hingegen …« Sie hielt inne, wandte sich um und reichte mir einen Brief, den er ihr von Bord der Fähre »Queen Victoria« – »meine alte Bekannte«, wie er zu sagen pflegte – geschrieben hatte. »Aber lies selber, David«, forderte sie mich auf.

»Vom Sessel im geräumigen Schreibzimmer aus blicke ich auf die Menschen, die um mich herum sitzen. So gut wie alle sind sie aus ›unserem Land‹.«

Faivel Grüngard. Portraitaufnahme des schwedischen Hoffotografen Moisé Benkow, Stockholm 1928.

»Er meint Schweden, nicht wahr?«, fragte ich Braina. Sie nickte.

»Es gibt kein inneres Band zwischen ihnen und mir, aber sie stehen mir doch sehr viel näher als Menschen aus anderen Ländern. Ihre Lebensgewohnheiten, ihre Art zu reden und zu denken, ihre Gesten und ihr Gesichtsausdruck unterscheiden sich vollkommen von den meinen. Aber trotz alledem gibt es eine Verbindung zwischen uns; ich empfinde ihnen gegenüber ein aufrichtiges Gefühl, das von Herzen kommt. Sie sitzen hier mit einer olympischen Ruhe; gut gelaunt essen und trinken sie, ja sie tun es geradezu mit höchster Aufmerksamkeit, als würde es sich um die wichtigste Sache der Welt handeln. Sie reden gelassen, und die Worte, zwischen denen sie sorgsam Pausen lassen, fügen sich zu einer wohlklingenden Melodie. Diese Menschen ähneln den Felsen, die man auf der skandinavischen Halbinsel allerorten sieht. Von diesen Felsen geht keine Wärme, kein Feuer, keine Erschütterung aus, und genauso gehen auch von diesen Menschen weder Feuer noch Erschütterungen aus. Es scheint mir, dass ich durch die Schädeldecke in ihren Kopf hineinzuschauen vermag: ihre Gehirnbahnen sind kerzengerade, ohne Zittern, Schwingungen und Anstöße zum Denken. Auch die Herzadern sind nicht aus der Ruhe zu bringen. Es sind Menschen ohne Scharfsinn, die viel Zeit, aber keinen Drang zu schnellem Handeln und Denken haben. Und wozu auch die Eile? Sie begnügen sich mit dem Funken eines Gedankens, ›*von Schabbat-Vorabend zu Schabbat-Vorabend*‹, aber das ›*Kab Johannisbrot*‹ reicht ihnen nicht einmal für eine Stunde.

Und dennoch wussten diese Menschen sich ein Land aufzubauen und ein Königreich zu gründen; ebenso wussten sie, sich selbst zu achten und dafür zu sorgen, dass die ganze Welt sie achtet. Vielleicht sollten wir, die Söhne eines scharfsinnigen Volkes, etwas von ihnen lernen?«

Am Seitenrand hatte Faivel Erläuterungen zu einzelnen Worten und Talmud-Zitaten ergänzt, um Ayala das Verständnis zu erleichtern. Von einigen Passagen des Briefes habe ich eine Abschrift angefertigt, und wenn Ayala bereit ist, werden wir uns genauer mit ihnen beschäftigen.

Faivel kehrte zufrieden von der Reise zurück. Er hatte alles in Ruhe erledigt. Nun schuldet er keine Steuern mehr. Er, Braina und die Kinder behalten die schwedische Staatsbürgerschaft. Auch genoss er Begegnungen mit treuen Freunden, die sich zu Ehren seines Besuchs im Hause des Rabbiners Ehrenpreis versammelt hatten. In seiner Freizeit spazierte er am Wasser der schwimmenden Stadt und atmete die klare Luft des Nordens tief ein. Und der Himmel! An einem wolkenlosen Tag gebe es kein Blau wie das des Stockholmer Himmels.

In seinen Koffern waren Geschenke, auch mich hatte er nicht vergessen. Sich selbst hatte er ebenfalls bedacht, mit zwei Portraitfotografien aus dem Atelier von Moisé Benkow, einem Juden aus Grodno, der in Stockholm zum Hoffotografen aufgestiegen war. »*Nit mer und nit wejniger*«, schalt ihn Braina, obgleich ihr die Aufnahmen gefielen.

Jehuda bekam ein Etui mit edlen Schachfiguren. Für Ayala hatte er eine doppelte Überraschung mitgebracht: eine bildschöne, farbenfrohe Jacke, die sie gleich anzog – und dann ebenso schnell wieder auszog, da sie zu klein war. »Warte noch«, rief Faivel ihr hinterher. »Du hast auch ein Geschenk von Steinsapir.« Im Nu drehte sie sich um, voller Neugier. »Erinnerst du dich, als du noch ein Kind warst, hat er dir dein Lieblingsbuch geschenkt –«

»*Nils Holgerssons underbara resa genom Sverige!*«, unterbrach sie ihn freudig. »Was hat er mir diesmal geschenkt?«

»Als er vor einem Jahr bei uns zu Besuch war, freute er sich darüber, dass du die Sprache deiner Kindheit nicht vergessen hast. Ich saß mit ihm in meinem Lieblingsteehaus, und er sagte: ›Wer Schweden und Selma Lagerlöf so liebt wie sie, sollte unbedingt den Roman *Jerusalem* lesen. Jetzt ist die Zeit dafür gekommen, sie ist erwachsen. Sie soll die schwedischen Bauern aus Dalarna auf ihrem Weg in unsere heilige Stadt begleiten.‹«

Ayala nahm den Roman und blätterte darin. Dann legte sie den Band mit einem Lächeln wieder auf den Tisch und verließ das Zimmer.

»Schade, sehr schade. Steinsapir hat es so gut gemeint«, murmelte Faivel.

Nach einer Stunde erschien Ayala wieder und nahm das Buch mit.

Meine Freunde in der hebräischen Gruppe reden und diskutieren viel über die politische Entwicklung. Bei den Wahlen zum Reichstag

Ende Mai haben die Sozialdemokraten einen großen Sieg errungen. Zu unserer Freude erlitt die Deutschnationale Volkspartei beträchtliche Einbußen. Auch die Partei Hitlers verlor Stimmen. Einerseits ein gesundes und gutes Zeichen, andererseits nehmen in der Öffentlichkeit die antisemitischen Vorfälle zu. Die Judenhasser schänden Friedhöfe, demolieren jüdisches Eigentum – und kaum jemand protestiert. Vor Kurzem haben diese gewalttätigen Nichtsnutze auf dem Kurfürstendamm und den angrenzenden Straßen Juden angepöbelt und Hassgesänge gegrölt. Erst als die Polizei eintraf, machten sie sich aus dem Staub. Bei den Wahlen zum Studentenrat der Berliner Universität hielten die Anhänger Hitlers eine große Kundgebung gegen Juden ab. Es kam zu Tumulten, Menschen wurden verletzt.

Über diesen Zwischenfall hörte der sechzehnjährige Jehuda von seinen Freunden im Gymnasium. Noch nie habe ich ihn so aufgewühlt gesehen. Zur gleichen Zeit las er von einer Jugendreise nach Erez Israel, die während *Sukkot* stattfinden sollte: zwei Wochen kreuz und quer durch das Land mit Autobus, Bahn und zu Fuß. Jehuda brannte darauf teilzunehmen. »Sie wollen sogar nach Jericho fahren. Und ein Besuch in der Landwirtschaftsschule in Mikve Israel! Helli will auch mitfahren.«

Faivel versprach, sich über die Sache Gedanken zu machen.

»Man muss zügig entscheiden, ohne zu säumen«, drängte Jehuda seine Eltern. »Nur hundert können mitfahren.«

Braina und Faivel taten sich jedoch schwer, eine Entscheidung zu treffen. Sie sahen die Sache mal so, mal anders. Am besten sei es, wenn er nächsten Sommer gemeinsam mit ihnen fahre.

Die Enttäuschung saß tief. Jehuda ließ sich den Schmerz nicht anmerken, er wollte seinen Eltern nicht weh tun.

Freunde und Bekannte, die im Sommer aus Erez Israel zurückgekehrt waren, kamen aus dem Schwärmen nicht heraus. Mit Ausnahme eines Ehepaars, das über die »stickige Hitze und den allgegenwärtigen Schweißgeruch« klagte. Wir nahmen es nicht so ernst und freuten uns stattdessen über die Nachricht, dass die wirtschaftliche Lage sich von Woche zu Woche bessere. Der Kampf gegen die Arbeitslosigkeit zeigt Wirkung. In Tel Aviv nimmt die Bautätigkeit wieder an Fahrt auf. Auf dem Jordan vertiefen Dutzende Arbeiter das Flussbett und bauen einen Damm für das geplante Elektrizitätswerk. Zwischen Jaffa und Petach Tikva gibt es eine geteerte Straße. Und die Stadt Haifa, von Herzl als Stadt der Zukunft bezeichnet, wächst dank des Handels und der Eisenbahnlinie, die sie im Norden mit Damaskus und im Süden mit El Kantara verbindet.

»Die Optimisten haben recht behalten«, erklärte Faivel zufrieden. »Und Wassermann ebenfalls.«

Er war sehr angetan von dem Vortrag, den der Bankier Dr. Oscar Wassermann in der Sitzung des Komitees für Erez Israel gehalten hatte. »Die Nachrichten über eine schwere Krise sind vollkommen überzogen, soll Wassermann gesagt haben.« Statt sich mit Fehlern und Schwachpunkten zu beschäftigen, solle man sich mit voller Kraft dem Machbaren widmen. Jeder könne hierzu seinen Teil beitragen – obwohl man in Berlin sitzt. Wassermann sprach sich in diesem Sinne ausdrücklich für den Bau eines großen Hafens in Haifa aus. »Wenn dies die Meinung des Mannes ist, der als Vorstandssprecher an der Spitze der Deutschen Bank steht, dann gibt es keinen Grund zu Sorge und Zweifel.«

Nicht nur Faivel, sondern auch Braina leistet einen Beitrag – mit Geld und Taten. Regelmäßig spendet sie an den Nationalfonds *Keren Kayemet*, und einmal organisierte sie die Jubiläums-Aktion der Zionistischen Frauen. Nach der Rückkehr von einigen Tagen Erholung in den Bergen öffnete sie ihr Haus für die Frauenarbeitsgemeinschaft für Palästina. Bei diesem Anlass sprach Dr. Max Soloweitchik, ein enger Freund der Familie, über »Der *Keren Kayemet* im neuen Jahr«. Ausdrücklich vermerkte die Vortragsankündigung in der Zeitung: »Nur für geladene Gäste.«

Am nächsten Tag gab es eine Überraschung. »Dies war das letzte Mal, dass wir Mama den Wunsch erfüllten, vor dem Vortrag zu musizieren«, tat Ayala trotzig kund. »Wir haben es satt, uns vorführen zu lassen. Juditz und ich haben beschlossen: was war, ist Vergangenheit, und mehr wird es nicht geben.«

22 Dienstag, 30. Oktober 1928

An *Rosch ha-Schana* und *Sukkot* war das Haus voller Gäste. Zu meinem Leidwesen konnte ich nur einmal bei den Grüngards feiern. Der physische und seelische Zustand meiner Mutter hat sich verschlechtert. Nissan der Arzt, Brainas Bruder, kam ab und zu nach einem langen Arbeitstag bei uns vorbei, um Mutters Stimmung aufzuhellen. Er nahm sich Zeit für ihren Kummer, sprach geduldig mit ihr und strich mit der Hand über ihr weißes, spärliches Haar. Einmal griff er in seine Tasche und gab ihr eine Tinktur, sein »Wundermittel«. »Ach, wenn nur die Hälfte der Ärzte so geduldig und einfühlsam wäre wie Nissan«, sagt Mutter oft zu mir. Leben will sie nicht mehr: »Ich bin bereit, von dieser Welt zu scheiden«, tut sie kund. Ich bin ratlos.

Die Festtage wurden von beunruhigenden Nachrichten aus Jerusalem überschattet. An *Yom Kippur* versammelten sich Hunderte Gläubige zum Gebet an der Klagemauer und stellten eine Trennwand auf, um Männer und Frauen zu separieren. Die Muslime brannten vor Wut und verbreiteten das Gerücht, die Juden träfen Vorbereitungen, die mohammedanischen Heiligtümer unter ihre Kontrolle zu bringen. Die Lage war aufgeheizt, das Feuer des Hasses loderte. Auch diejenigen unter uns, die weder *Talit* noch *Tefillin* anlegen, waren bestürzt. Nicht zuletzt wegen der Haltung der Mandatsregierung, die ein offenes Ohr für die Vorwürfe der arabischen Seite hatte.

Gegen seine Gewohnheit fehlte Faivel an einigen Festtagen. Bereits vorher, während der Sommerferien von Jehudah und Ayala, hatte er seine Besuche in Danzig verlängert, sodass auch unsere Gespräche in seinem Bureau weniger wurden. Ich verstand, dass er müde und zerstreut war. Ein-, zweimal verlor er den Gesprächsfaden, weil er mit seinen Gedanken anderswo war. »Neue Geschäfte«, flüsterte Fräulein Ladebeck mir einmal vielsagend zu. In der Villa ging der Alltag derweil wie gewohnt weiter.

Ein Brief aus Hadera munterte ihn auf. Man erwarte eine reiche Ernte; und die Zahl der Exportländer sei gestiegen.

Über die Wunder von Erez Israel erzählte uns die Dichterin Elischewa bei ihrem Besuch in Berlin. Vor etwa drei Jahren ist sie in das

Land eingewandert. Sie stammt aus Russland und ist russisch-orthodoxen Glaubens; ursprünglich hieß sie Elizaveta. In ihrer Jugend hatte sie jüdische Freunde, in deren Haus sie erlebte, wie man Schabbat-Kerzen anzündet. Nach und nach fühlte sie sich immer stärker zur Welt des Judentums hingezogen, lernte Jiddisch und Hebräisch und begann Gedichte in der Heiligen Sprache zu verfassen! An dem Abend, den die Berliner Zionistische Vereinigung für sie ausrichtete, unterstrich Tschernichowski die Einfachheit und Klangfülle ihrer Lyrik. Elischewa las einige ihrer Gedichte vor, die von Träumen und Sehnsüchten durchzogen sind. »Eine verkehrte Welt«, spöttelte Braina auf dem Rückweg, »Tschernichowski heiratete eine russisch-orthodoxe Christin, Elischewa hingegen entschied sich für einen zionistischen Juden und eine neue Heimat.«

Spontan lud sie die Dichterin vor der Rückreise nach Erez Israel zu einem literarisch-musikalischen Abschiedsabend ein. Elischewa stand in der Mitte des Salons, ihre Augen strahlten Güte aus. Sie schüttelte viele Hände, sprach Hebräisch, als wäre es ihre Muttersprache, und las aus ihrem Werk vor. Ich erinnere mich besonders an eine Zeile: »Ich liebte den leicht säuselnden Wind, ich liebte das strahlende Sonnenlicht.« Eine bescheidene Frau, deren einfache Kleidung sich sichtbar von den Abendkleidern der anwesenden Damen unterschied. Ihr Haar war straff nach hinten zusammengebunden. Auf mich wirkte sie wie eine Bäuerin aus den fernen Steppen Russlands.

Es fehlte nicht an Gästen, aber unter den geladenen Damen vermisste Braina eine teure Mitstreiterin. Margot Rosner, geborene Klausner, hatte brieflich um Entschuldigung gebeten, da sie nicht kommen konnte. Bereits seit Wochen sei sie wegen einer Krankheit ans Bett gefesselt. Ich kenne sie bereits seit einiger Zeit. In der Regel verpasst sie keine hebräische Veranstaltung. Eine hübsche Frau, Anfang zwanzig, talentiert und neugierig. Die bedingungslose Zionistin ist ganz nach dem Vater geraten, Herrn Klausner, Inhaber des Schuhhauses Leiser und ein Mann voller Tatkraft. Margot stellt ihre Energie ganz in den Dienst der *Habimah*. Als das Ensemble seinerzeit in Berlin gastierte, zählten Braina und Faivel zu den Mitbegründern des Unterstützungskomitees des Theaters. »Wir wollten unser Bestes tun – und ha-

Die Dichterin Elischewa (1888–1949) mit ihrer Tochter am Strand von Tel Aviv. Im Hintergrund das Café *Casino*. Aufnahme von 1926.

ben doch nicht genug getan«, gibt Braina in der Rückschau zu. Seit Margot Rosner die Initiative in die Hand genommen hat, ist neuer Schwung in die Sache gekommen. Dank ihres Engagements wurde in Berlin ein Sekretariat für die *Habimah* eingerichtet sowie der Kreis der »Freunde der Habimah« gegründet. Margot Rosner ist es gelungen, den Namen des Ensembles unter Juden und Christen gleichermaßen bekannt zu machen. Nicht minder wichtig: Sie sammelt stattliche Spenden von wohlhabenden Juden. »Bassja nennt es Schnorrerei«, bedeutete Braina, »ich hingegen habe alle Achtung davor.«

Die Krönung dieser Bemühungen war ein prächtiges (und man darf wohl sagen: sehr kostspieliges) Bankett, das im Kaiserhof anlässlich des zehnten Jubiläums der *Habimah* stattfand. Leider musste Rosner abermals aus gesundheitlichen Gründen ihre Teilnahme kurzfristig absagen. Braina wurde nie müde, von dem Abend zu erzählen und in den Erinnerungen zu schwelgen. Prominente Redner aus der Theaterwelt sprachen Grußworte, bekundeten Unterstützung und blickten in die Zukunft des Ensembles. So auch der einflussreiche Kritiker Alfred Kerr, der die *Habimah* in den höchsten Tönen lobte. Brainas Herz flog allerdings einem anderen Redner zu, einem hochgewachsenen, glatzköpfigen Mann, dessen trauriger Ausdruck in den Augen auch dann nicht weichen wollte, als er mit warmer Herzlichkeit von der *Habimah* sprach. Es war Leopold Jessner, der jüdische Intendant des Preußischen Staatstheaters, in dem Braina schon mehrfach Vorstellungen gesehen hatte. Er drückte die Hoffnung aus, dass das Ensemble, wenn es aus *erez jißruel* wieder zum Gastspiel nach Europa käme, etwas von dem »starken, lebendigen, aggressiven Geist des palästinensischen Judentums« mitbringen werde. Auf diese Weise könne die Truppe kraftvoll unter Beweis stellen, dass sie »nicht nur bodenständig ist, im Sinne der alten ›*chumoschim*-Welt‹, sondern auch aktuell«. Jessner beendete seine Rede auf ebenso bewegende wie beherzte Weise: Er sehe dem Tag entgegen, an dem die *Habimah* »nicht mehr nur Lobeshymnen hört, sondern auch Kritik, scharfe Angriffe, Kämpfe durchmacht, aus denen sie siegreich hervorgehen möge«.

Noch in derselben Woche kaufte Braina Karten für das Staatstheater, *Egmont* in der neuen Regie von Jessner. Faivel war verhindert, da er nach Danzig fuhr, und Ayala zeigte kein Interesse. Nur Jehuda begeisterte sich, er hatte Goethes Trauerspiel gelesen. Am Ende verfielen die Karten. Jehuda wurde krank und musste das Bett hüten, sein Körper war mit hellroten Flecken übersät. »Scharlach«, diagnostizierte sein Onkel Nissan.

23 Freitag, 21. Dezember 1928

Die Katze ist aus dem Sack. Zusammen mit zwei Bekannten hat Faivel im Dezember eine neue Firma namens *Gdyńska Olejarnia*, die Gdingener Ölwerke, gegründet. Jehuda hat es mir erzählt. In den Wochen, bevor die Sache unterschriftsreif war, hielt sich Faivel länger als sonst in Danzig auf, aber er gab sich immer jede Mühe, am Schabbat nach Hause zurückzukehren. In Berlin hüllte er sich dann in Schweigen und wirkte ungewöhnlich verschlossen auf mich. Ich glaube, dass er selbst Braina mehr vorenthalten als erzählt hat. Und vielleicht wollte sie die Einzelheiten gar nicht hören. Sie mischt sich auch sonst kaum

Hafen von Gdingen (Gdynia), Postkarte, ca. 1930. Bei dem dreigliedrigen Gebäude am rechten Bildrand handelt es sich um die Gdyńska Olejarnia.

in seine geschäftlichen Angelegenheiten ein und vertraut darauf, dass er das Richtige tut. Beiläufig erwähnte Faivel schließlich den Namen des einen Geschäftspartners: Leon Oks. Wer der Dritte im Bund ist, weiß ich nicht.

»Eine Ölfabrik«, bedeutete Jehuda mir knapp.

Ich war überrascht, schließlich ist Faivel doch schon seit einer Weile im Ölgeschäft tätig.

»Der Unterschied? Liegt in der Menge«, erklärte er. »Die Fabrik wird pflanzliche Fette und Öle aus einheimischen und ausländischen Rohstoffen herstellen.«

»Und alles bleibt in Danzig?«, fragte ich.

»Nein.«

»Sondern?«

»In Gdynia.« Jehuda hielt einen Moment inne, dann fügte er etwas oberlehrerhaft hinzu: »So sagen die Polen zu Gdingen, ihre Hafenstadt in der Danziger Bucht.«

In der Nacht konnte ich kaum schlafen. Ich fürchtete, dass diese neue Unternehmung die Freundschaft zwischen Faivel und mir lockern könnte. Sicherlich werden seine Aufenthalte dort jetzt länger werden. Ein Gedanke schoss mir durch Kopf und erfüllte mich mit Sorge: Aus Jehuda war ein kluger junger Mann geworden – was, wenn er schon bald meinen Platz in Faivels Alltag einnimmt? Andererseits: Wenn Faivel eine neue Unternehmung in Angriff nimmt, heißt das doch, dass er Deutschland so schnell nicht verlassen wird. Und seinerzeit haben sie ja auch versichert, dass sie bleiben, bis Jehuda das Gymnasium absolviert hat. Das wären also etwas mehr als zwei Jahre. Noch eine Weile hin.

Vielleicht sind es gerade diese Grübeleien, die mir noch deutlicher vor Augen führten, wie fest verankert Braina mittlerweile in den zionistischen Kreisen Berlins ist. Neulich war Faivel wieder einmal in Danzig, und ich lud Braina ein, mit mir zum Festabend anlässlich des einjährigen Bestehens der *Iwria* zu gehen. Noch als wir an der Garderobe standen und sie ihren Pelzmantel abgab, kamen Freunde auf sie zu, Damen ebenso wie Herren. Man grüßte und umarmte sich, an Komplimenten wurde nicht gespart. Manche fragten nach Faivel, andere plauderten mit ihr über dieses und jenes, alles in verschiedenen Sprachen. Sichtlich genoss sie die Aufmerksamkeit und Wertschätzung.

Der Festabend dauerte länger als erwartet. Nachum Lewin, der unermüdliche Leiter der *Iwria*, eröffnete das Programm. Auf seine und weitere Grußworte folgten Darbietungen, die der »Dramatische Kreis« der *Iwria* einstudiert hatte: Pantomime, Deklamationen und dramatische Szenen. Im Publikum war auch Nissan, aber er musste sich schließlich dem Willen seiner mürrischen Frau beugen, die ihn drängte, vorzeitig zu gehen. Als die ganze Feiergesellschaft zu singen begann, verließen die beiden den Saal.

»Wir bleiben bis zum Ende«, bestimmte Braina energisch. Sie war bestens gelaunt.

Vor Kurzem – und mit Begeisterung – hatte sich Braina dem Damen-Komitee angeschlossen, das den *Chanukka*-Ball des *Keren Kayemet* vorbereitete. Überhaupt ist sie jetzt viel außer Haus: Mal nimmt sie an einer Versammlung, mal an einem Vortrag teil. An manchen Abenden bleibt ihr Platz am Esstisch verwaist. Anfang Dezember wurde im Beisein führender Berliner Zionisten der Tonfilm *Frühling in Palästina*, der beeindruckende Bilder vom Aufbau der »Jüdischen Heimstätte« zeigte, im Mozartsaal vorgeführt: Braina kam hellauf begeistert zurück. Den ganzen Tag über, und manchmal sogar spät am Abend, klingelt in der Villa das Telefon. Ayala kann es nicht ausstehen. »David, erinnerst du dich, dass Onkel Mendel unser Telefon ›Stefan 9073‹ spaßhalber ›der heilige Stefan 9073‹ nennt? Jetzt weißt du auch, warum der Anschluss im Adressbuch unter Mamas Namen aufgeführt ist.«

24 Schabbat, 9. März 1929

Ein grausamer Winter. Einige Wetterforscher behaupten, dass Europa noch nie so eine eisige Kälte erlebt hat wie in diesem Winter. An manchen Orten sanken die Temperaturen auf bis zu dreißig Grad minus; Teile der Nordsee froren zu. Schiffsfähren saßen im Packeis fest, Inseln waren von der Außenwelt abgeschnitten. Auch Berlin litt unter der Kälte. Eine dicke Eisschicht bedeckte die Seen und die Spree, Bäume ächzten unter der Last des Schnees. Der Alltag kam hin und wieder fast gänzlich zum Erliegen. Die Zahl der Arbeitslosen stieg auf über drei Millionen.

Als Erste erkrankte Ayala. Stundenlang hatte sie mit ihren Freundinnen im verschneiten Park hinter der Villa getollt. Die Mahnungen von Frau Wandschneider, doch wenigstens Handschuhe und Schal anzuziehen, ignorierte sie. Schließlich komme sie aus einem Land, in dem es Schnee »noch und nocher« gebe. Neun Tage fehlte sie in der Schule. Sie war keineswegs traurig darüber.

»Ein Schnupfen saß auf der Terrasse, auf dass er sich ein Opfer fasse«, kicherte sie.

»Wenn du schon Morgenstern zitierst, dann solltest du es wenigstens richtig tun: ›Ein Schnupfen hockt‹«, neckte sie Jehuda. Ayala schenkte ihm keine Beachtung und schnäuzte aus *dafke* kräftig in ein Taschentuch.

Bald darauf wurden Jehuda und ich krank. Nissan behandelte uns alle, bis eine schwere Erkältung auch ihn außer Gefecht setzte. Er bat daher Dr. Rose, nach uns zu schauen.

Braina blieb ebenfalls nicht verschont. Als sie gegen Mittag von einer Sitzung heimkehrte (»wichtig«, sagte sie bedeutungsvoll), überkamen sie Schüttelfrost und Schwindel. Das Fieber stieg und stieg. Zwei Wochen lang konnte sie das Bett nicht verlassen. Faivel verbarg seine Beunruhigung nicht. Dr. Rose stellte mehrere Rezepte aus, aber sie befolgte nur die üblichen Ratschläge von Nissan: Bett, Aspirin und *goldene jojch*, das jüdische Allheilmittel: die Hühnersuppe.

»Ich bin gesund«, erklärte sie, als sie zum ersten Mal wieder in Faivels Bureau trat. Seit ihrer Erkrankung hatte ich sie nicht gesehen. Ihr Gesicht war blass, das Haar noch etwas zerzaust – ein eigenartiger Anblick, da sie sich sonst stets tadellos frisiert zeigte. Ihre unsicheren Schritte ließen erkennen, dass sie noch immer geschwächt war.

»Zumindest habe ich etwas Gewicht verloren«, scherzte sie. »Und ––«, aber ein Hustenanfall kam dazwischen. Faivel brachte ihr rasch ein Glas Wasser. »Es ist wichtig, dass Faivel sich nicht angesteckt hat«, fuhr sie fort.

»Und es ist wichtig, dass er sich nicht anstecken wird«, kommentierte ich.

»Diesmal hast du recht, Duvidl«, lächelte sie und ließ uns wieder allein.

Die Einweihung des *Beit Am Ivri*, des Hebräischen Volksheims, rückte näher. Die Kälte nahm derweil unerbittlich zu: Berlin war unter Schnee begraben.

»Selbstverständlich gehe ich«, erklärte Braina.

Faivel sprach mit Nissan, damit dieser sie zur Einsicht bringe.

»*Saj nit kejn giberte*«, ermahnte Nissan sie, sie solle nicht die Heldin spielen.

Doch in seinem Innersten wusste Faivel, dass es aussichtslos war, sie von der Teilnahme abzubringen. Schließlich markierte die Gründung des Volksheims nicht nur für Braina, sondern für uns alle den Beginn eines neuen Kapitels im zionistischen Leben hier in Berlin.

»Braina ist eine von zweien«, erzählte mir Faivel.

»Und wer ist die zweite?«

Braina, die elegante Dame von Welt. Aufnahme aus den frühen 1930er Jahren.

»Margot«, sagte er, »Margot Rosner. Im Vorbereitenden Ausschuss sitzen zwölf Männer, aber nur zwei Frauen.«

Am Sonntag, den 17. Februar, versammelten wir uns in dem schönen Gebäude in der Grolmanstraße 36. Weil die Nachfrage so groß und die Zahl der Plätze begrenzt war, durften ausschließlich geladene Gäste teilnehmen. Der Vorbereitende Ausschuss hatte großartige Arbeit geleistet. Die sieben Räume des Hauses waren mit viel Hingabe geschmückt. Hebräische Buchstaben und Wörter zierten die Wände. Überall stand man eng gedrängt beieinander, aber doch herrschte eine freudige und hochzufriedene Stimmung. Zwischen den Grußworten und Reden sang man gemeinsam hebräische Lieder; man konnte fast den Eindruck haben, wir seien nicht in Charlottenburg, sondern in Erez Israel ... Auch Georg Kareski, der neue Vorsitzende der jüdischen Gemeinde, sprach seinen Gruß auf Hebräisch, wenngleich er die Worte vom Blatt ablas und sich mit der korrekten Aussprache schwertat. Er sicherte die Unterstützung der Gemeinde zu und machte deutlich, dass die Sache auch ihm persönlich sehr am Herzen lag.

Alle Redner waren sich vollkommen einig, dass die Gründung des Hebräischen Volksheims ein Meilenstein sei. Aber gebe es in Berlin überhaupt Interesse an der hebräischen Sprache und Kultur? Und wie! Zuvorderst unter denjenigen, die aus dem Osten hierhergekommen sind, sei es vorübergehend oder dauerhaft; des Weiteren junge Menschen, die aus Erez Israel zum Studium oder für eine berufliche Ausbildung nach Berlin gekommen sind; und schließlich deutsche Zionisten. Letztere bilden bisher eine kleine Schar, aber ihr Zahl steigt. Aus meiner Erfahrung als Hebräischlehrer weiß ich: Einige bleiben hingebungsvoll bei der Sache; andere beginnen begeistert, verlieren dann den Elan und geben schließlich enttäuscht auf. In der letzten Zeit hat sich das Angebot jedenfalls vergrößert. Auch die hebräische Lehranstalt der Gemeinde hat mehr Sprachkurse angesetzt, in verschiedenen Jugendbewegungen haben sich hebräische Gruppen gebildet, darunter unsere *Iwria*. In Privathäusern gibt es hebräische Kindergärten.

Und doch herrschte bislang das Gefühl vor, dass es an einem gemeinsamen Ort und Geist fehle. Zu diesem Zweck wurde das Volksheim gegründet. Alle Redner stimmten überein, dass der Zeitpunkt gekommen sei, in Berlin eine zentrale Stätte für die lebendige Entfaltung der hebräischen Bewegung zu schaffen. Hebräischkurse für Jugendliche und Erwachsene allein reichten nicht aus. Im Volksheim werde es auch Gesprächskreise, Vorträge und Diskussionen geben, Gruppen für hebräischen Gesang und dramatische Aufführungen, einen Lesesaal mit hebräischen Zeitungen sowie eine reich bestückte hebräische Bibliothek.

Kurzum, ein neues Kapitel in unserer Chronik. Wir sind voller Hoffnung und Zuversicht.

Unmittelbar im Anschluss an die Feier begann die Arbeit: Die finanziellen Mittel werden nun sondiert, erste Überlegungen für Veranstaltungen angestellt, Räume für Sprachunterricht und andere Zwecke zugeteilt. Das Heim wird die ganze Woche über, auch am Schabbat, geöffnet sein. Und wer möchte, kann dort eine koschere Mahlzeit bekommen. Ein engerer Vorstand und ein Rat teilen untereinander die vielfältigen Aufgaben auf, die zur Leitung und Umsetzung notwendig sind. In diesem Vorstand sitzen neun Männer, im Rat fünf Männer und eine einzige Frau.

Ich beglückwünschte Braina mit einem Blumenstrauß.

»Eine Ehre?«, kokettierte sie. »Die Ehre gebührt den Gratulanten, nicht dem Geehrten.«

»Und für die Ehre bezahlt sie mit ihrer Gesundheit«, mischte sich Jehuda ein. »Sie kommt nach Hause und beklagt sich über Kopfschmerzen. Nachts kann sie nur schwer einschlafen. Auf ihrem Nachttisch liegen allerlei Tabletten und Beruhigungsmittel – –«

»Du übertreibst, Juditzl«, beschwichtigte Braina.

»Du hast doch selber gesagt, dass sich alle für die Idee begeistern, aber wenn man zur Tat schreitet ...«

»So ist es nun einmal unter klugen Juden«, lächelte sie.

Als Faivel aus Danzig zurückkehrte, erzählte ich ihm von meinen Neuigkeiten: Das Volksheim hatte mich eingeladen, Hebräischstunden zu geben. Faivel fragte, wie ich dazu stünde, um wie viele Stunden es gehe und wie es sich auf meine Arbeit bei Tietz auswirken würde.

Nachdem ich es ihm dargelegt hatte, bemerkte Faivel: »Ich nehme an, dass auch die Honorierung angemessen ist.«

»Selbstverständlich«, antwortete ich – und fragte, ob Braina ihre Hand im Spiel hatte.

Er schloss die Augen und schmiegte seinen Kopf in die rechte Hand.

»Braina, meine Braina. Fünf Männer im Rat. Drei bekannte Doktoren, dazu Direktor Berggrün, der Lehrer Lewin ... und sie. Die einzige Frau. Erstaunlich, nicht wahr? An der Universität hat sie nie studiert, sie führt keinen Titel, Bücher hat sie nicht geschrieben. Seit ihrer Kindheit begleite ich sie auf ihrem Weg, in der Schule des Lebens. Ich möchte, dass sie glücklich ist«, fuhr er fort, als gleite er langsam in einen Traum. »Aber entschuldige, mein Lieber, ich schweife ab. Ich werde Marie bitten, uns einen Tee zu bringen«, sagte er und zündete sich eine Zigarette an.

Allmählich zeichnet es sich ab: Nach seinem Abitur in etwa zwei Jahren wird Jehuda höchstwahrscheinlich an der Universität hier in Berlin studieren. Lange Gespräche und Meinungsverschiedenheiten waren der Entscheidung vorausgegangen.

»Sie sagten, ich solle das Zimmer verlassen«, erzählte mir Ayala.

Warum? Sie verriet es mir nicht.

Hingegen hörte ich von ihr zum ersten Mal vom Institut für Mathematik an der Hebräischen Universität in Jerusalem. »Was, du wusstest nichts davon?«, fragte sie mit sichtlicher Genugtuung, mir etwas vorauszuhaben.

Ich schloss daraus, dass Jehuda die Absicht hegte, Mathematik zu studieren, und dass Jerusalem zur Debatte gestanden hatte. Das dortige Institut trägt den Namen unseres Berliner Professors Einstein, wie kürzlich in der Zeitung zu lesen war. Die Presse berichtete aus Anlass seines fünfzigsten Geburtstags ausführlich über ihn. Der Jubilar machte sich übrigens nichts aus den Feierlichkeiten, angeblich hatte er sogar die Stadt verlassen und sich in das Haus eines Freundes an der Havel zurückgezogen. »Deutschland ist stolz auf den großen Wissenschaftler«, schrieb Reichskanzler Müller in seinem Gratulationsschreiben. Auch unsere Leute sangen Loblieder auf Einstein und priesen vor allem sein beherztes Eintreten für Erez Israel. Der Präsident der Zionistischen Vereinigung für Deutschland, Kurt Blumenfeld, rief zu einer Spendenaktion für die Pflanzung eines Einstein-Walds unweit von Jerusalem auf. Braina kam dem Aufruf sofort nach. »Aus zwei Gründen«, erklärte sie. »Zu Ehren des Mannes, aber vor allem, auf dass es mehr Bäume in unserem Land gebe.«

Ich vermute, dass die Diskussionen über Jehudas Studium bei Braina den Wunsch weckten, einen literarisch-musikalischen Tee-Abend für den Hilfsfonds des Verbandes Jüdischer Studentenvereine in Deutschland zu organisieren. Vor Kurzem ist die Zahl der jüdischen Studenten an deutschen Universitäten veröffentlicht worden. An der Spitze der Liste steht die Berliner Universität, wo es tausendeinhundert an der Zahl sind. Diese eigentlich erfreuliche Nachricht wurde jedoch überschattet von einer Prügelei. Studenten aus den Reihen der Hakenkreuzler griffen jüdische Kommilitonen beim Betreten der Vorlesungssäle an. Sie prügelten auch auf die nichtjüdischen Studenten ein, die zur Hilfe eilten – die meisten von ihnen Sozialisten.

Meine besten Jahre liegen hinter mir, dachte ich, als ich beim Benefizabend die drei energischen jungen Leute sah. Einer ist blond wie ein *Goj* aus dem Bilderbuch; zu seiner Rechten eine junge Frau mit einem einnehmenden Lächeln und als Dritter im Bunde ein hochgewachsener Bursche mit einem karierten Jackett. Ich war gespannt, von ihnen mehr über die politische Stimmung und die Arbeit der Studentenvereine zu erfahren. Leider kam die Rede kaum darauf. Zu viele Programmpunkte für einen Abend. Kantor Leo Gollanin sang Lieder auf Hebräisch und Jiddisch, Chorleiter Arno Nadel führte uns in die Geheimnisse der jüdischen Volksmusik ein. Nadel ist auf allen Gebieten der Musik bewandert und versteht es, ihren Zauber dem Publikum auf ebenso sympathische wie bescheidene Weise zu vermitteln. Er berichtete, dass er bereits seit vielen Jahren jüdische Volkslieder sammele und veröffentliche. Einige dieser Lieder stimmte die junge Sängerin Anna Molk im Salon für uns an. Alle drei Musiker stammen aus Russland, wie die anwesenden Gäste, mit Ausnahme von zweien – einer davon ich.

Die Spenden für den Studentenverband wurden in einer alten Hutschachtel Faivels gesammelt, die von Ayala mit blauen Davidsternen verziert worden war. »Das sind Leute, auf die man sich verlassen kann«, fand Braina. »Keiner von ihnen schwimmt in Geld, aber alle sind sie großzügig.«

In jenen Tagen begann Nissan, Pläne für eine Reise nach Erez Israel zu schmieden. Es hatte auch mit seiner Frau Rachel zu tun. Die Ehe ist kinderlos geblieben, und Rachel trägt schwer daran. Sie ist eine melancholische Frau, die man nur in schwarzen Kleidern sieht. Mit Berlin hadert sie, die Stadt ist ihr fremd geblieben. Gegen ihren Trübsinn scheint kein Kraut gewachsen. Nissan setzte seine Hoffnung auf die Reise. In Erez Israel wollte er ausloten, wie seine Chancen als Arzt stehen. Seine Eltern hatten ihn und seinen Bruder Mendel seinerzeit nach Deutschland geschickt, um Medizin zu studieren. In Berlin hat sich Mendel dann für eine Spezialisierung in der Augenheilkunde entschieden. Er wollte den Kampf gegen Trachome unterstützen, die in Erez Israel unter Juden und Arabern so viel Leiden verursachen. »Was für eine Ironie des Schicksals«, merkte Nissan an. »Unser Mendel, einst ein so glühender Zionist, ist zu einem passionierten Jiddischisten geworden. Von den hehren Plänen ist nicht viel geblieben. Seitdem er nach Litauen zurückgekehrt ist, genügt ihm als Arzt die Praxis in Kowno. Und ich? Wer weiß, ob ich in Erez Israel überhaupt eine Stelle als Hausarzt finde …«

»Wenn Rachel mit dir fährt, wird sie nicht nach Berlin zurückwollen«, meinte Braina.

Faivel schwieg. In ihm reifte der Entschluss, mitzureisen.

An Gründen fehlte es nicht. Schon seit Längerem hat er keine Nachricht mehr von seinem Cousin Tanchum Frank in Hadera erhalten. Wie war das zu erklären? Was war aus den Orangenhainen geworden, die er ihm anvertraut hatte? Die Erntesaison stand kurz vor dem Ende, und in der Presse las Faivel, dass die bisherige Exportmenge geringer als im Vorjahr ausgefallen war. Trafen diese Meldungen zu? Ein Vorzeichen für die zukünftige Entwicklung? Und war es ein Fehler gewesen, Geld in Pflanzungen zu investieren, die erst in zwei oder drei Jahren Früchte tragen würden? Was war dran an den Gerüchten, dass Beduinen aus der Gegend von Hadera Orangenhaine überfallen und Bäume ausgerissen haben? Welches Ausmaß hatten die Schäden? All dies ließe sich gewiss leichter vor Ort klären. Und wenn Nissan und er bis Anfang Mai einträfen, könnte er, Faivel, die Reise auch mit einem Besuch der Palästina-Ausstellung verbinden. Es reizte ihn, die neuesten Produkte des Landes in Augenschein zu nehmen und vor Ort zu sehen, was es mit den Nachrichten vom Aufschwung in jüngerer Zeit auf sich hatte. Worauf also noch warten? Schließlich warb die Schiffsgesellschaft Lloyd Triestino damit, dass Besuchern der Ausstellung ein Preisnachlass gewährt werde.

Aber nach langem Hin und Her fiel der Plan ins Wasser.

Nissan zögerte, hieß es. Er hatte ein schlechtes Gewissen. Rachel könne er nicht allein lassen, und ohne sie habe die Reise keinen Sinn. Und sollte sie doch mitfahren – –«

»Genug«, unterbrach Braina. »Das wissen wir alles schon.«

Faivel wollte nicht so schnell aufgeben. »Wir hatten uns doch bereits entschieden – und wir werden fahren.«

Aber am Ende hing es weder an Nissan noch an Braina. Den Ausschlag gaben Herr Oks, der Geschäftspartner in Gdingen, und Ayalas Tränen.

»Du hast mir doch versprochen, dass ich bei der nächsten Reise mitkommen darf«, warf sie ihrem Vater vor und hörte nicht auf zu weinen.

»Unmöglich. Das Schuljahr ist in vollem Gange. Gerade ist sie in die Obertertia gekommen und hat begonnen, Englisch zu lernen. Sie hat es sogar gerne«, sagte Faivel energisch.

»*Ingale hot gemacht a richtige ßzene*«, erzählte Braina mir später. Sie ging zwar nicht in Einzelheiten, aber an dem tiefen Schmerz ihrer Tochter ließ sie keinen Zweifel.

Es war nicht leicht, Ayala zu besänftigen. »Sie ist ein noch größerer Sturkopf als ich«, seufzte Braina. Schließlich versöhnten sich die beiden aber doch – oder besser gesagt, Braina begrub den Zwist mit Ayala, indem sie sie zu einem Teenachmittag der Frauen-Arbeitsgemeinschaft für Palästina im Hotel Kaiserhof mitnahm. Unter den anwesenden Damen stach Ayala hervor: Sie war das einzige Mädchen und genoss es sichtlich. Mehr als vierzig Tische im Saal waren für Tee und Gebäck hergerichtet. Im Anschluss an einen Vortrag über die Bedeutung des neuen Lebens in Erez Israel für die jüdische Frau sprach Sammy Gronemann, der enge Freund der Grüngards. Kürzlich erst war er von seiner ersten Reise ins Land zurückgekehrt, nun beschrieb er auf humorvolle Weise seine Eindrücke: »All das, was ich Jahrzehnte hindurch geschwindelt habe, ist die reine Wahrheit.«

Aber der Höhepunkt des Nachmittags war für Ayala der Bericht vom ersten Zeppelinflug über Erez Israel. Noch tagelang schwärmte sie davon, wie Ministerialdirektor Hermann Badt, ein frommer Jude und Zionist, seine Erlebnisse von der Flugreise Revue passieren ließ. Als der Zeppelin über Tel Aviv schwebte, zog gerade die *Purim*-Parade mit Tausenden Menschen tanzend und singend durch die Straßen. Vom Luftschiff rieselten bunte Papierfetzen herab, ein Geschenk der Flugreisenden zur Feier des Tages. Hunderte von Menschen standen auf den Dächern der Häuser, Kinder stiegen in die Baumkronen. Alle ju-

Die Überflüge des deutschen Luftschiffs *Graf Zeppelin* waren im *Yishuv* stets ein viel beachtetes Spektakel. Hier: der Zeppelin über der Altstadt von Jerusalem, April 1931.

belten dem Zeppelin zu, der leider weiterfliegen musste, weil ihm die britische Mandatsregierung die Landung nicht gestattete.

»Sie werden ihre Lektion noch lernen!«

»Von wem redest du?«, fragte ich.

»Von den Briten!«, antwortete Ayala. »Wir werden nicht aufgeben. Eines Tages werden alle nach Erez Israel kommen können. Über das Meer – und durch die Luft.«

Braina hörte es mit Genugtuung. »Wer hätte gedacht, dass in unserem Haus eine begeisterte Revisionistin aufwächst. Jabotinsky wäre stolz, nicht wahr?«

Bald ist es Mitternacht. Morgen wieder Dienst bei Tietz und abends Hebräischunterricht. Dennoch rasch ein Eintrag. Es war ein denkwürdiger Tag – und dies obwohl am Anfang eine Enttäuschung stand.

»Wenn schon nicht nach Erez Israel, dann zumindest nach Zürich«, verkündete Faivel beschwingt. »Ich bin fest entschlossen, Ende des Monats dorthin zu reisen.«

Zwei Wochen will er in der Stadt verbringen und dabei auch den 16. Zionistischen Kongress besuchen. Aber nur als Zaungast.

Nun hat sich dieser Plan ebenfalls zerschlagen. Nicht nur wegen geschäftlicher Verpflichtungen, sondern auch weil Braina ihn nicht schon wieder alleine verreisen lassen wollte. Nach der Unterrichtsstunde bat sie mich, zu ihm zu gehen. Seine Stimmung sei eigenartig. Wortkarg und verschlossen sitze er im Bureau. Sie sorgte sich, dass die große Hitze auf sein Gemüt gedrückt und ihm das Atmen schwergemacht haben könnte.

So traf ich ihn jedoch nicht an. Er saß gemütlich im Sessel und rauchte eine Zigarette, wiewohl Braina ihm das verboten hatte. Die Fenster waren weit geöffnet. Es war angenehm kühl, eine leichte Brise trug den Duft des Gartens in den dunkel getäfelten Raum. Auf dem kleinen Beistelltisch zu seiner Rechten lag aufgeschlagen ein hebräisches Buch.

Braina trat ein. Sie brachte kalte Getränke und eine Schale mit sommerlichem Obst. Doch entgegen der Gewohnheit machte sie keine Anstalten, wieder zu gehen – ob aus Neugier, was er mir erzählen würde, oder aus Sorge um ihn.

»Wir sind allein im Haus«, ermunterte sie mich. Fräulein Ladebeck habe frei, und Suppik sei mit dem Wagen zu seinen Eltern gefahren.

Ich hörte ihr nur mit halbem Ohr zu. Neugierig schielte ich nach dem Buch. Was las er da? Aber noch bevor ich ihn fragen konnte, wechselte Braina das Thema und ergriff resolut das Wort: »Kongress hin oder her – du weißt doch, David, Zionisten sind wir seit eh und je.«

Faivel nickte.

»Bei uns in Wirballen sprach und lernte man von Kindheit an

Hebräisch. Man las *Ha-Melitz* und spendete für die *Chovevei Zion*«, erzählte sie mit lebhafter Stimme. »Wir hatten sogar ein zionistisches Orchester. In der Schule feierten wir *Tu bi-Schwat* und sangen die *Hatikva*. Der zionistische Verein versorgte uns mit Früchten aus Erez Israel.« Sie wandte sich zu Faivel. »Ich war damals ein kesses Mädchen, erinnerst du dich? Woher habe ich nur den Mut genommen, alleine auf der Bühne zu stehen und ein hebräisches Lied zu singen …«

Braina schenkte die Limonade ein und reichte jedem von uns ein Glas.

»Abends pflegten sie sich zu treffen, allesamt waren sie Zionisten durch und durch: David Hillenberg, der *bal-chalojmeß*; der musikalische Nehemia; meine Brüder und Faivel, der immer ein hebräisches Buch in seiner Jackentasche dabeihatte. Man sagte, dass er eine poetische Ader habe. Sie saßen bis zum Morgengrauen zusammen und wollten alle Probleme der Welt lösen, besonders die Sorgen der Juden, das, was die dummen Antisemiten die ›Judenfrage‹ nennen.«

Faivel hörte zu, ohne etwas zu sagen. Er schmiegte seinen Kopf in die rechte Hand, so wie er es beim Nachdenken immer tut.

»Erzähl ihm doch etwas über den Kongress!«, ermunterte ihn Braina.

Faivel schwieg.

Sie hatte ein schlechtes Gewissen wegen der abgesagten Reise nach Zürich. Und ich hatte das Gefühl, zwischen zwei Stühlen zu sitzen.

»Ich weiß, dass er einst am VI. Zionisten-Kongress 1903 teilgenommen hat«, bemerkte ich.

»Nicht nur das! Er hat gegen Uganda gestimmt – –«

Die Tür ging auf. Ayala, in kurzer Sommerhose und barfuß, steckte ihren Kopf ins Zimmer. Sie entschuldigte sich und bat mich, den Aufsatz zu lesen, der morgen fällig sei. »Am besten, du lässt zwei oder drei Fehler übrig«, fügte sie verschmitzt hinzu. »Dann wird die Lehrerin nicht meinen, dass man mir geholfen hat.« Ich nickte – aber sie blieb in der Tür stehen. »Worüber habt ihr da gerade geredet?«, fragte sie. »Ich hörte Uganda.«

Diesmal kam mir Ayalas Naseweisheit wie gerufen. Wie sich bald herausstellte, hatte sie die Geschichte zwar schon mehr als einmal gehört, aber ich wusste bisher nichts über dieses wichtige Kapitel im

— 225 —

helm Reich, Rabb. E. Regensberg, Bakier Leo Reichenbach, Schuldirektor Adolf Reichenthal, Rabb. Abr. B. Reines, Kaufm. A. J. Rom, Ing. B. Rones. Kaufm. Samuel Rosen, Dr. J. Rosenblatt, Fabriksbesitzer Litmann Rosenthal, Dr. Sal. Roschak, Rabb. M. A. Roth, A. Rothband, Frau Sophie Robitschek, Kaufm. Sig. L. Rubinstein, Kaufm. Sch. Russota, Kaufm. Sam. Rusznyak.

Stationschef M. Sack, Kaufm. Isr. Salzberg, Dr. Aron Sandler, Fabriksbesitzer Sch. Schuwal, Lehrer S. Schachnowitz, Arzt Dr. Isidor Schalit, Kaufm. U. Schatz, Rabb. G. Silverstone, Rechtsanw. Dr. Rudolf Schauer, Oberstabsarzt Dr. M. Schkudsky, Kaufm. Jakob Schnelling, Kaufmann Gustav Schwahe, Redakteur Siegmund Seeligmann, Isak Segal, Frau Julie Shanbau, Kaufm. Viktor Schapira, stud. M. Silberfarb, Fabrikant A. Silbermann, Kaufm. H. Silbermann, Arzt Dr. M. Silbermann, Schriftsteller Dr. N. Sirkin, J. Simons, Kaufm. Julius Simon, Arzt Dr. Emil Simonsohn, Journalist Fritz Sondheimer, Kaufm. Sam. Spira, Fabrikant Siegm. Jakob Steinmann, Dr. med. Josef Stein, Rabb. Dr. Max Starypolsky, Kaufm. Hermann Steiner, Kaufm. Siegmund Stegmann, Architekt Markus Sternlieb, Kunstmaler Hermann Struck, Fabrikant J. Straussberg, Kaufm. Julius Strauss, Redakteur J. Suwalsky, Dr. juris Angel Sullam, Kaufm. C. Sulzberger.

Frl. Dora Taylor, Kaufm. A. Trinestone, Kaufm. E. Torczyner.

Dr. med. Umanski.

Kaufm. Siegmund Veit.

Professor Dr. Otto Warburg, Kaufm. M. W. Waldhorn, L. Warschawitsch, Kaufm. Moritz Weil, Kaufm. M. Weiss, Gutsbesitzer Siegmund Weissglass, Rechtsanwalt Dr. R. Weissmann, Kaufm. E. Weizmann, Kaufm. Moses Weizmann, Redakteur Dr. Siegmund Werner, Josef Wimborne, Kaufm. M. Wimborne, Kaufm. D. Wolffsohn, Frau D. Wolffsohn.

Israel Zangwill, Rabb. Dr. Zemach, Kaufm. M. B. Zerkirskin, Dr. chem. M. Zetlin, Dr. Herbert Ziedenwald, Arzt Dr. Theodor Zlocisti, stud. phil. Moritz Zobel, Journalist Leon Zolotkoff.

Mit „Nein" stimmten:

stud. Z. Aberson, Rabb. Israel Abraham, stud. Mich. Aleinikoff, Salomon Aronstamm, Dr. F. Arschawski, stud. R. Awerbach.

Rabb. M. Barischanski, cand. phil. A. M. Baruchow, Lehrer Israel Belkind, Isak Berger, Dr. juris Elias Berlin, Kaufm. M. Berlin, Kaufmann F. Bermann, Dr. Max Bernstein, Rabb. Mark Bilis, Kaufm. J. B. Blumberg, Kaufm. Josef Blumfeld, Kaufm. M. Bogatirow, stud. phil. Ch. Bogratschoff, stud. juris B. Bragin, Schriftsteller R. Brainin, Josef Bregmann, Dr. Julius Bruzkus, Schriftsteller Martin Buber.

Kaufmann Josef Chelmer, cand. med. Ch. Chissin.

Dr. phil. S. Daiches, stud. Max Dembo, M. Dizengoff.

Kaufm. Jakob Emanuil, Isak Epstein.

Schriftsteller Berthold Feiwel, Bankier M. Feldstein, Lehrer Ch. Fialkoff, Kaufm. M. Finkelmann, Dr. A. Freudenberg, Dr. Isr. Friedlaender, Rabb. H. Friedland, P. Friedmann.

Studentin Fanny Ginsburg, Prof. Dr. Louis Ginzburg, Dr. jur. Boris Gissin, Louis Glaser, Moses Glikin, M. Goldstein, Kaufm. Isak Goodman, stud. A. E. Gordon, stud. ing. Saul Gordon, Kaufm. B. Gottesmann, Kaufm. Moses Granowsky, Amalie Grünberg (geb. Kurzer), Jakob Grünberg, Kaufm. Sch. F. Grüngard, Gutsbesitzer B. Günzburg.

Kaufmann E. J. Heilligmann, Dr. M. Heilpern, Kaufm. Abraham Henschaft, Dr. M. Huchmann, Kaufm. M. S. Hurwitz (Minsk), Bankier S. Hurwitz (Gluchow).

15

»Kaufm[ann] Sch[raga] F[aivel] Grüngard« (vierte Zeile von unten) unter den Neinsagern zu Herzls Uganda-Plan. Aus: Stenographisches Protokoll der Verhandlungen des VI. Zionisten-Kongresses in Basel (Wien: Verlag des Vereines Erez Israel, 1903), S. 225.

Leben meines Freundes, obwohl ich ihn nun schon seit mehr als fünf Jahren kenne.

Nicht beim VI. Zionistischen Kongress in Basel, sondern im ostpreußischen Grenzstädtchen Eydtkuhnen hatte Faivel kurz zuvor zum ersten Mal sein großes Idol Theodor Herzl mit eigenen Augen gesehen. Am Vorabend war er von Wirballen aus in einer einfachen Kutsche mit Brainas Brüdern zur Grenze gefahren. Von dort gingen sie zu Fuß zum Bahnhof auf der preußischen Seite. Stunde um Stunde verstrich, zwischendurch fiel leichter Sommerregen. Aber keiner der Männer kehrte um. Schon bald würde die Nacht enden, und sie warteten noch immer mit gespannter Erwartung am Perron. Flinke Amseln begrüßten zwitschernd den Morgen. Ein neuer Tag brach an, eine Gruppe Gendarmen löste die Nachtwächter ab. Aber Herzl war nicht zu sehen. Sie begannen zu zweifeln. Im Bahnhof erwachte derweil das Leben: Droschken kamen an und fuhren fort, Koffer wurden hin- und hergetragen, der Perron füllte sich mit Reisenden. Und plötzlich – das scharfe Pfeifen einer nahenden Dampflok. Es war der Zug, der Wilna um Viertel vor zwei in der Nacht mit Ziel Berlin verlassen hatte.

Alles, was anschließend geschah, erschien ihnen wie ein Traum. Seither erzählt man sich bei den Sudarskis von jener Nacht, ja man erzählt immer und immer wieder von ihr, so wie es an *Pessach* heißt: ›*Es bliebe dennoch unsere Pflicht, den Auszug aus Ägypten zu erzählen, und jeder, der den Auszug aus Ägypten ausführlich erzählt, ist rühmenswert.*‹ Der Zug machte nur einen kurzen Halt in Eydtkuhnen. Begeisterte Lebehochs, Blumensträuße, Worte des Dankes – dann hob das schwere Schnaufen der Lok wieder an, und der Zug setzte seine Reise nach Westen fort.

Braina war damals zwölf Jahre alt. Mit tränenüberströmtem Gesicht schloss sie sich in ihrem Zimmer ein, nachdem ihre Brüder entschieden hatten, sie nicht zum Bahnhof mitzunehmen. Mit dunklem Bleistift – und etwas jugendlicher Übertreibung – zeichnete sie ein Portrait Herzls mit wallendem Bart und großen schwarzen Augen. Es fehlte freilich die Müdigkeit in seinem Gesicht, die Faivel am Perron so sehr aufgefallen war. In der Familie sagte man dennoch stolz: »Wenn wir schon keine Aufnahme haben, dann zumindest das Portrait von Brainas Hand.«

Bald darauf fuhr auch Faivel nach Basel. Wie lange schon hatte er davon geträumt, als Delegierter am VI. Zionistischen Kongress teilzunehmen. Beim vorangegangenen Kongress – dem fünften – schickte er im Namen der Familie Grüngard ein Gratulationsschreiben. So machten es auch die Sudarskis, und dies bereits seit dem dritten Kongress.

Basel, mit seiner reizvollen Lage am Rhein, bezauberte Faivel. Als er den Bahnhof verließ, schimmerte der Horizont in weichem Abendlicht. Hebräische Wörter drangen an sein Ohr. »Basel war in den Händen von Zionisten«, erzählte er uns. »Man traf sie in den Straßen, in den Weinstuben und bei Spitz, dem schönen Café unweit der mittleren Rheinbrücke.«

»Nie werde ich die Aufregung vergessen, die mich bei seiner Rückkehr erfüllte«, ergänzte Braina. »Ich blickte Faivel mit Ehrfurcht an. Ein neuer Mensch. Auf seinem Kopf ein eleganter Zylinder. Ich war zu schüchtern, ihm entgegenzutreten.«

Ayala, die im Schneidersitz auf dem Teppich saß, kicherte laut.

»Warum lachst du?«, mokierte sich Braina. Ayala entschuldigte sich: »Sei mir nicht böse, Mama. Papa soll weitererzählen.«

Und Faivel fuhr fort und erzählte von seiner Rückkehr nach Wirballen und der Sonderversammlung der dortigen Zionisten, die auf seinen Kongress-Bericht neugierig warteten. An jenem Abend war der Saal vollkommen überfüllt. An den Holzwänden hingen Ansichten von Jerusalem und ein seidenes Banner mit den Worten des Propheten Jesaja: ›*Um Zions willen will ich nicht schweigen.*‹ Die Sonne brannte den ganzen Tag über. Wer keinen Stuhl ergattert hatte, lehnte an den offenen Fenstern oder saß auf dem Holzboden. Alle Blicke waren auf Faivel gerichtet. »Nun erzähl schon!«, drängten sie ihn.

Wo sollte er anfangen – und was aussparen? Ausgerechnet ihm, von Natur aus wortkarg, oblag es, ihnen ausführlich Bericht zu erstatten. Die Kontroversen der Kongresstage beschäftigten ihn noch immer und ließen ihn nicht los.

»Wussten sie in Basel, dass du aus Wirballen kommst?«

»Ich habe es erzählt.«

»Und dass der Zionismus bei uns kein Lippenbekenntnis ist?«

»Musste ich nicht eigens erwähnen.«

»Und dass wir großzügig spenden – –«

»Liebe Freunde – –«

»Sprich lauter!«

»Lasst ihn doch erzählen!«

»Aber enthalte uns die Wahrheit nicht vor.«

Ayala war ganz nah an den Sessel herangerückt. Auch ich hörte gebannt zu.

»Ich fragte mich, weshalb ich mir so sehr gewünscht hatte, als Delegierter am Kongress teilzunehmen«, fuhr Faivel fort. »Meine Freunde und Mitstreiter in Wirballen meinten es gut, aber eine Spannung wie an diesem Abend hatte ich nie zuvor erlebt. Doch was blieb mir übrig? Ich musste ihnen berichten.«

Und so berichtete er der Versammlung in Wirballen zunächst über Herzls Eröffnungsrede. Das ungeheure Blutbad während des Pogroms in Kischinew hatte den großen Mann erschüttert. Der Schmerz stand ihm ins Gesicht geschrieben. »Kischinew ist überall, wo Juden an Leib oder Seele gequält werden«, hatte Herzl ausgerufen und dazu aufgefordert, diejenigen zu retten, die noch zu retten seien.

Doch eine kleine Gruppe Empörter im Saal ließ Faivel nicht ausreden. »Afrika!«, rief einer von ihnen dazwischen. Ein anderer tat es ihm nach und zitierte aus der Genesis: »*Warum hast du mir das angetan? Habe ich dir nicht um Rahel gedient? Warum hast du mich denn betrogen?*«

Bewusst hatte Faivel vermieden, Herzls Vorschlag zu erwähnen. Er wollte die Stimmung im Saal nicht unnötig aufheizen. Stattdessen erzählte er von den Zionisten, die von nah und fern nach Basel gekommen waren. Jene, denen die Sorge um das jüdische Volk keine Ruhe lasse. Auch von der russischen Landsmannschaft, den Delegierten aus Russland, die sich dem Baseler Programm ohne Wenn und Aber verpflichtet fühlten.

»Doch einige meiner Freunde in Wirballen wollten das partout nicht hören. Ich stand beschämt vor ihnen.« Im Saal herrschte Aufruhr. Zwar gab es viel Zustimmung und Unterstützung, aber die Gegner fuhren mit lauten Rufen und trampelnden Füßen immer wieder dazwischen. »Erzähl uns doch über den Vorschlag, Faivel! Umzingle uns nicht mit

Lüge!« Ein anderer rief: »Erzähl uns von den Löwen Afrikas und den jiddischen Elefanten!«

Selig, sein inniger Freund, versuchte die Gemüter zu beruhigen, vergeblich.

Faivel kam nicht umhin, seinen Gesinnungsfreunden von dem bitteren Augenblick zu berichten, in dem das britische Angebot aufgerufen wurde: eine autonome jüdische Ansiedlung in Ostafrika. »Ein Nachtasyl«, so nannte Dr. Nordau den Vorschlag, ohne viel Enthusiasmus. »Aber prüfen wir, was dran ist.« Herzl blieb auf seinem Standpunkt stehen. Eine Expedition sollte in das in Aussicht gestellte Gebiet entsandt werden.

Faivel war einer von 178 Neinsagern. 295 stimmten für den Vorschlag. Unter den 99 Delegierten, die sich enthielten, waren Ehrenpreis und Sokolow. Im Nachhinein wurde behauptet, dass sie es nur aus Respekt für Herzl taten.

In Wirballen wollten sie alle Einzelheiten über die Ereignisse beim Kongress wissen. Faivel berichtete ihnen daher, dass er und die anderen Neinsager nach der Abstimmung den Kongresssaal verlassen und sich in einen Nebensaal zurückgezogen hatten. Tief saßen der Schmerz und die Enttäuschung. Als Herzl davon erfuhr, suchte er sie spät am Abend auf. Doch diesmal empfing ihn kein Beifall. In einer bewegten Rede bekräftigte Herzl, dass er das Baseler Programm nicht in Frage stelle. Sein Sinnen und Trachten gelte nach wie vor Zion. Einige im Saal konnten ihre Tränen nicht zurückhalten und – –

»Verräter!«, wurde Faivel jäh unterbrochen.

»Maßt euch kein Urteil über Herzl an!«, konterte er dem Zwischenrufer und fuhr dann fort, über die Abschlussrede auf dem Kongress zu berichten. Herzl habe versichert, dass am Baseler Programm nichts geändert werde – ja mehr noch, er habe nicht nur seinen Unterstützern gedankt, sondern auch seinen Opponenten Respekt gezollt: Man könne sich nur auf diejenigen stützen, die mit einem nicht einverstanden seien. Und dann habe er, Herzl, auf Hebräisch geschlossen: *»Im eschkachech … Vergesse ich dein, Jerusalem, so werde meine Rechte vergessen«*, wie es im Psalm heißt.

Unter Faivels Zuhörern in Wirballen brandete Beifall auf. Er war erleichtert. Doch dann erhoben sich erneut zwei der Anwesenden und verlangten das Wort: »Herzl hat seinen Beitrag geleistet. Und er hat viel Gutes getan. Aber für Kompromisse und Zugeständnisse gibt es keinen Platz.«

Kurzum, der Abend im überfüllten Saal endete so stürmisch, wie er begonnen hatte. Dabei war die Frage, ob Erez Israel oder Afrika, in den Herzen längst beantwortet. In Wirballen waren sie alle für Erez Israel, und dies schon seit Langem. Einige waren bereits nach Erez Israel ausgewandert; andere träumten von Zion, ohne es verwirklichen zu können; und schließlich gab es diejenigen, die bereits alles hingebungsvoll vorbereitet hatten, aber den Aufbruch hinausschoben.

»Wie wir«, murmelte Ayala leise, aber für alle vernehmlich.

27 Sonntag, 8. Dezember 1929

In den letzten Wochen erinnerte ich mich mehrmals an jenen Satz, den Faivel beim Einzug in die Villa gesagt haben soll: nicht »*higanu habayta*, wir sind daheim angekommen«, sondern »*se ha-Bayit*, das ist das Haus«. Es ist was dran. Für viele Juden ist Berlin nur eine Durchgangsstation. Die Augen sind nach Zion gerichtet – und so auch das Sehnen in ihrem Herz. Sie unterhalten sich stundenlang über das Leben dort, im *Yishuv* – bis sie plötzlich wie aus den Wolken fallen und merken, dass sie noch in der *Gola* sind. Was um sie herum im Alltag passiert, raubt ihnen nicht den Schlaf, aber bei kleinen wie großen Nachrichten aus Erez Israel sind sie sofort hellwach. Ich will mich auch gar nicht ausnehmen, obwohl ich in einem anderen Geist erzogen worden bin – dem Geist meines Vaters seligen Angedenkens, für den Deutschland immer an vorderster Stelle stand.

So war es auch, als im Spätsommer schreckliche Nachrichten aus Erez Israel eintrafen. Wir waren fassungslos. Morgens und abends sprachen wir davon, was jenseits des Meeres geschehen war. In Hebron hatten an einem Schabbat Hunderte Araber mit Messern und Beilen die jüdischen Einwohner überfallen. Sie massakrierten Kinder

Blick in eine beim Massaker von Hebron verwüstete Synagoge. Auf dem Boden liegen entweihte heilige Schriften. August 1929.

vor den Augen der Eltern, töteten Frauen und Männer. Die Straßen der Stadt waren blutgetränkt und voller Leichen. Auch in Jerusalem und Safed griffen arabische Rotten jüdische Nachbarschaften an und hinterließen eine Schneise der Verwüstung und des Todes. In diesen ›Tagen des Blutes‹ wurden mehr als hundertdreißig Juden ermordet und etwa dreihundert verletzt.

Aus Hadera erreichte Faivel eine bittere Nachricht. Unter den Ermordeten in Hebron waren auch seine Cousine Yenta, die Schwester von Tanchum Frank, und ihr Mann, der Rabbiner. Sie waren gerade dabei, im Kreis von Familie und Freunden das Schabbat-Morgengebet zu sprechen, als sie plötzlich von draußen Geschrei und Hiebe gegen die Tür vernahmen. Die Meuchler stürmten hinein, zückten die Messer und stachen auf die Anwesenden ein. Der Rabbiner starb mit dem Priestersegen auf den Lippen: »*Der Herr hebe sein Angesicht über dich und gebe dir Frieden*«, waren seine letzten Worte.

In ganz Deutschland versammelten sich Juden aus beiden Lagern –

Zionisten und Nichtzionisten – zu Gedenkstunden. Sie erhoben sich zur stillen Andacht und ehrten die Opfer. Doch war auch der Trotz unüberhörbar: Bei der großen Trauerstunde, die im Bach-Saal in der Lützowstraße stattfand, hoben die Redner hervor, dass der Aufbau des Landes unbeirrt weitergehen müsse, und sie riefen zu Spenden für den Nationalfonds auf. Ein Manifest, das nach den Tagen der Trauer erschien, enthielt eine Protesterklärung gegen die britische Mandatsregierung, die nichts unternommen hatte, um der Gewalt vorzubeugen. Für Braina ging dies nicht weit genug, ihr war der Ton viel zu versöhnlich. Aus Enttäuschung ging sie allein zur öffentlichen Kundgebung der Revisionisten – und kehrte sichtlich bestärkt zurück. Richard Lichtheim und Yeshayahu Klinov hatten von der britischen Regierung ohne Wenn und Aber ein Recht auf jüdische Selbstverteidigung gefordert; auch solle das System der Zertifikate abgeschafft werden, um freie jüdische Einwanderung zu ermöglichen. »Sie haben vollkommen recht, das ist der Weg«, bekundete Braina mit Nachdruck.

Die tiefe Erschütterung über die Ereignisse spornte sie an, ihren Einsatz für das Land noch zu verstärken. Im Rahmen der Aktion »Hilfe durch Aufbau« schloss sie sich mit dreißig Frauen zusammen, um Spenden für den *Yishuv* zu sammeln. Im Hause Grüngard organisierte sie außerdem einen Teenachmittag in Anwesenheit von Frau Lichtenstein, die dem Vorstand der erez-israelischen WIZO angehört und deren Bruder übrigens Chaim Weizmann ist, der Präsident der Zionistischen Weltorganisation. An diesem Nachmittag kamen mehr als zweihundert Mark zusammen. »Du hast recht, David, wir sind immer noch in Berlin, aber wir tun alles uns nur Mögliche zum Wohle von Erez Israel.«

Seitdem sie in den Rat des Hebräischen Volksheims gewählt wurde, setzt Braina sich unermüdlich für dessen Entwicklung ein. Mit Stolz erzählt sie von diesem Engagement. Mehr als ein halbes Jahr ist seit der Gründung vergangen, und nun plant man das Programm für den Winter, das ausschließlich auf Hebräisch stattfinden soll: Kurse, Konversation, Vorträge und Konzerte, auch ein Theaterstudio! »Vielleicht gelingt es uns sogar, einen hebräischen Schachverein zu organisieren«, vertraute sie mir an, voller Hoffnung, dass Jehuda dann beitreten werde.

Durch Brainas Vermittlung wurde Moshe Sakheim-Jardeni, der Leiter des hebräischen Gymnasiums in Wilkowischken, eingeladen, einen Vortrag über »Das hebräische Erziehungswesen in Litauen« zu halten. Unter den Zuhörern waren Nissan und seine Frau sowie Bassja, aber ohne Fritz. Ebenfalls im Publikum, auf hartnäckiges Betreiben von Braina: Jehuda und Ayala. »Unser Litauen soll allen jüdischen Gemeinden ein Beispiel sein«, verkündete sie feierlich. »Neunzig Prozent der jüdischen Jugend erhält eine hebräische Erziehung.« Von Nissan erfuhr ich, dass das Haus der Familie Sudarski in der Hauptstraße von Wirballen bereits vor einiger Zeit in ein hebräisches Gymnasium umgewandelt worden ist.

Kein Zweifel: Unser Volksheim hat sich inzwischen zum Mittelpunkt des hebräischen Lebens in Berlin entwickelt. Bei der Feier für *Simchat Tora* ehrte uns Bialik, der auf Besuch war, mit seiner Anwesenheit, obwohl die Ärzte ihm wegen seiner angeschlagenen Gesundheit häusliche Ruhe verordnet hatten. Mit sonorer Stimme las er aus unveröffentlichten Gedichten. Im Saal herrschte eine seltene Stille. Sein Gesicht war blass und müde, aber die Augen leuchteten. Bevor er sich verabschiedete, sprach er ein offenes Wort: In der *Gola* werde die Bedeutung der jüdischen Feste immer inhaltsärmer, in Erez Israel hingegen erlangten sie einen neuen Glanz. Er verabschiedete sich mit dem Wunsch, uns alle dort wiederzusehen.

Kurz bevor er nach Erez Israel zurückreiste, hielt Bialik an einem Abend eine Rede – wohlgemerkt auf Jiddisch – zugunsten der *Habimah*. Autoren, Gelehrte und Geschäftsleute versammelten sich in der Villa von Herrn Klausner in Charlottenburg, um gemeinsam über Weg und Zukunft des Ensembles zu diskutieren. Braina und Faivel zählten zu den zweihundert geladenen Gästen. Margot Rosner, die Tochter des Gastgebers, hoffte, auf diese Weise weitere Unterstützung – auch finanzieller Art – für das Theater zu gewinnen. »Wenn du nur wüsstest, wie sie bei wohlhabenden Juden um Spenden betteln muss, und oft genug kommt sie mit leeren Händen und tief enttäuscht heim«, seufzte Braina.

Die Schauspieler fehlten. Sie befanden sich gerade auf einer Tournee in mehreren Städten Europas. Zuvor wurden sie in Erez Israel mit

Begeisterung empfangen und feierten dort große Erfolge. Die Stadt Tel Aviv versprach, ihnen ein Grundstück zur Verfügung zu stellen, auf dem sie eine feste Spielstätte errichten dürften. Dennoch sahen manche der Schauspieler ungeduldig der Tournee in Europa entgegen: Sie hatten das Gefühl, in Erez Israel eingeengt zu sein. Bei den Grüngards herrscht indes die einhellige Meinung: Die *Habimah* ist in Erez Israel beheimatet, und ihr komme die Aufgabe zu, an der Entwicklung der neuen hebräischen Kultur mitzuwirken. Für das Land sei die *Habimah* »nötig wie Brot«, hatte kein Geringerer als Bialik verkündet.

Ich war neugierig, mehr über diese Veranstaltung zu hören, aber Braina unterbrach Faivel: *»nit mit ale pitschewkeß.«* Zumindest erfuhr ich, dass dieser Abend keineswegs ganz harmonisch verlaufen war. Die Worte des bereits in die Jahre gekommenen Autors und Reiseschriftstellers Arthur Holitscher hatten die Gemüter erhitzt.

»Holitscher hat über das Land ein böses Gerücht aufgebracht«, echauffierte sich Braina.

»Meiner Meinung nach übertreibst du«, erwiderte Faivel.

Zwei Standpunkte, nicht zum ersten Mal. Braina zufolge glaubt Holitscher seit dem Massaker in Hebron nicht mehr an die Verwirklichung des zionistischen Traums. Die *Habimah* müsse in den Theatern der Welt das geschehene Leid auf die Bühne bringen.

»Du irrst dich, meine Liebe«, widersprach Faivel ihr. Er ging an das Bücherregal, nahm einen Band heraus und blätterte eine Weile darin. Als er die entsprechende Seite gefunden hatte, reichte er mir das aufgeschlagene Buch: »Lies das bitte vor, David.« Das Buch war Holitschers *Reise durch das jüdische Palästina*, veröffentlicht im Jahr 1922 nach seiner Rückkehr: »Welch wunderbarer Menschenschlag! Kräftig, froh, mutig, geschwellt vom Atem des aufgehenden Abenteuers: Israelland, der Erfüllung des Traumes seit Kindheitstagen, Erwartung der Arbeit, der Muskeln und Seele entgegenglühten.«

»Wer so etwas schreibt, dessen Herz schlägt für das Land«, rief Faivel mit Genugtuung – und fügte hinzu: »Er ist noch von den blutigen Ereignissen erschüttert. Nur daher gewann am Abend bei Klausner für einen Augenblick der Pessimismus die Oberhand.«

Als ich aufstand und nach Hause gehen wollte, rief Braina mir nach:

»Vergiss nicht, der 14. Dezember, *Habimah* im Lessing-Theater, sie geben *Davids Krone*! Jehuda kann nicht mitkommen, du gehst mit Inga und mir.«

28 Donnerstag, 6. Februar 1930

Raissa Sudarskaja erschien in einer prachtvollen Abendgarderobe und mit einer silbernen Kette. Sie ging mit raschen Schritten in die Mitte des Salons, setzte sich an den Flügel, senkte den Kopf und hielt kurz inne. Dann hob sie an. Mal flogen ihre Finger geschwind über die Tasten, mal glitten sie sanft, wie über Wasser. »Klavierabend im Hause von Frau und Herrn F. Grüngard«, stand auf der Einladung. Wir hörten Werke von Beethoven, Chopin und anderen; außerdem die Barcarolle von Rubinstein, von dem sie auf Deutsch mit russischem Akzent schwärmte: »Anton war ein Virtuose, jüdischer Abstammung, und mein Lehrer.«

Zu meiner Überraschung fehlte Faivel. Den Grund für seine Abwesenheit erfuhr ich aus einem Brief, den er Braina in einem hochpoetischen Hebräisch aus dem Grand-Hotel in Spindlermühle schrieb. Ich habe mich an einer Übersetzung dieser eigenartigen Seiten versucht und füge sie hier ein.

Spindlermühle, 29. Januar 1930
Meine Freundin,
in dieser Stunde, beim Licht einer winzigen Lampe, die ›*mehr Schatten als Sonne gewährt*‹, in meinem Zimmer sitzend, in dieser Stunde, in der um mich herum Stille und Lautlosigkeit herrschen und ›*keiner den Schnabel aufsperrt und zirpt*‹, in dieser Stunde herrschen Trubel und Aufregung in deinem Haus in der Freiherr-vom-Stein-Straße. Die Zimmer sind alle mit zahlreichen elektrischen Lampen erleuchtet, manche hängen an den Wänden, andere strahlen von der Decke, leuchten und wärmen. Vielleicht flackert, leuchtet und wärmt auch der Kamin. Von allen Ecken der Weltmetropole, aus Ost und West, aus Süd

und Nord (selbstverständlich besonders aus dem Westen) strömen Männer und Frauen zum großen Fest. Die Männer tragen schwarze »Smokings« und weiße Hemden; die Frauen in langen Abendkleidern schmücken sich mit Perlenketten über dem tiefen Ausschnitt, tragen ›*Onyx und Jaspis*‹ an den Fingern. Ihre Wangen sind geschminkt, die Lippen rot angemalt, Dauerwellen in den Haaren, die Augenbrauen zu zwei Dritteln getrimmt. An der Haustür empfängt die Hausherrin mit Gruß und einem Lächeln die Gäste, verbeugt sich gar. Ihrer Freude gibt sie Ausdruck, ihrer unendlichen Freude und ihres vollkommenen Glückes, ihrer Genugtuung, dass all diese Gäste, allesamt herzlich und nett, lieb und teuer, ihr mit dem Besuch eine große Ehre erweisen. Bald wird jeder Eingeladene seinen Platz einnehmen, die Augen weit öffnen und die Ohren spitzen; voller Staunen werden sie die schönen Zimmer betrachten, die liebevoll ausgesuchten Möbelstücke und den guten Geschmack. Und vielleicht werden sie auch die Hausherrin loben, der sie mit Leib und Seele ergeben sind, die sie achten und bewundern, und für die sie alle durchs Feuer gehen würden, denn kein Opfer wäre zu hoch.

Bald wird das Fest eröffnet, das Konzert beginnen und die Gäste vor Staunen überwältigt werden – von dem Gesang, dem göttlichen Gesang, und den Melodien des Klaviers, die den Raum durchfluten. Doch ebenfalls werden sich die Münder voller Staunen weit öffnen, um die Leckereien und die Süßigkeiten, die Biskuits und die »Sandwichs« zu genießen, die Äpfel und Orangen, Bananen und Mandarinen, Nüsse und Bonbons, Cognac und Likör, Tee und Kaffee, Alkohol und Wein. Die Hausherrin strahlt, vor Freude beglückt, glücklich ist sie, glücklich. Glücklich, dass ihr philanthropischer Drang verwirklicht werden konnte, selig, dass sie ihrer seit einem Jahr gewonnenen neuen Freundin etwas, wenn auch nur wenig, zurückzugeben vermochte; sie liebte sie ja vom ersten Augenblick an, eine wahre und keine selbstsüchtige Liebe. Glücklich ist die Hausherrin, dass so viele Männer und Frauen ihr mit dem Besuch Respekt erweisen und keine Mühe scheuten, dass sie Speis und Trank nicht ablehnen, und sich nicht beeilen, das Haus zu verlassen; alle kamen dem Wunsch der Hausherrin nach, als sie bat und flehte, bis zum Morgengrauen zu weilen. Beglückt, dass sie mit diesem Fest neue Bekannte gewann, Freunde, die mit Leib und Seele ihr verbunden sind.

Immerhin gab es einen Moment besonderer Gefahr: Ein Mann hätte ihr die ganze Feier, das Freudenfest, verderben können. »Wer ist denn dieser Bösewicht?« – das versteht sich ja von selbst. Doch der Herr, er sei gepriesen, hat ›*das Heilmittel vor der Wunde erschaffen*‹ – und die Gefahr war vorüber. Wäre dieser Mann in der Stadt geblieben, wäre die Gefahr überall. Wäre er am Ort des Geschehens gewesen, hätte die Hausherrin Angst und Kummer gehabt, ja sie wäre auch wütend und besorgt gewesen, dass sein Gesicht nicht so strahlen würde, wie es angemessen ist, wenn man solche Gäste willkommen heißt. Vielleicht hätte er nicht sein Haupt vor jedem Gast geziemend gebeugt, vielleicht wäre sein Lächeln nicht ganz passend, vielleicht hätte er nicht genug Komplimente ausgeteilt, wie es sich gehört, ja, es könnte sogar sein, dass seine Augen nicht genug Freude und Glück ausgestrahlt hätten. Doch auch wenn der Mann sich in der Stadt versteckt hätte und nicht vor Ort wäre, auch dann wäre sie von Angst und Sorge und Wut geplagt: denn es hätte ja sein können, dass ihm jemand auf der Straße, im Kaffeehaus oder im Theater begegnet wäre; es hätte ja sein können, dass er noch vor dem Morgengrauen nach Hause zurückgekehrt wäre, ehe alle Gäste das Haus verlassen haben. Ohnehin vermuten die Gäste, dass das große Fest nicht sein Fest sei, dass der ganze »Rummel« nicht seinem Wunsch entspreche, dass sein Name ohne sein Wissen auf die schönen, künstlerischen Einladungskarten gesetzt wurde. ›*Man könne jemand in seiner Abwesenheit bevorteilen*‹ – gibt es denn einen größeren Gewinn als diesen? Doch die Gefahr verflog, das Heilmittel wirkte. Es gibt in diesem Land wundervolle hohe Berge, gesäumt mit anmutigen Wäldern, bedeckt mit glänzend weißem Schnee. Dort scheint die Sonne, die Luft ist rein und wohltuend. Wie gut und angenehm ist es, in der Höhe, zwischen den Hügeln, zu wandern, mit einem kleinen Schlitten über den Schnee zu gleiten und die herrliche, wohltuende Luft voll einzuatmen. Der Mann, der aus seinem Haus verstoßen wurde, bis das Fest vorbei sei, wurde nicht, Gott behüte, auf die »Teufelsinsel« verbannt, sondern an diesen wundervollen, herrlichen Ort. So wurden beide, ›die Ziege und der Kohl gerettet‹. Sie wurde für ihren Wunsch belohnt, er für seine Zurückhaltung. Ist dennoch bei ihm ein Wermutstropfen geblieben? Ich hoffe, dass Dich dieser Gedanke nicht betrübt und Dir auch nicht den Schlaf raubt; ich hoffe, Du bist weiterhin glücklich, glücklich, glücklich ...

29 Schabbat-Ausgang, 29. März 1930

»Soll ich dir ein Geheimnis verraten?«, fragte Ayala.

»Jetzt? Wir sind doch gerade am – –«

Aber sie, die sich in letzter Zeit oft in sich zurückzog, bestand darauf.

»Isaak verlässt uns«, berichtete sie mir mit Schadenfreude.

Seit vier Jahren wohnt er bei seiner Tante Braina. Als seinerzeit Gittel, ihre verwitwete Schwägerin, mit den Kindern nach Berlin zog, freundete sich ihr Isaak mit dem gleichaltrigen Jehuda an. Bald schon verbrachte er ganze Tage und Nächte in der Villa. Schließlich zog er ganz ein und hatte sein eigenes Zimmer. In dieser Zeit half ihm Frau Wandschneider, die Gouvernante, bei den Schulaufgaben und insbesondere beim Deutschlernen. Vor Kurzem war Gittel mit den zwei anderen Kindern nach Kowno zurückgekehrt. Nächsten Monat wird nun auch Isaak folgen. Braina entschied, Frau Wandschneider die Freiheit wiederzuschenken, wie sie ironisch sagte. »Die Kinder sind erwachsen und brauchen keine Gouvernante mehr.«

An einem kalten, regnerischen Freitagabend, als wir wie gewohnt auf Brainas legendären *lokschenkugel* warteten, erzählten Jehuda und Isaak von den Vorbereitungen für die bevorstehende Feierstunde zu Ehren Tschernichowskis. Die Organisation lag in den Händen des jüdischen Turn- und Sportvereins Bar Kochba. Die Cousins nehmen dort gelegentlich an den Aktivitäten teil. Jehuda tut sich besonders beim Tennis hervor; seine Eltern schenkten ihm erst neulich einen Schläger mit einem Griff ganz aus Edelholz. Sein Idol ist Daniel Prenn, der führende Tennisspieler in Deutschland – auch er übrigens ein litauischer Jude. Isaak dagegen bevorzugt die Leichtathletik, sein Held ist der Langläufer Felix Simmenauer. Letzterer hat nicht nur durch seine sportlichen Leistungen Bekanntheit erlangt, sondern auch durch das Gedicht »Eine Fahne fehlt«, verfasst nach der Rückkehr von den Olympischen Spielen in Amsterdam. Darin beklagte er, dass es keine jüdische Nationalmannschaft und daher kein Banner mit Davidstern gab.

Es war kein Zufall, dass die jungen Mitglieder des Bar Kochba für die Vorbereitung der Feierstunde für den großen hebräischen Dichter zuständig waren. Seitdem Tschernichowski nach Berlin umgezogen ist, suchen gerade die jugendlichen Zionisten seine Nähe. An der Stadt selbst zeigt er kaum Interesse – wie Bialik vor ihm, für den die preußische Metropole kalt und fremd blieb. Doch unter unseren Leuten im hebräischen Volksheim ist Tschernichowski entspannt, herzlich und neugierig. Er gestikuliert lebhaft beim Sprechen, und wenn der Schalk in seinen Augen blitzt, wirkt er um Jahre verjüngt. Allerdings ist und bleibt seine wirtschaftliche Lage prekär. Der Dichter hat keine Berufserlaubnis als Arzt, und mit Literatur – ob Redaktionsarbeit oder Übersetzungen ins Hebräische – kommt er kaum über die Runden. Aus dem Traum, ihm eine Nationalausgabe seiner Schriften zu verehren, ist nichts geworden. Fünf Jahre sind vergangen, seitdem sich eine Gruppe von Zionisten im Haus Grüngard mit dem Ziel versammelte, Spenden im In- und Ausland für die zehnbändige Ausgabe zu sammeln. Einige knauserten und gaben nichts, andere machten Zusagen – und trugen dann ebenfalls nichts bei. Hingegen spendeten Meir Pines und Faivel ansehnliche Summen; eine besonders großzügige Zuwendung kam von Salman Schocken aus Zwickau, dem Inhaber einer Warenhauskette. Vor Kurzem vertraute mir Faivel an, dass ein Teil der gesammelten Spenden direkt an Tschernichowski floss, damit er seinen Lebensunterhalt bestreiten konnte.

»Ich bin für Bialik«, tat Ayala kund.

»Es gibt keinen Grund, für den einen oder anderen zu sein«, mokierte sich Faivel. »Beide sind uns teuer. Und es gibt noch weitere, wie etwa – –«

»Aber Tschernichowski hat Mama einen hässlichen Namen gegeben«, unterbrach sie ihn.

»Das sagst du. Sowieso nennen weder du noch ich sie Schchuma«, mischte sich Jehuda ein.

»Aber Papa tut es.«

»Und was hat das nun mit der Feierstunde zu tun?«, fauchte Jehuda. »Wenn es so ist, dann komm eben nicht mit.«

Aber Ayala ging doch mit in den Schubert-Saal, begleitet von zwei Freundinnen. Sie achtete darauf, nicht in der Nähe von Jehuda und Isaak zu sein.

Weniger als drei Jahre trennen Jehuda und Ayala. Dass Jehuda und Isaak ihr immer wieder die kalte Schulter zeigen, wusste ich bereits. Auch, dass die beiden sich mitunter über Ayala lustig machten. Und über das stundenlange Weinen hörte ich von Frau Wandschneider, die wiederum bei mir ihrem Herzen Luft machte, weil sie es Braina nicht erzählen durfte. Immer schon stand Ayala in Jehudas Schatten. In letzter Zeit aber ist er noch ungeduldiger und herablassender, was Ayala weiter verunsichert. Ein Vorkommnis gab mir besonders zu denken. Sara Perski, die Sekretärin des Jüdischen Schulvereins, hatte ihr zum Geburtstag die hebräische Ausgabe von Alphonse Daudets Erzählungen geschenkt. Ayala und ich begannen gemeinsam, die erste Erzählung zu lesen: »Die letzte Schulstunde.«

»Ich verstehe nicht alle Wörter. Das Hebräisch ist zu schwer«, seufzte sie.

»Am Endes des Buches gibt es ein Glossar«, ermutigte ich sie. »Lass uns dort schauen.«

»Nein, nein, genug, David. Warum muss ich über die preußischen Soldaten im Elsass lesen? Es ist mir schnuppe. Gib es Juditz, er wird alles verstehen.« Sie legte das Buch auf den Tisch.

Der bockige Ton war nicht zu überhören. Ich tat zwar nicht, was sie sagte, aber bei nächster Gelegenheit sprach ich mit Jehuda unter vier Augen. Viel hat es nicht gebracht.

Aber zurück zur Feierstunde. Die anwesenden Jugendlichen und Tschernichowski begeisterten sich für Bar Kochba, den Anführer des großen jüdischen Aufstandes gegen die Römer. Man hört, dass

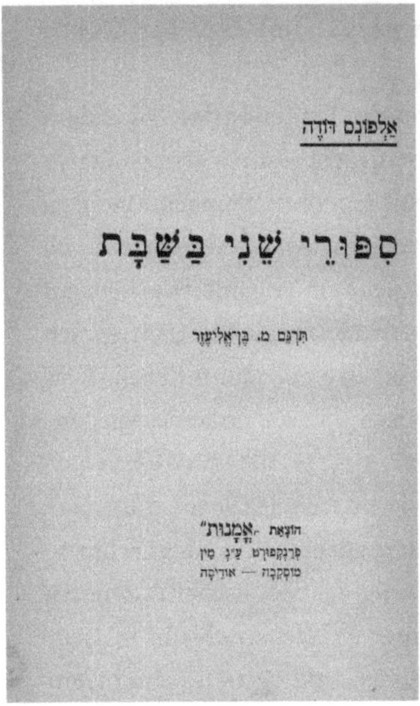

אלפונס דודה

ספורי שני בשבת

תרגם מ. בן־אליעזר

הוצאת „אמנות"
פרנקפורט ע"נ מין
מוסקבה — אודיסה

Titelseite von Alphonse Daudet, *Sippurei sheni be-Schabbat* (Frankfurt a. M. / Moskau / Odessa: Omanut-Verlag, 1922 oder 1923). Der Omanut-Verlag wurde von Shoshana Persitz geleitet, einer mit den Grüngards eng befreundeten Zionistin. Die Aktivitäten des Omanut-Verlags gelten als früher Meilenstein der »hebräischen Renaissance« in der Weimarer Republik.

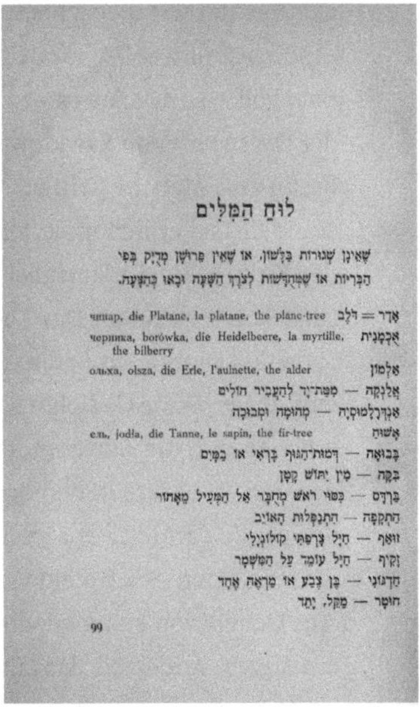

לוח המלים

שאינן שגורות בלשון, או שאין פרושן מדיק בפי
הבריות או שמתחדשות לצרך השעה ובאו בהצעה.

אדר = דלב — чинар, die Platane, la platane, the plane-tree
אכמנית — черника, borówka, die Heidelbeere, la myrtille, the bilberry
אלמון — ольха, olsza, die Erle, l'aulnette, the alder
אלנקה — מטת־יד להעביר חולים
אנדרלמוסיה — מהומה ומבוכה
אשוח — ель, jodła, die Tanne, le sapin, the fir-tree
בבואה — דמות־הגוף בראי או במים
בקה — מין יתוש קטן
ברדס — כסוי ראש מחבר אל המעיל מאחור
התקפה — התנפלות האויב
זואף — חיל צרפתי קולוניאלי
זקיף — חיל עומד על המשמר
חדגוני — בן צבע או מראה אחד
חוטר — מקל, יתד

99

Glossar zur Erklärung schwieriger hebräischer Wörter und Wortschöpfungen (S. 99).

die *Habimah* überlegt, Tschernichowskis Drama über Bar Kochba aufzuführen.

Purim rückte näher. Am Vorabend des Esther-Fastens, das dem jüdischen Freudenfest einen Tag vorausgeht, war es schließlich so weit. Der Schubert-Saal füllte sich mit Hunderten jungen Männern und Frauen, allesamt Mitglieder der zionistischen Jugendverbände, ich kannte einige von ihnen. Zu Beginn spielte ein Trio mit dem auch auf diesem Gebiet talentierten Felix Simmenauer am Klavier. Dann sprach Dr. Klee und beschrieb Tschernichowski als einen Mann, der die Bejahung des Lebens ausstrahle: »Es ist unser Glück, dass wir einen genialen Dichter wie dich haben.«

Lange Zeit war Tschernichowski wie ein fremder Schössling in seinem Volke, so drückte es – in Anspielung auf einen Vers des Dichters – der Verleger Simon Rawidowicz im Namen der hebräischen Autoren in Berlin aus. Manche Kritiker, so führte er auf Hebräisch aus, missverstünden Tschernichowski als ›Hellenisten‹ und Vertreter einer fremden Kultur. Sie würden dabei die neuartige Schönheit und Kraft seiner Dichtung verkennen. Das Theaterstudio führte Szenen aus Tschernichowskis Drama *Bar Kochba* auf; das Film-Wunderkind Mara Spiegel trug ausgewählte Gedichte vor. Als der Dichter selbst ans Podium trat, erhoben sich die Anwesenden und brachten ihm begeisterte Ovationen dar. Er blickte in den Saal, mit Rührung und Dankbarkeit. Zum Schluss deklamierte er sein Gedicht *Sachki sachki*, dessen bewegendster Vers lautet: »Auch mein Volk wird dann gedeihen, und im Land wird eine Generation erstehen, die der eisernen Fesseln entledigt ist; in ihren Augen werden sie das Licht sehen.«

»Nur ein Jahr trennt mich von Tschernichowski«, bemerkte Faivel, nachdem ich ihm von dem Abend erzählte. »Ich bin zwar jünger als er, aber er hat einen jugendlichen Geist.«

Ein sanftes Lächeln lag auf seinen dünnen Lippen. »Der Mensch ist alt, wenn er denkt, dass er alt ist«, murmelte er. »Aber sei's drum, Carpe diem«, rief er und beeilte sich, eine Zigarette anzünden.

30 Schabbat-Ausgang, den 2. August 1930

Schon seit einigen Wochen und Monaten habe ich kein Tagebuch mehr geschrieben. Ich zerbreche mir den Kopf: Soll ich die Stelle bei Tietz aufgeben oder vielleicht meine Stunden dort reduzieren und stattdessen den Hebräischunterricht ausweiten, der mir so viel Freude und Befriedigung bereitet? Zwi Woyslawski, mein Freund und unübertroffener Hebräischlehrer, ermutigt mich ausdrücklich dazu. Meine Mutter hingegen kann diesen Überlegungen wenig abgewinnen – nicht wegen der Einkünfte, sondern weil sie von der »zionistischen Sprache« keine hohe Meinung hat.

Ayala befindet sich jetzt in der Untersekunda, sie steht am Beginn des vierjährigen Wegs zum Abitur. Ihre Noten haben sich verbessert (»durchschnittlich«, wie Jehuda spitzzüngig kommentierte), aber auf jeden Fall braucht sie meine Hilfe. Das wird wohl auch in den kommenden Jahren so bleiben. Im Rückert-Gymnasium ist der Anteil der jüdischen Schülerinnen gestiegen, momentan beträgt er etwas mehr als ein Viertel der Schülerschaft. Da Ayala schwedische Staatsbürgerin ist, fällt sie im Schulbericht weder unter »preußisch« noch »sonstige Deutsche«, sondern wird der sehr kleinen Gruppe der »Ausländer« zugerechnet.

Beim Zurückblättern im Tagebuch sehe ich gerade meinen Eintrag zu der Feierstunde für Tschernichowski: Wenn ich von der Lebensfreude und dem Optimismus, die wir damals empfanden, lese, denke ich wehmütig zurück. *Pessach* wurde überschattet durch die Veröffentlichung des Berichts der britischen Shaw-Kommission, die damit beauftragt war, die Ursachen der Unruhen vom vergangenen Sommer zu untersuchen. Der Bericht sieht die Schuld nicht bei den Juden, aber spricht von der Befürchtung der Araber, dass ihnen die jüdische *Aliya* und der Ausbau des *Yishuv* schade. Seit der Veröffentlichung waren wir in großer Sorge, dass die Einwanderung eingeschränkt und der Bodenkauf verboten werden könnte. Mitte Mai beschloss die Mandatsregierung, im kommenden Halbjahr keine Einwanderungszertifikate mehr zu vergeben. Im *Yishuv* wurde daraufhin ein Generalstreik ausgerufen. Auch bei uns in Berlin herrschte Empörung, es kam zu Protestveranstaltungen. »Wir haben das Recht auf freie Einwanderung, ohne jegliche Bedingungen«, empörte sich Braina, ganz auf revisionistischer Linie. Zu meiner Überraschung war Faivel, der ansonsten eine moderate Position vertrat, in diesem Punkt auf ihrer Seite. Ihre Brüder Selig und Ephraim beteiligten sich in den Straßen von New York an den Protesten gegen die Einwanderungsbeschränkungen. »50.000 jüdische Demonstranten«, berichtete Selig in seinem Brief und setzte gleich mehrere Ausrufezeichen hinzu. Aber nicht alle Nachrichten aus Amerika sind gut. Die Brüder befinden sich in einer schwierigen finanziellen Lage. Der Börsenkrach – »Black Thursday« in ihrer Sprache – hat tiefe Spuren hinterlassen. Verzweifelte Nachbarn stürzten sich aus den Fenstern der Hochhäuser. Und was das Geschäftliche betrifft, so gehen die Leute kaum noch in die Lichtspielhäuser der beiden Brüder. Die Säle stehen leer, die Einnahmen sind äußerst gering; es kann sogar sein, dass die beiden ihre Kinos verkaufen und sich eine andere Tätigkeit suchen müssen.

Neben den bitteren gibt es auch ermutigende Nachrichten: Anfang des Jahres wurde Faivel in den neuen Landesvorstand der Zionistischen Vereinigung für Deutschland gewählt. Und im Frühjahr kamen allerlei Gäste, aus Erez Israel, aber auch aus Danzig, Kowno und Wystiten (Wishtinetz, so nennen die Grüngards auf Jiddisch das litauische Örtchen, aus dem Brainas Familie stammt). Manchmal kommt mir die Villa regelrecht wie eine luxuriöse Fremdenherberge vor.

Unter den Besuchern war Herr Uzhinski, ein Mann von stattlichem Leibesumfang, der, wie Faivel, einen Orangenhain in Erez Israel besitzt. Er berichtete, dass die in jüdischen Händen befindliche Anbaufläche zugenommen habe und in jüngster Zeit zahlreiche neue *Pardesim* in der Scharonebene angelegt worden seien. »Laut Vorhersage wird in der nächsten Saison der Ertrag auf drei Millionen Kisten steigen«, verkündete er zuversichtlich und schilderte ausführlich seinen Besuch in der *Asis*-Fabrik des Unternehmers Schapiro, in der Zigtausende Flaschen Orangen- und Zitronensaft abgefüllt werden. Unter den Exportprodukten sind jedoch nicht nur Zitrusfrüchte. Im vergangenen Jahr wurden auch Bananen – ›Evas Feigen‹, wie man sie auf Hebräisch nennt – ausgeführt, nach Polen auch Tabak. Faivel erzählte mir, dass Uzhinski schon in Russland davon geträumt hat, als Landwirt tätig zu sein. Oder vielleicht sollte ich doch besser »Stadtwirt« sagen, denn er wohnte lieber in Tel Aviv.

Wenn enge Freunde kommen, verkürzt Faivel seine Aufenthalte in Danzig. »Für uns beeilt er sich nicht«, kommentierte Braina in einem leicht mokanten Ton. Ich für meinen Teil wundere mich, weshalb die Gäste so erpicht sind hierherzukommen, wo doch die düsteren und besorgniserregenden Nachrichten vorherrschen. Hitler und seine Bande werfen einen dunklen Schatten auf Deutschland und auf die humanistischen Werte, in deren Geist auch ich erzogen wurde. Hinzukommt die wirtschaftliche Krise: steigende Arbeitslosigkeit und Angst vor einer ungewissen Zukunft.

Anfang Juni kam ein Ehepaar aus Jerusalem. Sie erzählten lebhaft – und fielen sich dabei gegenseitig ins Wort – von der Einweihung der Nationalbibliothek auf dem Skopusberg, unweit der Universität. Hunderte Menschen waren von nah und fern gekommen, darunter der britische Hochkommissar sowie Vertreter mehrerer europäischer Regierungen. Dr. Magnes, der Präsident der Universität, erwähnte in seiner Rede die feierliche Eröffnung der Hochschule vor fünf Jahren, an der Lord Balfour teilgenommen hatte. »Und auch wir waren damals dabei!«, rief Braina stolz aus.

Man sagt, dass die Zahl der katalogisierten Bücher sich inzwischen auf fast zweihunderttausend beläuft. Und das ist nur der Anfang!

Braina setzt alles daran, keine Veranstaltung im Volksheim zu verpassen. Bei der jährlichen Mitgliederversammlung wurde ein neuer, siebzehnköpfiger Vorstand gewählt, darunter zwei Frauen: Braina und Fräulein Tschernowitz.

Einen Monat später kam ein junger Mann nach Berlin – und mit ihm ein Hauch, ein neuartiges Flair von Erez Israel. Sein Gesicht war sonnengebräunt, und unter den dichten Augenbrauen zeigte sich ein scharfer Blick. Sein struppiges Haar stand an beiden Seiten des Kopfes weit ab. Avraham Shlonski. Ihm eilte der Ruf voraus, einen neuen Weg in der hebräischen Dichtung zu bereiten. An einem Sommerabend hielt er in unserem Volksheim einen Vortrag über die neue hebräische Literatur, und mit seiner tiefen und dramatischen Stimme las er aus seinen Gedichten.

Faivel weigerte sich mitzugehen. »Bitte dräng mich nicht«, bat er Braina.

Warum? Der Dichter zähle zu einem Kreis von aufstrebenden Poeten, die Bialik nicht genug Respekt zollten. Dessen Zeit sei vorbei, behaupteten Shlonski, Greenberg und andere junge Vertreter dieser ›modernistischen‹ Richtung. In ihren Augen ist Bialiks literarische Sprache antiquiert, die Welt seiner Dichtung atme den Geist der *Gola*.

Aber Braina gab nicht nach und behielt wieder einmal die Oberhand. Man fuhr gemeinsam.

Faivel kehrte sichtlich bewegt von dem Abend zurück. Ihm imponierte nicht nur der leidenschaftliche Ton der Lyrik, sondern auch das so ganz andere Hebräisch, in dem Shlonski auf spielerische Weise dichtete. Braina zögerte nicht lange und lud Shlonski kurzerhand zu einem literarischen Abend in die Villa ein. Sie war von seiner Dichtung ebenso fasziniert wie von seinem Lebensweg: Als Jugendlicher wanderte er nach Erez Israel ein und besuchte das hebräische *Herzliya*-Gymnasium, das erste Gymnasium in Tel Aviv – genauso wie Brainas jüngster Bruder Ephraim. Und noch eine Gemeinsamkeit: Beide verließen kurz vor Ausbruch des Weltkriegs das Land. Shlonski kehrte für einige Jahre nach Russland zurück, Ephraim ging nach Amerika.

Die Gedichte, die er uns vortrug, zeugen von seiner Arbeit als begeisterter *Chaluz*, als Pionier. Auf Bitte von Faivel endete der Abend mit seinem prophetischen Gedicht »Amal«, denn es war ihm wegen der zahlreichen biblischen Anspielungen besonders ans Herz gewachsen: »Kleide mich, reine Mutter, zum Glanze mit einem bunten Rock / und zur Stunde des Morgengebets führe mich zum großen Werk«.

Nach der Lesung wurden Häppchen und Getränke gereicht. Der Dichter, der den Gastgebern ein Exemplar seines neuen Gedichtbands *Be-ele ha-Yamim* (»In diesen Tagen«) schenkte, entspannte sich in einem Sessel und signierte. Ayala stand zu seiner Rechten. Sie war bezaubert von dem »Bohemien«, der Wein trank und dabei ebenso leichthändig wie geschwind die hebräischen Buchstaben zu Papier brachte: »Er schreibt ganz anders, als du es mir beigebracht hast, David: das *Alef* wie ein spitzer Winkel und das *Ayin* wie ein Ypsilon.«

Noch während Shlonskis Besuch in Berlin erreichte uns eine erschütternde Nachricht. Olga Meerson, eine enge Freundin von Braina, hatte sich das Leben genommen. Früh morgens am 29. Juni stürzte sich die attraktive, elegante Malerin aus einem Fenster des vornehmen Hotels Kaiserhof. Wir wussten von ihrer wankelmütigen Stimmung. Mal erschien sie fröhlich und ausgelassen im Hause Grüngard, mal mit melancholischer Miene und zerzausten Haaren. Wenn sie gut gestimmt war, interessierte sie sich für alles und parlierte mühelos in mehreren Sprachen. Mehr als einmal stellte sie im Salon ihre Bilder aus und hoffte auf Käufer. In der Tat fand manches Gemälde einen Abnehmer, vor allem unter Juden, die – wie die Malerin selbst – aus Russland stammten.

Neben der *Vossischen Zeitung* war es hauptsächlich die russische Presse, die über den Freitod der Künstlerin berichtete. Malerei hatte sie bei den Großen des Fachs studiert, darunter zuvorderst bei Kandinsky und Matisse. Vom Letzterem schuf sie auch ein Portrait. Braina führte mich in den Salon und zeigte auf ein Stillleben, das, noch ungerahmt, auf dem Buffet lehnte: ein Strauß von Feldblumen in einer bunt dekorierten Vase. »Das Gemälde wird für immer unvollendet bleiben. Die Depression hat sie in den Tod getrieben«, seufzte Braina und starrte auf das Bild, das Olga ihr mitsamt einem Abschiedsbrief hinterlassen hatte. »Ihr Pringsheim hat sie mit einer anderen betrogen, und ihre Tochter Tamara war auf der Seite des Vaters. Der Schmerz hat sie zerstört. Jeden Morgen beim Aufwachen kam es ihr vor, als sei sie in der Hölle.«

›Ihr Pringsheim‹ ist der Musikschriftsteller Heinz Pringsheim, der Schwager Thomas Manns. Vor etwa drei Monaten – so konnte man es in den Zeitungen lesen – bereisten der Nobelpreisträger und seine Frau Erez Israel. Infolge einer plötzlichen Erkrankung musste er im deutschen Krankenhaus in Jerusalem behandelt werden. Dennoch hinterließen das Land und seine Menschen einen starken Eindruck auf ihn. Die Presse berichtete, dass er unter anderem das Tote Meer und eine jüdische Siedlung unweit von Jerusalem besuchte. Besonders eingenommen zeigte er sich von der Stadt Tel Aviv und ihren Einwohnern, die – so sagte er – irgendwie anders seien als die Juden in anderen Städten der Welt: freier und glücklicher. »Was ich in Palästina gesehen habe, ist, als Ganzes wie einzeln gesehen, wunderbar«, summierte er vor seiner Abreise und fügte hinzu: »Die Juden müssen vorsichtig weitergehen. Denn schließlich sind die Araber seit mehr als tausend Jahren hier im Lande. Auch sie glauben an ihre historische Verknüpftheit mit dem Lande und sie haben wohlbegründete Rechte auf dasselbe.«

Olga hatte nie besonderes Interesse am Zionismus gezeigt. Für sie war die Malerei die ganze Welt, und ihr scharfer Blick richtete sich auf die Dinge des Alltags, aber auch in ihre Seele hinein. Mit Braina unterhielt sie sich in ihrer Muttersprache und amüsierte sich dabei stets über die Fehler, die ihrer Busenfreundin auf Russisch unterliefen. Geblieben ist das Stillleben, unvollendet. Gewiss, Jehuda hat recht: Viel Geld ist es nicht wert. Und doch hütet Braina es wie einen Schatz.

31 *Chanukka*, Schabbat 20. Dezember 1930

Wenn Ayala die Schultern hängen lässt und nicht aufhört, ihre Strähnen um den Zeigefinger zu wickeln, dann weiß ich, dass sie schlechter Laune ist. Aber manchmal gibt es auch Augenblicke, sogar Stunden, in denen ihre Wangen leuchten und sie wie ein kleines Mädchen Luftsprünge macht.

»Das ist alles natürlich«, bleibt Faivel gelassen.

Aber Braina nimmt es sich sehr zu Herzen und ist voller Sorge.

»Ich erinnere mich, wie du als junges Mädchen warst, meine Liebe. Wankelmütig und stur wie eine Eselin. Alle haben sich über dich beklagt, sogar Selig war konsterniert. Du kannst von Glück sagen, dass du damals einen *Melitz yoscher*, einen Fürsprecher, aus der Familie Grüngard gefunden hast«, versetzte er mit einem liebevollen Lächeln.

Und doch sorgt sich Braina weiter.

Sie beriet sich mit ihrem Bruder Nissan über Ayalas Gemütsschwankungen und ihre Gewichtszunahme. Auch das Schielen und die Brille seien ihrer Schönheit abträglich. »Gib einmal acht, David. Mit dem linken Auge schielt sie seitwärts«, seufzte Braina. Bald wurde ein Termin bei einem neuen, renommierten Augenarzt vereinbart. Und als ob das an Sorgen nicht ausreichte, beginnt Jehudas Haupthaar spärlicher zu werden. Langsam lichtet sich das Haar an den Schläfen und oberhalb der Stirn. »Gott soll behüten, dass er ganz glatzköpfig wird«, klagte Braina. Eilig suchte man auch in dieser Angelegenheit den Rat von Spezialisten. Deren einhellige Empfehlung: Hormongaben.

»Die Entscheidung ist gefallen, wir fahren nach Erez Israel«, verkündete mir Faivel mitten im Sommer. »Ich habe dort einiges zu tun, und Braina wird mich begleiten. Sie soll etwas Abstand vom Haus und von den Kindern gewinnen und zur Ruhe kommen.«

Anfang September verließen sie Berlin. Faivel hatte die Fahrt etwas verschieben müssen. Shoshana Persitz, die Ende 1925 bereits nach Erez Israel eingewandert war, weilte im späten August in Berlin, und Braina wollte ihren Vortrag und das Wiedersehen mit der alten Freundin auf keinen Fall verpassen. Sie ging alleine zu dem Abend im Meistersaal. Frau Persitz gehört inzwischen dem Tel Aviver Stadtrat an und berichtete kundig von den Neuigkeiten im Land, insbesondere von der aufblühenden Stadt. »Wie kann man nur behaupten, dass die Juden keine Disziplin haben? Sollen die Krittler lieber nach Tel Aviv kommen und sich ein eigenes Bild machen: gepflegte Straßen, erstklassige Hygiene, nicht zu reden von Schulen und Kindergärten«, trug sie unter großem Beifall vor.

Die Feiertage verstrichen diesmal ohne Festtagsstimmung, Gäste und üppige Mahlzeiten. Jehuda und ich waren angehalten, nach Ayala zu sehen. Aber Jehuda war vor allem mit Pauken für die Schule beschäftigt, für die im Frühjahr anstehenden Abiturprüfungen. Seine Freizeit widmete er seinen Freunden und dem Schachspiel.

Meine Mutter war aufgewühlt und tadelte mich. »Anstatt dich um deine Familie zu kümmern, beschäftigst du dich mit ihnen. Worauf wartest du?« Sie atmete schwer und legte die Hand auf die Brust, wie so oft, wenn ihr Herzschlag stolperte. »Du bist schon zweiunddreißig Jahre alt und hast weder Frau noch Kinder. Nur eine alte und gebrechliche Mutter – und deine reichen Russen, die immer unterwegs sind

Klassenreise zur Steinernen Renne (nahe Hasserode im Harz), September 1930. Mehr als ein Jahrzehnt später richteten die Nationalsozialisten auf dem Gelände des benachbarten Granitwerks ein Außenlager des KZ Mittelbau-Dora ein.

und dich mit einer verwöhnten Tochter zu Hause lassen. Gut, dass dein Vater es nicht mehr erlebt«, schalt sie mich und schnappte nach Luft. Ich sah zu, dass ich so schnell wie möglich wegkam.

Zu meiner Überraschung war Ayala in diesen Wochen entspannt und gut gelaunt. Einmal empfing sie mich mit einem Stück rosinengespickten Kuchens, den sie gemeinsam mit Tante Bassja gebacken hatte. Wer hätte das gedacht – ausgerechnet Ayala, die sonst nie einen Fuß in die Küche setzt. Gerne bat ich um ein weiteres Stück. Vor der Rückkehr der Eltern ging sie allein zu einem Friseur in Charlottenburg und ließ ihre lockigen Strähnen kürzen. Wir staunten nicht schlecht: eine ganz neue Ayala.

Gemeinsam mit zwei Lehrern unternahmen die Schülerinnen eine Wanderung im Harz. Zwar war es nicht ihr erster Klassenausflug, aber diesmal zeigte Ayala mir überschwänglich die zahlreichen Aufnahmen, die sie in der Steinernen Renne mit ihrer teuren Kamera gemacht hatte.

Sie erzählte, wie sie mit ihren Freundinnen in der Schlucht, zwischen steilen Felsen und Wasserfällen, herumgeklettert war. Vier Tage lang hatten sie Spaß, sangen viel und schliefen wenig. Ayala war sichtlich glücklich. Ich vermutete, dass sie nach der Rückkehr einen Klassenaufsatz über den Ausflug schreiben würden. So war es auch. Diesmal bekam Ayala eine gute Note, auch weil sie sich vorab gründlich über den Aufbau Gedanken gemacht hatte.

Dank Ayala fühle ich mich wie in meine eigene Schulzeit zurückversetzt und lese wieder, diesmal mit ihr, Werke von Goethe, Schiller und Kleist. Zugegebenermaßen liest sie für gewöhnlich eher aus Pflichtschuldigkeit als aus Leidenschaft. Aber einen tiefen Eindruck hat Goethes *Hermann und Dorothea* auf sie gemacht – die Geschichte einer Liebe zwischen dem Sohn einer wohlhabenden Familie und einem treuherzigen Mädchen, das während der Wirren der Französischen Revolution mit einer Gruppe von Flüchtlingen den Rhein überquert. Auch Ayalas Mitschülerinnen zeigten sich begeistert von dem poetischen Epos und wollten es dem Titelhelden Hermann nachtun, der den Notleidenden mit Nahrung und Kleidung geholfen hatte. Gesagt, getan: Sie stellten eine Frühstückssammlung für bedürftige Kinder auf die Beine. Jeden Morgen um neun Uhr brachten die Schülerinnen Schrippen, Früchte und andere Lebensmittel, die zu Hause übriggeblieben waren, ins Gymnasium mit. Dort wurden die Frühstückstüten – manchmal bis zu hundertfünfzig an der Zahl – verpackt und dann um elf Uhr von zwei Mädchen aus einer Mädchenvolksschule im Osten der Stadt abgeholt.

Als die Grüngards von der Reise zurückkehrten, litt Braina noch unter den Folgen der Seekrankheit. Dennoch ließ sie es sich nicht nehmen, bereits nach einigen Tagen Verwandte, Freunde und Mitglieder des Volksheims zu sich einzuladen, um ihre Reiseeindrücke zu teilen. Wie sich bald herausstellte, reichte eine Zusammenkunft nicht aus. In der Villa, in der es mehrere Wochen lang so ruhig wie nur selten gewesen war, herrschte wieder reges Treiben. Faivel fuhr nach Danzig.

Im Nachhinein ist mir besonders jener Abend erinnerlich, an dem Bassjas Fritz für Aufregung sorgte. Wie gewöhnlich erzählte Braina voller Begeisterung und mit großer Ausführlichkeit von der Reise. Zu

Beginn sprach sie noch in ruhigem Ton, aber im Laufe des Abends schraubte sich ihre Stimme in immer höhere Lagen, und in ihr Hebräisch mischten sich jiddische Wörter (wie ich dies schon manches Mal beobachtet habe, wenn sie aufgeregt ist). Die Menschen im *Yishuv*, berichtete sie, leben äußerst bescheiden. Sie tragen kurze Hosen und darüber dünne Leinenhemden oder lediglich ein schlichtes Unterhemd. Die Gesichter seien sonnengebräunt, in den Augen blitze Tatkraft, und am wichtigsten: Die Menschen glaubten mit tiefer Überzeugung, dass Erez Israel ihre Heimat sei. »Die wirtschaftliche Krise ist überstanden«, erklärte sie uns. Fritz hingegen sah das ganz anders und hielt sich nicht zurück. Zwar verstand er kein Hebräisch, aber das, was Bassja in sein Ohr übersetzte, hatte ihm gereicht. Andere Gäste versuchten, ihn zu beschwichtigen.

Braina überspielte die Sache und erzählte uns stattdessen mehr über den Alltag. Wie leicht es doch sei, auf der Straße und im Café mit Menschen, auch wildfremden, ins Gespräch zu kommen: Sie stellten neugierig Fragen und erzählten auch gerne von sich selbst. In Berlin gebe es so etwas nicht: »Schon seit mehr als sechs Jahren wohne ich in dieser Stadt, aber hier habe ich das nie erlebt. Die Deutschen sehen einen meistens mit einem kalten und gleichgültigen Gesichtsausdruck an.«

Braina schwelgte geradezu in Erinnerungen an Tel Aviv – ›ihrer Stadt‹, wie Faivel es ausdrückte. Zugegebenermaßen hatten wir es nicht anders erwartet, aber hörten dennoch gespannt zu. Und in der Tat fehlte es nicht an Neuigkeiten: Unweit vom Strand ist ein imposanter Neubau entstanden, der als Theater und Lichtspielhaus dient. Benannt ist er nach Jakob Moghrabi, einem Mäzen aus Damaskus. Allerorten wird in der Stadt gebaut, zwei bis drei Etagen sind die Regel. »Die Häuser sehen aus wie aus einem Märchen: Manche sind im orientalischen Stil gehalten, mit Türmchen und Zinnen; andere haben bunte Glasfenster und feine Verzierungen aus Stein oder Holz. Balkone sind selbstverständlich.« Und natürlich an jeder Ecke neue Ladengeschäfte, Werkstätten und – –

Montag, 29. Dezember 1930

Ich musste mitten im Satz abbrechen, da wir einen Stromausfall hatten.

Ich kann mich auch erinnern, dass Braina besonders von der einst malariaverseuchten Jesreelebene schwärmte. Die Sümpfe seien inzwischen verschwunden, als habe es sie nie gegeben. Die junge Stadt Afula, gegründet mit der Unterstützung amerikanischer Zionisten, besteche durch Häuser mit schönen Gärten. Sie liege zentral in der Ebene, in ihrer Umgebung entstünden neue Siedlungen. Auf den Feldern bereiteten Pflüge den Boden für die Saat, in den Hainen gediehen Oliven- und Obstbäume. Hühner liefen herum und gackerten, Kinder kletterten auf die Bäume – – »Wahrlich, es muss ein Paradies auf Erden sein«, kommentierte Fritz sarkastisch und verließ den Salon.

Nach Faivels Rückkehr aus Danzig musste ich eine Weile warten, bis er Zeit fand und mich in sein Bureau bat. Geschäftliches raubte ihm den Schlaf, und dementsprechend war sein Gemütszustand. »*Freg nit*«, wiegelte er auf Jiddisch ab. »Tu mir einen Gefallen, David. Erzähl mir von deinen Angelegenheiten.« Er hörte mir zu, mit geschlossenen Augen. Doch merkte ich schnell, dass er es nur aus Höflichkeit tat. Wenn ich ihn aufmuntern wollte, musste ich das Thema wechseln – und wusste auch wie. Sofort erwachten seine Lebensgeister.

»Ja, es wäre besser, wenn ich dort geblieben wäre!«, tat er mit Nachdruck kund und sprach dann voller Begeisterung über die hebräische Landwirtschaft. In der letzten Zeit sei die von Juden bewirtschaftete Anbaufläche für Zitrusfrüchte stark gewachsen. Tausende arbeiteten in den Orangenhainen. In der südlichen Scharon-Ebene seien neue Siedlungen entstanden, die mehrheitlich von der *Pardesanut* lebten. Die meisten Beschäftigten seien Juden, deren Tageslohn bei ungefähr zwanzig Piaster liege (wenn ich mich richtig erinnere). Hingegen arbeiteten in den älteren Siedlungen, so wie Petach Tikva, Juden und Araber zusammen. Auf Flächen, die sich nicht für Orangenbäume eigneten, würden Pampelmusen angebaut. Dies alles und noch viel mehr hatte Faivel von Tanchum Frank und seinen Söhnen vor Ort erfahren.

»Der eine erzählte mir über neue Bewässerungsmethoden und über Bohrarbeiten mithilfe von Kreiselpumpen. Der andere wiederum zeigte mir, wie man die Früchte am besten in die Kisten für den Export packt. Er nahm eine Orange, stach mit einem spitzen Stück Draht hinein und sagte: ›Eine Läsur genügt, um die Frucht faul werden zu lassen.‹ Der Bursche gab mir noch weitere praktische ›Lektionen‹; er schien sich über mich, den Gutsherrn aus dem fernen Berlin, zu amüsieren.«

Ich hoffte, Faivel würde mir auch über seine anderen Reiseerlebnisse berichten.

»Davon hast du doch schon reichlich von Braina gehört. Meine Orangenbäume hingegen … Weißt du, ich sah sie bereits, als sie noch kleine, zarte Setzlinge waren. In ein, zwei Jahren werden sie Früchte tragen, sechs Jahre nachdem sie gepflanzt wurden. Nach unserer Kalkulation etwa fünfzig Kisten pro *Dunam*. Wollen wir hoffen, dass ich mit den Hainen dort mehr Freude und weniger Sorgen haben werde, als es in meinem Alltag hier der Fall ist, ob nun in Gdingen, Danzig oder Berlin.«

In zwei Tagen geht das Jahr zu Ende. Der Erfolg der Nazis (wie man sie neuerdings auch auf Hebräisch nennt) bei den Reichstagswahlen im September – sie errangen mehr als 18 Prozent – hat der Hitler-Bewegung weiteren Zulauf beschert. Junge Leute schließen sich reihenweise an. Immer mehr Zuspruch kommt auch aus der Mittelklasse und der Arbeiterschicht, wo die Folgen der Wirtschaftskrise besonders drückend sind.

Die Demokraten weisen eindringlich auf die Gefahren hin, die der Republik drohen. Am Tag der ersten Reichstagssitzung schlugen Hitleristen die Schaufenster von jüdischen Geschäften und Warenhäusern ein, verprügelten Juden auf offener Straße. Die Übergriffe reißen nicht ab. In Frankfurt stürmte eine Nazi-Bande während des Gottesdienstes eine kleine Synagoge und grölte »Heil Hitler«. Und dies ist bei Weitem kein Einzelfall.

Wie beunruhigt müssen die Juden in Deutschland sein? Die Meinungen sind geteilt. Viele behaupten, der Judenhass sei keineswegs nur ein deutsches Phänomen. Zur Bestätigung führen sie schwere Vorfälle in Rumänien, Polen, Litauen und Österreich an. Ja sogar in der Schweiz: Die Presse berichtet über nationalsozialistische Agitatoren, die der antisemitischen Vereinigung Res Helvetica angehören.

Meir Pines erzählte Faivel von einem Brief, den er von Bialik erhielt. Unser Nationaldichter macht sich größte Sorgen um das Schicksal der Juden, die unter den *gojim* leben. »Fliehe rechtzeitig«, riet er seinem Freund. Ebenfalls zur baldigen *Aliya* nach Erez Israel rief bei einem Vortrag im Volksheim Moshe Smilansky auf – ein vielseitiger Mann aus Rehovot, dem nicht nur Orangenhaine gehören, sondern der sich auch in der Politik sowie als Schriftsteller hervortut. Er verschwieg nicht, dass die Juden im *Yishuv* von dem im Oktober veröffentlichten Weißbuch des britischen Kolonialsekretärs Lord Passfield zutiefst beunruhigt sind. Darin wurde eine Begrenzung der offiziellen jüdischen Einwanderung in viel größerem Maße als bisher vorgeschlagen. Aber er fügte gleichzeitig hinzu, dass sich an seiner festen Überzeugung nichts geändert habe: »Stellt eure Zweifel zurück und kommt zu uns!«, rief er seinen Zuhörern mit Nachdruck zu. »Nur wer nach Erez Israel auswandert, kann sich ein wahrer Zionist nennen.«

32 Schabbat, 4. April 1931

Das Letzte zuerst: Jehuda hat das Abitur mit Bravour bestanden.

»Ich zweifle nicht im Geringsten an deinem Erfolg, Juditzl«, erklärte Faivel an einem der Abende vor der Deutschprüfung.

»Hoffentlich hast du recht«, erwiderte Jehuda und setzte sich, noch im Trikot, an den Tisch. Er war gerade vom Tennis zurückgekehrt, in seinem Gesicht glänzte noch der Schweiß.

»Jeder, der gehört hat, wie du Schiller rezitierst – –«

»Ich bin doch nicht der Einzige, Papa.«

»– und jeder, der weiß, dass du selber Gedichte auf Deutsch schreibst, wird dir eine sehr gute Note voraussagen. Nur eine Sache betrübt mich. Wie kann es sein, dass so ein begabter junger Mann wie du – –«

Jehuda lächelte; er wusste, was nun kam. »Ja doch, meine Handschrift. Zu krakelig, unleserlich. Ich befürchte, dass die Note dich enttäuschen wird.«

Ich hatte das Gespräch zwischen den beiden nur zufällig mitbekommen und wäre lieber aufgestanden und gegangen. Aber Braina entschied anders. »Bleib doch zum Abendessen, Duvidl.«

Sie selber leistete uns keine Gesellschaft. Stattdessen ging sie, elegant herausgeputzt, mit Ayala in die Operette *Schön ist die Welt.* »Wegen der Melodien – und wegen Tauber«, schwärmte sie. Gemeint war natürlich Richard Tauber, den sie von allen Sängern am meisten bewundert.

»Eine feine Männergesellschaft«, scherzte Fräulein Ladebeck und servierte uns ein kaltes Abendessen, mit gehackter Leber nach Brainas Rezept.

Faivel und Jehuda sprachen über Gott und die Welt – und schließlich wieder einmal über das Studium. Ich hörte aufmerksam zu, wollte mich aber nicht einmischen. Dass Jehuda Mathematik studieren würde, stand ja ohnehin fest. Ganz in den Fußstapfen seines Vorbilds Emanuel Lasker: Mathematik und Schach. In der Schule nennen sie Jehuda den ›Schweden‹, und jeder weiß, dass er in Mathematik brilliert. Nur einer in der Klasse kann ihm das Wasser reichen: Leo, auch er übrigens ein jüdischer Schüler. Die anderen haben ihre liebe Mühe, selbst diejenigen, die Nachhilfestunde nehmen.

»Früher wolltest du Medizin studieren«, erinnerte ihn Faivel. »Und Onkel Nissan hätte es gerne gesehen, wenn wir noch einen weiteren Arzt in der Familie hätten. Ich kann ihn verstehen. Aber weißt du, woran es wirklich fehlt? Du erinnerst dich sicher an Ephraim Kuzenok. Von Haus aus ist er studierter Ingenieur. Aber jetzt arbeitet er für den größten italienischen Versicherungskonzern Generali in Warschau. Er hat mir schon vor einiger Zeit erzählt, dass in Erez Israel die Versicherungsbranche wächst. Aktuare werden händeringend gesucht, vor allem solche mit höchster Qualifikation. Vielleicht denkst du darüber nach?«

»Ich werde es mir überlegen«, antworte Jehuda. »Aber erstmal Mathematik, das ist ja auch die Grundlage.«

»Und danach?«

»Mal sehen. So habe ich es übrigens auch ihnen gesagt.«

»Wen meinst du?«

»In der Klasse, Papa. Alle neunzehn von uns mussten berichten, was wir in der Zukunft machen wollen. Welchen Beruf wir anstreben. Vier wollen Arzt werden, und zwei davon sind natürlich Juden. Fünf wollen Jurist werden – die sind alle von unseren Leut'. Helli ist übrigens einer von ihnen. Er will in Freiburg studieren.«

»Soso. Er wird dir fehlen«.

Sie schwiegen. Ich wollte nach Hause gehen, aber Faivel kam mir zuvor. »Du bist so schweigsam, David. Schon den ganzen Abend.«

Ich entschuldigte mich. »Das ganze Leben steht Jehuda offen«, äußerte ich mich aus Verlegenheit.

»Auch dir, mein Lieber«, lächelte er. Er stand auf und ging an den Buffetschrank. »Dies ist ein guter Moment für ein Glas Wein. Und für eine *papiroß*.«

»Man sagt jetzt *Sigariya* auf Hebräisch, Papa«, verbesserte Jehuda ihn.

»Ich weiß, ich weiß«, lachte er, *»sol sajn asoj, abi doß Braina nit set.«*

Jehuda winkte ab, er müsse noch lernen. Faivel und ich blieben allein zurück.

In der Nacht konnte ich keinen Schlaf finden. »Auch dir, mein Lieber«, hatte Faivel bemerkt. Aber welche Zukunft steht mir denn offen? Ich war mir nicht sicher, ob er es aufrichtig gemeint oder einfach so dahingesagt hatte. Ich spürte Neid gegenüber Jehuda – und schämte mich zugleich dafür. So wanderten meine Gedanken hin und her. Gewiss, der zähe graue Winter half nicht, meine Stimmung zu heben. Die lange Dunkelheit, die bittere Kälte. Ayala hingegen freut sich jedes Mal, wenn die Schule ausfällt, sei es, dass es eisfrei gibt oder die Heizung streikt. Mutters Zustand verschlechtert sich stetig. Sie spricht kaum noch und wird immer dünner. Mit leeren Augen blickt sie mich an. Ich reiße mir die Beine aus, um allen meinen Verpflichtungen nachzukommen. Auf die Extras – Vorträge, Versammlungen und dergleichen – muss ich verzichten.

Bei dem Neujahrsfest der Bäume, der *Tu bi-Schwat*-Feier, im Volksheim fehlte ich, ebenso bei einem Konzert mit hebräischen Liedern. Am nächsten Tag klingelte das Telefon. Braina fragte, wie es mir gehe. Sie hörte geduldig zu – dann erteilte sie mir eine Lektion: »Jetzt ist genug.« Ich musste ihr versprechen, zu einem Nachmittagsvortrag in die Villa zu kommen. »Wer etwas verspricht, muss es auch halten«, ermahnte sie mich.

Ich kam in letzter Minute an. Braina eilte zur Haustür, um mich zu begrüßen, und war sichtlich erfreut. Im Salon sprach ein Medizinstudent namens Nehemia Ginsburg über die jüdische Jugendbewegung. Er war von mittlerer Statur, mit ersten Geheimratsecken, aber voller Elan. Seine Ausführungen enthielten wenig Neues für mich. Aber auf die versammelten Gäste – die meisten von ihnen Damen, unter ihnen auch Ayala – machte er großen Eindruck. »In den letzten zwei Jahrzehnten haben wir einen weiten Weg zurückgelegt«, führte er aus. »Am Anfang stand eine Gruppe, der *Jüdische Wanderverein Breslau*, aus dem bald *Blau-Weiß* hervorging. Mit der Zeit sind weitere Gruppen mit unterschiedlichen Gesinnungen hinzugekommen: einige vertreten moderate Positionen, andere – so etwa die *Brit Trumpeldor* – sind den Revisionisten verpflichtet. Aber was doch wirklich zählt: Der Zionismus ist der Kern all dieser Bewegungen, und mit ihm die Idee von einer Neugeburt unseres Volkes in seiner Heimat.« Mit Nachdruck rief er zum Hebräischlernen auf und setzte sich für die *Hachschara*, die praktische Vorbereitung der jungen Leute auf die *Aliya*, ein. »Unser Blick ist auf die jüdische Heimstätte gerichtet!«, schloss er emphatisch seine Ausführungen.

Ich wollte mit den anderen Gästen nach Hause gehen, zumal ich müde und angeschlagen war. Aber Ayala fasste von hinten meinen Arm und sagte: »Warte, du gehst mit mir!«

Wie sich herausstellte, bildete der Nachmittag den Auftakt für einen unerwartet ausgelassenen Abend. Wir gingen zum »Hebräischen Fest der Jugend«. Die jungen Zionisten, von denen Ginsburg gesprochen hatte, füllten den Spichernsaal: Männer und Frauen aller Jugendgruppen, *Nordau*, *Brit ha-Olim*, *Kadima*, *Zofim*, *Brit Trumpeldor* und sogar die orthodoxe *Misrachi*. »Dem Boden Erlösung, dem Volke Beseelung!«, stand in großen Lettern auf einem Spruchband an der Wand. Zwei große Büchsen in Blau-Weiß luden zu Spenden für den *Keren Kayemet* ein. Unter den Feierenden begegnete ich Hebräischschülern aus alten Zeiten sowie einigen aus den Klassen, die ich jetzt am Volksheim unterrichte. Wir plauderten munter, und wenngleich sie hier und da ein deutsches Wort benutzten, war ihr Hebräisch doch sehr passabel.

Das Abendprogramm führte uns in die Heimat jenseits des Meeres. Tänze der *Chaluzim*, der Pioniere, und Flötenmelodien mit orientalischem Kolorit stimmten uns ein. Dann las Tschernichowski einige seiner Gedichte. Man sagt, dass er uns bald verlassen und nach Erez Israel gehen wird. Den krönenden Abschluss bildete der Auftritt eines Sprech- und Bewegungschors, der die von Avraham Shlonski verfasste Ode »Angesichts der Wüste« aufführte. Der lyrische Text ist ein einziger Lobpreis auf die Gründung einer Stadt in den Dünen: »Blech und Eimer / Eimer und Blech / Dem Nichts gegenüber / Entsteht eine Stadt.«

Trotz der fortgeschrittenen Stunde ging ich mit einigen meiner ehemaligen männlichen Schüler noch in eine Kneipe. Allerdings waren nicht alle Neuigkeiten erfreulich. Einige klagten über finanzielle Nöte. Ich hörte auch von anderen Schwierigkeiten, insbesondere den antisemitischen Anfeindungen bei der Arbeit. »Ein Grund, weshalb junge Leute sich den zionistischen Gruppen anschließen, ist die bedrückende wirtschaftliche Lage«, erklärte Moshe. Gerade einmal vier Monate hatte er in einem Geschäft für Küchengeräte gearbeitet, da wurde er von einem Tag auf den anderen entlassen. Die finanzielle Lage sei verheerend, so die Begründung. »Ich kenne junge Leute, die sich aus Verzweiflung dem Zionismus zugewandt haben. Erez Israel ist der Ort ihrer Träume, wie ein Lichtblick in einer dunklen Zeit. Aber ich fürchte, sie werden Deutschland niemals verlassen, zu eng sind sie mit ihrer Heimat verbunden.«

Auf dem Heimweg sann ich dem Gespräch und der Trauer in Moshes dunklen Augen nach. Ich musste noch einmal an ihn denken, als Braina mir stolz – und dies mit gutem Recht – Jehudas Abiturzeugnis zeigte. Im April wird er das Mathematikstudium beginnen. Moshe hingegen, der sich so sehnlich wünscht, Biologe zu werden, kann sich ein Studium nicht leisten.

Jehuda schmiss eine kleine Feier für seine engsten Freunde. Das bestandene Abitur war nicht der einzige Anlass. Bei der ersten nationalen Deutschen Tischtennis-Meisterschaft in Magdeburg hatte sich Heinz Nickelsburg glänzend geschlagen. Im Einzel belegte er den zweiten Platz, im Doppel gewann er mit seinem Partner – dem Griechen Madjaroglou – die Meisterschaft. Und einen Monat zuvor hatte die deutsche Mannschaft zum ersten Mal in ihrer Geschichte den fünften

Platz bei der Tischtennis-Weltmeisterschaft errungen – auch hier war es maßgeblich das Verdienst des Juden und des Griechen. »Das soll den Ariern zu denken geben!«, meinte Jehuda. Er beglückwünschte Heinz, schenkte jedem ein Glas Wein ein und rief: »Heinz ist auf der Siegerspur. Als Nächstes wird er Weltmeister. Auf eine glänzende Zukunft, *le-Chayim*!«

Heinz Nickelsburg (1912–2001) ging bei den Grüngards ein und aus. Zwischen 1930 und 1932 belegte er den 2. Platz der deutschen Tischtennis-Rangliste. Nach dem Zweiten Weltkrieg lebte er in London, wo er ein Spielwarengeschäft führte.

Und was nun Jehudas Zukunftsaussichten betrifft? Das weiß niemand besser als Helli Herzberg. In einem launigen Augenblick schrieb er kurze ›Epigramme‹ über alle Freunde in ihrem Kreis, so auch über Jehuda:

Juditz wird einmal Gelehrter
That is proved without doubt
durch eine große Glatze,
die bald beglänzt sein Haupt.

Keine dichterische Meisterleistung. Aber Ayala amüsierte sich köstlich – und zu Jehudas Verdruss legte sie in ihrer neckischen Art die Betonung auf »große Glatze«.

33 *Erev* Schabbat, 8. Mai 1931

»Etwas an Gdingen erinnert mich an Tel Aviv«, bemerkte Faivel zu mir. Wir näherten uns der Danziger Bucht. »Weißt du, ich kenne beide Städte seit ihren Anfangstagen. Wie ein Wunder sind sie aus dem Sand hervorgegangen und dehnen sich entlang des Meeres aus. Bei jedem Besuch in Tel Aviv begegne ich einer neuen Stadt, noch größer und quirliger als zuvor. Und so ist es auch mit Gdingen. Einst war es ein kleines, verschlafenes Fischerdorf – und jetzt? Warte nur, du wirst es mit eigenen Augen sehen!«

Danzig hatte ich als Kind einmal besucht, aber dass ich eines Tages nach Gdingen kommen würde, hätte ich mir nicht träumen lassen. Seit dem Versailler Vertrag gehört die Stadt zur Republik Polen, ihr Hafen ist von überragender Bedeutung. Ich muss gestehen, dass ich überrascht war, als Faivel mich einlud, mitzukommen. Für gewöhnlich trennt er gewissenhaft zwischen Alltag und Arbeit. »*Dos ejßek* lässt er vor der Haustür«, pflegt Braina zu sagen. »Die Reisen nach Danzig tun ihm gut. Im Zug genießt er die Ruhe und gönnt sich eine gute Mahlzeit im Speisewagen.«

Rasch musste ich einen Ersatzlehrer für meine Schüler finden und Vorkehrungen für meine Mutter treffen. Zum Glück hat ihre beste Freundin Henni gleich zugesagt. Urlaub – wie fremd mir dieses Wort schon geworden ist. Beim Packen erinnerte ich mich wehmütig an die vielen Sommer, in denen Vater und ich im Bayerischen Wald wanderten. Wir hatten eine bewährte Regel: drei Stunden Wandern, eine halbe Stunde Pause. Lang ist's her.

Suppik chauffierte Faivel und mich früh am Morgen zum Bahnhof, er warf mir einen mürrischen Blick zu – ob aus Neid oder Argwohn, weiß ich nicht. »Vergiss nicht, dass wir eine Grenze überqueren. Ich hoffe, du hast deine Papiere dabei?«, fragte Faivel. Selbstverständlich hatte ich sie bei mir.

Ich genoss die Fahrt in der ersten Klasse. Der Schaffner, ein stämmiger Mann mit rosigem Gesicht, behandelte uns überaus freundlich. Als Faivel im Speisewagen für einen Tee bezahlen wollte, hatte er das nötige Kleingeld nicht zur Hand und bat mich um einige Münzen. Der Schaffner bekam es mit und frug, welche Sprache das sei. Hebräisch – das hatte er nie gehört! Faivel war nicht zu langen Unterhaltungen aufgelegt. Die meiste Zeit döste er oder las in einem Band der Gesammelten Werke David Frischmanns, den er vor Kurzem erhalten hatte. In der Subskribenten-Liste am Schluss dieses Bandes ist unter ›Berlin‹ auch Faivels Name aufgeführt. Er wünscht sich, dass Ayala mit meiner Hilfe beizeiten Frischmanns leidenschaftlichen Aufsatz über Schiller liest, in dem der Autor von einer Seelenverwandtschaft zwischen dem deutschen Dichter und seinen jüdischen Lesern spricht, zumal in ihrem Gymnasium sein Schauspiel *Die Räuber* auf dem Lektüreplan gestanden hatte. Ich versprach, es zu versuchen – wiewohl ich wusste, dass die Erfolgsaussichten gering sind, es sei denn, ein Wunder geschieht. Wir schwiegen wieder. Gegen Mittag reservierte Faivel, wie zu erwarten, für uns einen Tisch im Speisewagen.

Am nächsten Morgen erkundete ich die Stadt. Zarte Wolken, wie Tupfer auf einem Gemälde, zogen über den Hafen hinweg. Am Horizont gingen Himmel und Meer so weich ineinander über, wie ich es noch nie gesehen hatte. Doch kam es auch vor, dass innerhalb von Minuten aus einer leichten Brise ein heftiger Windstoß wurde – einer riss sogar meine Mütze herunter.

Ein Wellenbrecher schützt den Hafen, in dem große Frachtschiffe ebenso wie Fregatten der polnischen Armee vor Anker liegen. In Gdingen werden Güter aller Art umgeschlagen, eine weitere Mole ist im Bau. Am Rande des Hafenbeckens angeln Männer von kleinen Fischerbooten oder bessern Netze aus. Am Kai sind Dutzende von Hafenarbeitern an den Hebekränen im Einsatz, unermüdlich Waren ein- und ausladend. Man hört überwiegend Polnisch und nur vereinzelt Deutsch. Am sogenannten Indischen Kai ragen imposante Gebäude auf, so etwa die sechsstöckige Reismühle mit ihren roten und weißen Backsteinbändern, die an die polnische Flagge erinnern sollen. Sie gehört dem jüdischen Unternehmer Wasserberger. Unweit davon die Ölmühle der *Gdyńska Olejarnia*, also der Gdingener Ölwerke, hinter deren Gründung drei jüdische Geschäftsleute stehen. Zwei von ihnen habe ich hier zum ersten Mal getroffen: die Herren Leon Oks aus Danzig und Zygmunt Krotowski aus Posen. Der Dritte – nun, das war natürlich mein Reisegefährte und Gastgeber.

Wie viele Juden in Gdingen leben, wollte ich wissen. »Ungefähr siebzig, achtzig, vielleicht sogar mehr«, antwortete Herr Oks. In den letzten Jahren sind insbesondere jüdische Ingenieure, Händler und Geschäftsleute in die Stadt gekommen.

»Es war ein langer, nicht ganz einfacher Weg zu unserer Unternehmung«, erzählte mir Faivel. »Aber jetzt hat es sich gut angelassen. Im Augenblick läuft die Produktion wie am Schnürchen, wir exportieren vor allem nach Skandinavien. Ich hoffe, dass wir uns gegen die Konkurrenz aus Sowjetrussland und Rumänien behaupten können.«

Jeden Morgen begleitete ich Faivel auf dem Weg von Danzig in das ungefähr zwanzig Kilometer entfernte Gdingen. Tagsüber war er von den Geschäften in Anspruch genommen, und ich hatte Zeit für die Stadt, in der so gut wie alles neu ist. Innerhalb von nur acht Jahren sind ein Bahnhof, Verwaltungsgebäude, Lagerhallen und elegante Hotels entstanden. Und doch ist die Vergangenheit nicht ausgelöscht. Unweit der modernen Wohnanlagen stehen immer noch schlichte Holzhäuser, neben den Bankgebäuden die Reste der einstigen Fischerhütten. Aber vor allem ist der herrliche Strand geblieben. An einer abgelegenen, windstillen Stelle, fernab des Hafentrubels, verbrachte ich viele glückliche Stunden.

Die polnische Regierung hatte sich kurz nach dem Krieg entschlossen, die neue Hafenstadt zu errichten. »Zwar hat Polen in Danzig weitreichendes Mitspracherecht, aber die Freie Stadt ist doch letztlich autonom«, erläuterte Herr Oks, als wir bei einem frühen Abendessen beisammensaßen. Als gebürtiger Danziger weiß er, wie wichtig die Gründung und der Aufbau des Hafens für die Polen war. Sie hatten keine Kosten gescheut. Für Danzig freilich war es ein schwerer Schlag.

»Das Frachtaufkommen in Danzig ist deutlich zurückgegangen, ebenso der Umsatz. Gdingen ist das neue Tor für den polnischen Import und Export, und nicht nur für den polnischen.«

Faivel nickte. »Auch in dieser Beziehung ähnelt Gdingen unserem Tel Aviv«, ergänzte er. »Beide stehen für einen Neubeginn, für nationale Unabhängigkeit.«

Der Hafen war bereits in Abendlicht getaucht; wir fuhren zurück nach Danzig. Eine Frage beschäftigte mich. Wie gedenkt Faivel, die Geschäfte von Erez Israel aus zu führen? Will er die Sache in die Hände seines Bruders Hirsch-Pessach legen, der in Danzig wohnt und ohnehin von Faivels Zuwendungen lebt?

Wie es der Zufall wollte, war Danzig in der Woche unseres Besuchs Schauplatz einer bedeutenden zionistischen Versammlung. Genauer gesagt der Anhänger Jabotinskys. Fast hundertfünfzig Delegierte waren von nah und fern angereist, sogar aus Australien und China, um den ersten internationalen Kongress der *Brit Trumpeldor*, der Jugendbewegung der Revisionisten, abzuhalten. Wir freuten uns, in den Straßen Danzigs Hebräisch zu vernehmen. Zwar ist Faivel, anders als Braina, kein Anhänger der Revisionisten. Aber er ließ sich von dem hebräischen Dichter Jakob Kahan, einem regelmäßigen Gast in seinem Haus, überreden, Jabotinskys Abschlussrede zu hören.

Noch bevor Jabotinsky das Wort ergriff, feierten die Anwesenden ihn mit stürmischen Ovationen, wie einen Helden. Er ist von eher mittlerer Statur, aber versteht es, mit seiner mitreißenden Art das Publikum zu begeistern. Seine Vision kennt keine Kompromisse: ein ungeteiltes Erez Israel mit einer jüdischen Mehrheit. Ich gebe zu, auch wer nicht mit ihm übereinstimmt, kann sich nur schwer seinem Bann entziehen. In einer leidenschaftlichen Rede rief er zur körperlichen Erneuerung des Volkes auf und bezeichnete die militärische Ertüchtigung als wichtigen Bestandteil der Formung des jungen Hebräers. Die Jugendbewegung zählt nun fast dreiundzwanzigtausend Mitglieder, verkündete er unter dem tosenden Beifall der Anwesenden. Er schloss seine Rede mit einem Appell zum Haltungannehmen. Alle im Saal standen auf und sangen die zionistische Hymne *Hatikva*.

Insgesamt fünf Tage weilten wir in Danzig und wohnten, ganz nach

Faivels Gewohnheit, im vornehmen Hotel Danziger Hof. Am letzten Abend überredete er mich zu einem Glas Danziger Goldwasser, dem berühmten Likör der Stadt. Zum ersten Mal seit Monaten hatte ich mich bei dieser Reise wie befreit gefühlt: Ich war Herr über meine Zeit; konnte das Licht der Sonne genießen und die Meeresluft tief einatmen; ja überhaupt – ich war frei, nur das zu tun, was ich wollte.

34 Schabbat, 19. September 1931

Ein Wort ist in aller Munde, unter meinen Schülern, Freunden, sogar unter Fremden: Renaissance. Manche legen Wert darauf, das hebräische Wort zu benutzen: *Tchiya*. Ich wundere mich freilich, wie man von einer jüdischen Renaissance in Deutschland sprechen kann, wenn zur gleichen Zeit der Judenhass immerfort zunimmt. Ist es einfach nur Dummheit, Naivität, oder die natürliche Neigung des Menschen, die Dinge schönzureden? Wer mit mir nicht übereinstimmt, entgegnet stolz: Bei uns gibt es doch hebräische Kindergärten, und immer mehr Eltern schicken ihren Nachwuchs in jüdische Schulen. Fast dreitausend Schüler sind es inzwischen. Das Interesse am Hebräischunterricht steigt stetig, gleichzeitig mangelt es an kundigen Sprachlehrern. Bei jedem Vortrag ist der Saal bis auf den letzten Platz gefüllt, und hebräische Lieder haben den deutschen Gesang zurückgedrängt. Ich bestreite ja auch gar nicht, dass jüdische Kultur und Zionismus Aufwind haben, aber wer von einer jüdischen Renaissance in Deutschland spricht, verschließt die Augen vor der Realität. Und ein Ereignis der jüngeren Zeit hat dies wieder einmal unter Beweis gestellt.

Es war ein Sommertag wie aus dem Bilderbuch. Ayala und ich saßen im Garten, wir nahmen gemeinsam den ersten Teil des Nibelungenlieds durch. Ich las ihr laut vom jungen Siegfried und seinen Heldentaten vor.

»Jetzt bist du an der Reihe mit Lesen«, forderte ich sie auf.

Aber Ayala schob das Buch von sich weg.

»Ich träume von dem Tag, an dem wir hier weggehen«, bemerkte sie trotzig.

Ich war überrascht. In den vergangenen Wochen hatte sich Ayala von ihrer besten Seite gezeigt: voller Leben, Fröhlichkeit und Neugier. Ihre Leistungen in der Schule haben sich deutlich verbessert. (»Aber vergleich mich nicht mit Juditz«, diesen Satz wiederholte sie bei jeder Gelegenheit.)

»David, du bist hier geboren und unter Deutschen aufgewachsen, und – –«

»Wovon redest du? Wer weiß besser als du, dass ich nur zu gerne von hier weggehen will – will, und nicht kann.«

Aber Ayala hörte mir nicht zu. »Wenn ich doch nur fliehen könnte«, murmelte sie vor sich hin.

»Was ist denn passiert?«

Ihre Lippen zitterten. Sie versuchte, nicht zu weinen, aber ihre Augen waren feucht.

Ob sie eine Prüfung vergeigt habe und sich nicht traue, es mir zu erzählen? Oder ob die jüdischen Klassenkameradinnen sie wieder gehänselt und ›Ostjüdin‹ genannt hätten?

Ich wollte sie beruhigen, aber sie ließ mich nicht und fing an, aufgeregt zu erzählen. Immer wieder stockte ihre Stimme.

Es betraf Eva, eine Nachbarin, die bis dahin stets freundlich zu ihr gewesen war. Neulich ging sie in Begleitung von zwei Männern an Ayala vorbei und warf ihr einen Blick voller Verachtung zu. »Raus mit den Juden!«, grölten die jungen Männer und riefen Ayala weitere Parolen der Hitleristen hinterher. »Ich erzähle es nur dir, David. Versprich mir, dass du Mama nichts davon sagen wirst.«

Ich habe es in der Tat nicht weitererzählt, auch weil ich Brainas Gesundheit nicht belasten wollte.

Ein merkwürdiger Monat war jener Juni. Vor und nach dem traurigen Gespräch mit Ayala gab es durchaus Erfreuliches. Am Donnerstag, den 11. Juni, wurden die neuen Räumlichkeiten des Hebräischen Volksheims eröffnet. Die Hochparterrewohnung, Kurfürstendamm 61, bietet mehr Platz und wartet mit einem eigenen Lesesaal auf, in dem zahlreiche Zeitschriften und Bücher ausliegen. Zur Eröffnungsfeier kamen Hunderte Gäste. Der bereits betagte Gelehrte Simon Bernfeld beschrieb das Werden und Wirken der hebraistischen Bewegung. Die anderen Redner unterstrichen die Bedeutung des Volksheims für die Verankerung der hebräischen Sprache und Kultur in Berlin sowie darüber hinaus. Braina war ganz der Meinung von Rawidowicz, der auf die Dringlichkeit von ideeller und materieller Unterstützung jeder Art hinwies. Sie versprach, Konzerte und andere Veranstaltungen in der Villa auszurichten und den Erlös an das Volksheim zu spenden.

Zehn Tage später fand eine große Zusammenkunft im Hebräischen Volksheim statt. Vertreter von Schriftsteller- und Lehrerverbänden, Jugendbundführer sowie Repräsentanten der *Tarbut*-Organisation, des Verbandes der hebräischen Schulen in Osteuropa, reisten aus mehreren europäischen Ländern und Erez Israel an. Neuland betrat man nicht zuletzt in der Sprachenfrage. Seit den frühesten Tagen ist Deutsch die Sprache der zionistischen Kongresse, man sagt auch Kongressdeutsch dazu. Aber bei der Versammlung in Berlin ist ein Wunder geschehen: Zwei Tage lang, von Morgen bis Mitternacht, wurde überwiegend auf Hebräisch referiert und debattiert. In der letzten Sitzung wurde der Beschluss gefasst, eine neue Organisation namens *Brit Ivrit Olamit*, also Hebräischer Weltbund, zu gründen. Dieser Verband soll sich nicht nur der Verbreitung der hebräischen Sprache und Literatur widmen, sondern auch Erziehungsstätten und Volksheime gründen sowie kulturelle Aktivitäten, insbesondere für junge Menschen, organisieren.

Die Eröffnungsrede hielt einmal mehr Simon Rawidowicz, der die treibende Kraft hinter dem Weltbund ist. Er betonte, welch wichtige Rolle der jüdischen Bildung und hebräischen Erziehung in der *Gola* zukomme: »Die erneuerte hebräische Kultur wird nicht allein in Erez Israel geschaffen.« Er sprach lange; seine Ausführungen waren kategorisch, stellenweise auch polemisch. »Eine zukünftige jüdische Kultur muss zwei Partner haben: Erez Israel und das Judentum der *Gola*.« Neben mir saß ein junger Bursche aus Erez Israel, der mit dem Gesagten sichtlich nicht immer einverstanden war. Als Rawidowicz erklärte: »Die *Gola* ist weder Segen noch Fluch, sie ist eine Tatsache, eine historische Gegebenheit«, konnte der Junge nicht länger an sich halten und zischte: »Kaum zu glauben! Er wagt es, zugunsten der *Gola* auf die nationale Heimstatt zu verzichten.« Mein Kollege und Freund Zwi Woyslawski war ebenfalls empört: »Wo in der *Gola* gibt es denn dieselben

Bedingungen für ein geistiges Zentrum unserer hebräischen Kultur wie in Erez Israel?«

Zwei Tage Sitzungen, Vorschläge und heftige Kontroversen. In der letzten Sitzung wurden die Hauptpunkte des Programms offiziell verabschiedet. Im Anschluss wählte man einen Großen Rat, dem siebenunddreißig bedeutende Persönlichkeiten angehörten, darunter Bialik, Sokolow und Jabotinsky. Ferner wurde eine Exekutive eingesetzt und damit beauftragt, innerhalb eines Jahres den ersten Hebräischen Weltkongress vorzubereiten. Eines ihrer vierzehn Mitglieder ist Faivel.

Und wo wird das Zentrum der neuen Bewegung sein? Das ist doch klar wie der Tag: in Berlin! Wie es scheint, ist unser Berlin inzwischen das Jerusalem der Zionisten geworden ...

Im Hause Grüngard tagte – und tanzte – der Kongress in kleiner Runde weiter. Gäste kamen und gingen, vor allem auswärtige Teilnehmer, die noch in der Stadt geblieben waren. Dov Lipetz aus Kowno erzählte über das Wirken von *Tarbut* und wie diese Organisation mit den Hindernissen, die ihr von der litauischen Regierung in den Weg gelegt werden, umgeht. Sein Landsmann Dr. Shapiro erwähnte die zunehmenden Animositäten der Jiddischisten gegen das hebraistische Lager in Litauen. Auch Mendel Sudarskis Name fiel. Es stellte sich heraus, dass Brainas Bruder kürzlich eine große Versammlung geleitet hatte, bei der die Gründung eines Weltverbandes zur Verbreitung der jiddischen Kultur beschlossen wurde.

Zur gleichen Zeit traf aus Erez Israel Faivels Nichte Rochale ein. Eine Zionistin durch und durch: Gleich nach ihrer Schulzeit an einem Hebräischen Gymnasium in Litauen war sie ausgewandert. Die junge Frau ist etwas schüchtern und von hagerer Statur, das Haar trägt sie zu einem Zopf gebunden – aber was vor allen Dingen hervorsticht, ist ihr von Brandwunden gezeichnetes Gesicht. Eine glühend heiße Petroleum-Lampe hatte ihre Haut verletzt. Braina schlug vor, ärztlichen Rat in Berlin einzuholen – schließlich hatten in Deutschland Kriegsversehrungen zu neuen Behandlungsmethoden auf dem Gebiet der plastischen Chirurgie geführt. Die junge Frau zögerte, aber schließlich nahm sie das Angebot an. Braina begleitete sie zu »Nasen-Joseph«, einem jüdischen Chirurgen, dem ein großer Ruf vorauseilte: Seine Hautoperationen würden keine Spuren oder Narben hinterlassen. Unter seinen Patienten sind Männer wie Frauen gleichermaßen – und dazu zählen übrigens auch diejenigen, die ihre ›jüdische Nase‹ korrigieren wollen. Nach dem Abschluss der Behandlung verließ die junge Frau Berlin. Ihre Gesichtshaut war nun deutlich heller und glatter. Braina bot an, die Kosten zu übernehmen, aber der Arzt verzichtete auf sein Honorar und gab der jungen *Chaluza* seine Segenswünsche auf den Weg nach Erez Israel mit.

Kurz vor *Rosch ha-Schana* kehrte Faivel aus Danzig zurück. »Er ist so erschöpft und angespannt«, klagte Braina. »Den ganzen Tag sitzt er zurückgezogen im Bureau und redet kaum ein Wort. Ab und zu legt er sich ein kaltes Tuch auf die Stirn. Ich mache mir große Sorgen. Es ist, als wäre er über Nacht alt geworden.«

Mehr als eine Woche verging, bis ich ihn zu Gesicht bekam. Die Dämmerung war bereits angebrochen. Wir saßen im Wintergarten, und ein warmer Spätsommerwind umwehte uns. Der Apfelbaum im Garten schien unter den reifen Früchten regelrecht zu ächzen. Unter dem Tisch, zu unseren Füßen, schlief Hasso, Suppiks junger Hund. (Ich weiß nicht, ob ich bereits schrieb, dass Lona gestorben war. Zugegebenermaßen trauerte der Hündin niemand so recht nach, außer ihrem *gojischen* Herrchen.)

Wir sprachen über dieses und jenes, nicht zuletzt über die Arbeit des Weltbunds, die beim Zionistischen Kongress im Juli auf lebhaftes Interesse gestoßen war. Zurzeit wird im Bund und seiner Exekutive insbesondere die Frage diskutiert, wie man auch in kleineren Städten in der Provinz mehr Unterstützer gewinnen und damit zugleich die Einnahmen aus dem *Sela* genannten Mitgliedsbeitrag steigern kann.

»Kurz und gut, wir haben alle Hände voll zu tun«, erklärte Faivel.

»Warum hast du dann eingewilligt?«

»Eingewilligt in was?«

»In die Arbeit für die Exekutive.«

Er schwieg.

»Es muss dir doch von Anfang an klar gewesen sein, dass die eigentliche Arbeit nicht dem Großen Rat, sondern der Exekutive zufällt«, brachte ich vor – und dann gingen mir plötzlich jene Worte von den

Lippen, von denen nur der Teufel weiß, was ich mir dabei dachte. Noch nie hatte ich mit meinem Freund in einem so respektlosen Ton geredet.

»Und ich will dir noch etwas sagen«, fuhr ich fort. »Der Mensch hat zwei Beine, aber es scheint mir, du hast drei. Eines in Berlin, das andere in Gdingen und das dritte jenseits des Mittelmeers.«

Faivel blickte mich mit einem gelassenen Lächeln an. »Willst du mir etwa unterstellen, dass ich es nur wegen der Ehre mache? *Der kowed intreßirt mir wi a joriger schnej.*«

Ich war verdattert. Aus Verlegenheit beugte ich mich nach vorne und streichelte Hassos Fell. Der Hund erwachte und lief erschrocken fort.

»Solange ich noch nicht drüben bin, David, tue ich für dort, was ich nur immer von hier tun kann. Allein – und gemeinsam mit Menschen, die ich schätze.«

35 *Chanukka*, Sonntag, 6. Dezember 1931

»Wir fahren!« Ayala stürmte auf mich zu und umarmte mich überschwänglich.

So hatte ich sie in all den Jahren noch nie erlebt. Ich fühlte ihr weiches Haar an meinem Hals, und der warme Duft ihres Körpers umströmte mich. Ich fürchtete, sie zu verlieren.

Sie ließ mich los.

»Wohin?«, fragte ich.

»Rate mal!«

Jetzt war sie wieder das verspielte Kind, und ich spielte gerne mit.

»Nach Karlsbad?«

»Nein.«

»Vielleicht nach Stockholm?«

Sie lächelte verschmitzt und zierte sich.

»Erzähl es mir doch!«

»Zur *Ma-ka-bi-ya*!«

»Nach Erez Israel?!«, stellte ich mich ungläubig. Ich wusste, wie glücklich sie war und wollte den freudigen Moment verlängern.

»Setz dich hin«, bedeutete sie mir – und dann erzählte sie, was ich schon wusste.

Faivel hatte sich frühzeitig darum gekümmert, Karten für die Überfahrt bei der Schifffahrtsgesellschaft Lloyd Triestino zu kaufen. »Wir fahren, zu viert«, verkündete er. »Ende März, noch vor *Pessach*, brechen wir auf. Unsere jüdische Olympiade ist der Anlass, aber wir wollen die Gelegenheit auch nutzen, um die Levante-Messe in Tel Aviv zu besuchen«. Er bat, ich solle es für mich behalten, bis er es Ayala und Jehuda erzählt habe. »Weißt du, David, ich muss für eine Weile von hier fort. Ich sehne mich nach der Luft von Erez Israel.«

Sorgenfalten lagen auf seiner Stirn. »Allerlei Schwierigkeiten. *Naje zoreß*«, flüsterte Braina mir zu. Ich erklärte es mir mit Problemen in Gdingen. Und sicher kam der immer weiter um sich greifende Antisemitismus hinzu. Die hiesigen Ausschreitungen an *Rosch ha-Schana* hatten Braina erschüttert; ihre innere Ruhe war dahin. »Wer weiß, was die Zukunft bringt. Wir haben uns entschlossen, Deutschland zu verlassen«, erklärte sie. Die Entscheidung selbst überraschte mich nicht – lediglich die Art und Weise, wie Braina sie verkündete: mit ruhiger Resignation, als einen unumstößlichen Beschluss.

Die antisemitische Gewalt nahm ein noch nie zuvor erlebtes Ausmaß an. Diesmal traf es den Westen der Stadt, in dem besonders viele Juden wohnen. Am Vorabend unseres Neujahrsfests versammelte sich das antisemitische Gesindel vor der Synagoge am Kurfürstendamm und überzog die Betenden mit Hassparolen, die hier wiederzugeben ich mich schäme. Sie verhöhnten Passanten, die in ihren Augen jüdisch aussahen, und schlugen sie zu Boden. Die Gewalt war von langer Hand geplant. Unser Entsetzen saß tief. Das Gerichtsverfahren gegen die Drahtzieher, die SA-Leute Wolf-Heinrich von Helldorff und Karl Ernst, wurde vertagt. Im November wurden sie zu sechs Monaten Gefängnis verurteilt, aber die Pessimisten unter uns bezweifeln, dass sie die ganze Strafe absitzen werden.

Die Übergriffe der Hitleristen haben in den letzten Monaten stark zugenommen. Viele erklären es mit der Wirtschaftskrise und der sozialen Lage. Im Sommer ist die Zahl der Arbeitslosen auf über vier Millionen gestiegen. Immer mehr arme Menschen sind obdachlos und fristen ein Dasein auf der Straße, oft nahe wärmender Motoren. Manche finden eine Schlafstatt auf den Bänken der öffentlichen Parks. Täglich hört man von weiteren Geschäften, die pleitegegangen sind. Für viele sind wir Juden die Sündenböcke.

Mehr als einmal kehrte Jehuda aufgeregt von der Universität heim. Er berichtete von Krawallmachern, die in den Hörsälen und Fluren der Universität jüdische Studenten tätlich angriffen. Im Sommer hat die preußische Regierung die kurzzeitige Schließung der Universität angeordnet. Bei weiteren Ausschreitungen solle sich die Polizei zum Einschreiten bereithalten.

»Ich bin überzeugt, dass es damit nicht getan sein wird«, empörte sich Jehuda. »Man bestraft uns für unseren Erfolg, und jetzt bekommen wir die Quittung. In den vergangenen Jahren haben sich immer mehr jüdische Studenten eingeschrieben, darunter auch aus Erez Israel. Deutschland ist für sie das Land der Bildung. Der Anteil der jüdischen Studenten ist viermal so hoch wie der Anteil von uns Juden an der Gesamtbevölkerung«. Und er fügte mit einem Anflug von Stolz hinzu: »Berlin und Frankfurt sind besonders gefragt.«

Ich bin nicht sicher, ob ich schon von dem brutalen Angriff auf Mara Spiegel geschrieben habe. Bei der Feier zu Ehren Tschernichowskis hatte ich ihn, das Film-Wunderkind, zum ersten Mal erlebt. Und nun das: Vor Kurzem kam er blutüberströmt nach Hause, zusammengeschlagen von einer Bande Jugendlicher. Sie hatten ihn als »Ostjuden« beschimpft und ihm die derbsten antisemitischen Parolen entgegengeschleudert. Noch in der gleichen Nacht entschloss sich sein Vater, mit ihm nach Paris aufzubrechen, wo er nun zur Schule geht. Und dies ist kein Einzelfall. Meine Schüler erzählen tagein tagaus von Beleidigungen und Angriffen. Längst hat sich die braune Seuche in allen Schichten der deutschen Gesellschaft ausgebreitet.

In Ayalas Gymnasium hat der neue Physiklehrer nur drei Wochen lang unterrichtet. Anfang November war er plötzlich verschwunden. Die Schulleitung hat ihn »wegen politischer Betätigung vom Amte suspendiert«. So wurde es jedenfalls verlautbart. Sein Name kam Ayala nicht über die Lippen. Wann immer sie von ihm sprach, nannte sie ihn nur den »Lehrer mit dem hässlichen Gesicht«. Es war aufgrund einer schweren Kriegsverletzung entstellt. »Alle kennen seine Meinungen«, merkte Ayala an. »Er hält nicht damit zurück, er ist einer von Otto Strassers Anhängern – –«

»Ein Hitlerist!«, rief Braina.

»Nicht ganz genau«, korrigierte Jehuda. »Strasser ist ein nationalsozialistischer Linker. Er schwadroniert von einem Deutschtum mit sozialistischen Werten.«

»Das macht keinen Unterschied. Ein Hitlerist – –«, insistierte Braina.

»Aber du interessierst dich doch nicht besonders für deutsche Politik, Mama. Strasser hält Hitler auf Abstand. Er hat seine eigenen Leute«, sagte Jehuda und blickte zu Ayala. »Und dein Lehrer ist einer von ihnen.«

»Ich weiß es nicht, und es interessiert mich auch nicht«, entgegnete Ayala.

»Aber du hast doch gesagt, dass er ein guter Lehrer ist?«, versuchte ich das Gespräch in eine andere Richtung zu lenken. »In der Physikprüfung hat er dir eine gute Note gegeben und – –«

»*Dai dai*, genug«, rief Braina und erklärte das Gespräch für beendet.

Ich blieb alleine mit Ayala im Salon. Sie zog aus ihrer Tasche einen Schulaufsatz, den sie über das Thema »Mein Haus – meine Welt« geschrieben hatte, und bat mich, ihn zu lesen.

»Wer weiß, wie lange es dauert, bis er wieder zurückkehren kann«, murmelte sie. »Wenn er überhaupt zurückkehrt.« Sie seufzte. »Hässlich ist er zwar, aber er hat eine Engelsgeduld.«

Ich wollte auf den Aufsatz zurückkommen. Aber sie spielte nervös mit einem Bleistift und rechnete mir vor: »Wenn er nicht zurückkehrt und sie keinen Ersatz für ihn finden, wird es keine Physikstunden mehr geben. Drei oder vier Tage wird eisfrei sein, und wenn ein oder zwei weitere Lehrer krank werden, fallen noch mehr Stunden aus.«

Der Aufsatz, den sie offenkundig rasch heruntergeschrieben hatte, war nicht besonders gut. Entsprechend auch die Note.

Chanukka hat begonnen. Am Freitagabend haben wir die erste Kerze entzündet und viel zu viele von den *latkes* gegessen, die Braina und ihre Schwester Bassja *wi'ß darf ze sajn* – also nach dem Rezept der Mutter in Litauen – zubereitet hatten. Faivel gratulierte Braina und machte ihr ein Geschenk: eine Orchidee. Wie immer an ihrem Geburtstag, der »mit dem ersten Licht von *Chanukka* zusammenfällt«, wie sie zu sagen pflegt. Bei einer großen Familienfeier – es waren fast vierzig Verwandte gekommen – berichtete er, dass Braina wieder in den Rat des Volksheims gewählt worden war. »Und als ob es damit nicht genug ist«, fuhr er fort und warf ihr einen liebevollen Blick zu, »engagiert sie sich auch im Damenkomitee sowie in der Konzert- und Klubkommission des Volksheims. Wir haben allen Grund, sie zu feiern. Doch ›*einen Teil seines Lobes sage man einem ins Gesicht, das ganze aber nur in seiner Abwesenheit*‹«, schloss er mit einem Talmudzitat seine Gratulation mit einem feinen Lächeln auf den Lippen. Und dann leitete er schon über zu Erez Israel, von dem er erzählte, als sei er soeben dort gewesen. Er sprach von der Zuversicht, die dort herrsche: »Es hat keinen Wert, sich mit Meinungsverschiedenheiten und Kontroversen zwischen den zionistischen Strömungen aufzuhalten. Die Arbeit wird sowieso von anderen vollbracht, von jenen, deren Name nicht in den Zeitungen steht. Die Mandatsregierung hat die Zahl der Zertifikate gekürzt, und dennoch wird die *Aliya* weitergehen – mit Zertifikaten oder ohne! Und sicherlich werden im Frühjahr auch sehr viel mehr Besucher aus Anlass der *Makkabiya* ins Land reisen, als wir alle gedacht haben – –« Der Rest ging in Bravo-Rufen unter.

36 Freitag, 25. März 1932, Goethejahr!

Die Villa wirkte verwaist. Hasso sprang mir entgegen, er hechelte und tänzelte zwischen meinen Beinen. Auch Fräulein Ladebeck freute sich, mich zu sehen. »Die Herrschaften sind weg«, begrüßte sie mich.

Ich war auf ihre Bitte hin gekommen. Sie führte mich gleich zu dem reichlich gedeckten Esstisch. »Sieh mal, wie viel Essen übriggeblieben ist. Nun setz dich, Dā-vid!«, forderte sie mich gebieterisch auf (und zog wie immer die erste Silbe meines Namens in die Länge). »Fang mit der heiligen Suppe an«, und sie reichte mir einen Teller der golden schimmernden Hühnersuppe mit Nudeln. »Danach der Rest. Und was du nicht aufessen kannst, nimmst du mit nach Hause, für dich und deine Mutter. Ich fahre für einige Tage zur Erholung. Höchste Zeit.« So plauderte sie noch ein Stündchen weiter, auch über die hektischen Tage vor der Abreise nach ›Palästina‹.

Ayala war voller Unruhe gewesen. Sie hatte sich eigens einen Abreißkalender besorgt und freute sich jeden Tag mit geradezu kindlicher Aufregung, ein weiteres Blatt wegzuwerfen. »Bring mir viele neue Worte bei«, bat sie mich. »Ich will reden wie die Menschen dort. Und ohne Akzent.«

»Nun gut. *Ha-mazav mesupat.* So sagt man jetzt angeblich.«

»Was heißt das?«

»Die Lage ist mies.«

»In Deutschland ist die Lage noch mieser«, erwiderte sie keck.

Im Februar, einige Tage vor ihrem 17. Geburtstag, wurde der Physiklehrer wieder in den Schuldienst eingesetzt, drei Monate nach seiner Suspendierung. Ayala freute sich. »Hoffentlich wird er auch Mathematik unterrichten.« Ihre Leistungen in Physik sind sehr gut, aber in anderen Fächern hapert es. Für das Nibelungenlied hat sie sich kaum begeistern können.

»Es wird der Tag kommen, an dem du bereuen wirst, dass du dich nicht angestrengt hast«, tadelte Jehuda sie.

Ayala nahm es ihm übel – und mir. »Ich Dummkopf, warum erzähle ich dir alles, David? Du denkst doch genau wie er«, keifte sie.

In einer Sache jedoch sind sich Ayala und Jehuda einig. Sie haben genug vom ein und aus in der Villa. Das ist zwar nicht neu, und schon seit geraumer Zeit weigern sie sich, für die Gäste zu musizieren. Aber nun fordern sie auch, dass die Salons ein Ende haben.

»Wir haben ein Haus. Aber kein Zuhause«, warf Ayala ihren Eltern vor. Braina war empört.

Faivel wollte die Gemüter beruhigen, aber Ayala und Jehuda blieben dabei. Es vergehe kein Tag ohne Gäste und Trubel: »Leute kommen und gehen. Sie essen und trinken, wie ihnen beliebt. Sie bringen Fremde mit, als wären wir ein öffentliches Lokal. Und wir beide kommen zu kurz«, redete Ayala sich in Rage.

»Wir machen uns auch Sorgen um Mama«, ergänzte Jehuda. Sie sei durch ihre vielen Verpflichtungen vollkommen überlastet und erschöpft.

»Warum tust du nichts dagegen, Papa?«, setzte Ayala nach. Doch sie ließ Faivel gar nicht erst zu Wort kommen. »Mama muss nur den leisesten Wunsch aussprechen, und du erfüllst ihn. Niemals hast du ihr etwas abgeschlagen. Niemals kommt dir ein ›Nein‹ über die Lippen.«

»Diesmal bin ich vollkommen einer Meinung mit ihr«, bekräftigte Jehuda.

Es ist etwas dran. Nicht selten kommt auch mir das Haus wie ein Hotel vor. Fast kein Schabbat ohne Gäste. An Feiertagen bewirtet Braina die gesamte Großfamilie und lädt zudem Freunde und Alleinstehende ein, die »niemanden haben, mit dem sie feiern können«. Auch im Alltag kommt das Haus so gut wie nie zur Ruhe. Mal kündigt sich Besuch aus Wilna an, mal ein Bekannter auf der Durchreise nach Erez Israel oder eine Cousine zweiten Grades aus New York. In letzter Zeit gab es auch immer mehr Gesellschaftsabende. So etwa anlässlich der Berliner Visite von Rabbiner Mordechai Ehrenpreis aus Stockholm. Er hielt in der Stadt zwei öffentliche Vorträge, in denen er dazu aufrief, mit einer Hand Erez Israel aufzubauen und mit der anderen die hebräische *Gola*. Im Publikum kam es anschließend zu einem heftigen Schlagabtausch zwischen den Befürwortern und Gegnern – und die Kontroverse setzte sich ohne Unterbrechung beim anschließenden Empfang im Hause Grüngard fort. Und es blieb nicht bei diesem Empfang. Im Nachhinein muss ich gestehen, dass ich meinen Ohren kaum trauen mochte: Ehrenpreis, beim ersten Zionisten-Kongress 1897 in Basel noch einer der engsten Vertrauten Theodor Herzls und seit vielen Jahren einer von Faivels treuesten Freunden, war nicht von seinem Standpunkt abzubringen.

Und dann jener kalte Winterabend, an dem Faivel aus Danzig zurückkehrte und ein volles Haus vorfand. Es war zwei Tage vor *Tu bi-Schwat*. Von dem Konzert wusste er selbstverständlich, und wie immer hatte er Braina gewähren lassen, zumal der Erlös dem Volksheim zugutekam. Fünf Mark für ein Billett. Als ich ihn am Eingang des Salons

Im Hayse Grüngard

Berlin-Schöneberg, Freiherr vom Stein Str. 12a

Donnerstag, den 21. Januar 1932
abends 8½ Uhr präzise

KONZERT

zu Gunsten des
Beth-Am Iwri

Mitwirkende:

Olga Eisner - Gesang
Bruno Eisner - Klavier

Preis: 15.–

Ankündigung des Benefizkonzerts mit dem Ehepaar Eisner, 21. Januar 1932.

sah – erschöpft, gebeugt und mit blassen Wangen – erschrak ich. Und dennoch nahm er sich zusammen, begrüßte die Gäste und hielt, als alle später bei Tische saßen, eine launige Rede. Auch Rawidowicz sprach.

Vorausgegangen war eine musikalische Darbietung, die alle in den Bann zog. Die Sängerin, eine höchst anmutige Frau, lehnte lässig gegen den Flügel, begleitet wurde sie von einem glatzköpfigen Pianisten im Frack: Olga und Bruno Eisner. Erst später erfuhr ich, dass Braina das Ehepaar nach dem Krieg kennengelernt hatte, als die beiden eine Konzertreise durch Schweden unternahmen. Brainas Einladung zu einer musikalischen Soirée in der Villa hatten sie sofort angenommen. Bruno Eisner kennt Erez Israel und hat dort auch konzertiert. Nach seiner Rückkehr von dieser Reise hat er in Berlin einen Verein gegründet, um das kleine Orchester, mit dem er in Tel Aviv musizierte, finanziell zu unterstützen.

Bei der Soirée im Hause Grüngard spielte Eisner kurze Stücke von Schubert und Chopin und begleitete seine Frau. Ich war tief bewegt, als sie das Lied »Ungeduld« aus der *Schönen Müllerin* gaben. »Eine musikalische Perle«, pflegte Vater zu sagen. Für viele der Gäste kam der eigentliche Höhepunkt des Abends jedoch erst später. Nach der Darbietung von Liedern in verschiedenen Sprachen überraschte Olga mit einem hebräischen Lied über eine junge Frau, die ihrem Verehrer nicht die Tür öffnet, *Klip klap*, ursprünglich aus dem jiddischen Musikschatz. Und als sie das Konzert mit *amol is gewejn a majse* beendete, stimmten auch die Anwesenden ein. Von Jehuda (der an dem Abend fehlte) erfuhr ich, dass auf der Gästeliste auch Professor Einstein stand, ein Freund des Ehepaars Eisner. Doch der große Gelehrte war kurzfristig verhindert und schickte stattdessen einen seiner jüdischen Assistenten.

Es waren keine zwölf Tage vergangen, da gaben sich in der Villa wieder einmal Gäste die Klinke in die Hand: Alle Damen, die am Geschichtskurs unter der Leitung der guten Freundin Helene Koigen teilnahmen, kamen auf Einladung von Braina zusammen.

»Es ist schrecklich, David«, ereiferte sich Ayala. »Mama ruiniert sich, und uns mit dazu ...«

Auch Fräulein Ladebeck beklagte sich. »So kann es nicht weitergehen«, wiederholte sie gebetsmühlenhaft, ob nun gegenüber mir, Bassja oder Jehuda – mit einem Wort, gegenüber jedem, der bereit war, ihr zuzuhören. »Wenn ich mich der Familie nicht persönlich so verbunden fühlen würde, wäre ich schon längst gegangen. Und dann ist da auch die wirtschaftliche Krise.« Ich verkniff mir die Frage, was schwerer für sie wog.

Und dann kam eine dicke Überraschung. Das Volksheim zeichnete Braina aus: In Anerkennung ihrer Verdienste und zum Dank für ihren unermüdlichen Einsatz wurde sie mit einer Baumspende an den *Keren Kayemet* geehrt; von dem Geld soll ein ›Braina-Grüngard-Garten‹ in Erez Israel gepflanzt werden. Mit der Auszeichnung verstummten die Vorwürfe in der Familie – wenngleich nur für eine kurze Zeit.

Jetzt müssten sie bereits in Erez Israel sein. Fräulein Ladebeck fährt morgen zur Erholung in den Spreewald. Suppik wird sich um alles kümmern. Und ich warte gespannt auf Faivels ersten Brief von unterwegs.

37 Sonntag, 8. Mai 1932

Einen Brief habe ich nicht erhalten. Nur ein Lebenszeichen erreichte mich dank des Telegramms, das Faivel vor Antritt der Rückreise aufgab.

»Was für ein Glück, dass die Überfahrt nach Europa sich so hinzieht. So hatten wir Zeit für einen Abschied auf Raten«, erzählte Braina nach ihrer Rückkehr.

Als die *Carnaro* aus dem Hafen ablegte und die Küste in immer weitere Ferne rückte, kannte Ayala kein Halten mehr und weinte unaufhörlich. Auf hoher See schloss sie sich in der Kabine ein. Sie weigerte sich zu essen, und als sie schließlich doch etwas zu sich nehmen wollte, war sie seekrank. Am dritten Tag ging sie aufs Deck. Die Sonne stand hoch am Himmel. Ayala blickte versunken dem Auf und Ab der Wellen nach, als plötzlich ein gutaussehender junger Mann an sie herantrat. Auch er war durch das Land gereist, es war bereits sein zweiter Besuch dort. Diesmal hatte er den Beschluss gefasst, sich eine Existenz in Erez Israel aufzubauen.

Viele Stunden verbrachten sie fortan zusammen. Sie plauderten, schäkerten und tanzten sogar miteinander beim Kapitänsabend. Vor der Ankunft im Hafen von Brindisi verabredeten sie sich, mitten in der Nacht aufzustehen und gemeinsam an Deck den Sonnenaufgang anzusehen. Die See war noch ganz in die nächtliche Dunkelheit gehüllt, aber am Horizont war ein goldener Streifen zu erkennen. Beim Abschied küsste Hansi sie – nicht nur einmal – auf die Stirn und auf die Lippen.

Es fiel Ayala nicht leicht, in den Alltag zurückzufinden. Ins Gymnasium ging sie ohne jede Begeisterung. Das Klavierspiel vernachlässigte sie. In Berlin hielt der Frühling Einzug, aber es berührte sie nicht. »Ich liebe alles an Erez Israel, das Meer, die Sonne, die gelben Chrysanthemen, die Zypressen – wusstest du, dass man sie *Brosch* nennt? Am Strand kann man sogar Kamelkarawanen sehen! Und die Leute sind so interessant – –«

»Das ist alles wahr«, antwortete ich ihr. »Aber versuch dich jetzt zu konzentrieren.« Sie konnte dankbar sein, dass die Deutschlehrerin ihr überhaupt die Frist für den Aufsatz verlängert hatte – alle anderen Mädchen mussten ihn während des Unterrichts schreiben. Zur

Auswahl standen drei Themen, alle ganz an den politischen und gesellschaftlichen Fragen unserer Zeit orientiert:

›Im Wahlkampf‹ lautete das erste. »Das wäre was für Juditz«, merkte Ayala spitzzüngig an.

Das zweite: ›Gedanken zur Zeit‹. Auch dieses Thema verwarf sie. »Lieber nichts mit Politik.«

Also blieb nur das dritte übrig: ›Die Jugendbewegung‹. Sie entschied sich, über die Jugendbewegung *Makkabi* und über die *Makkabiya*, die jüdische Olympiade, zu schreiben. Sechs eng beschriebene Seiten kamen dabei heraus. An den Anfang stellte sie ihr persönliches Erlebnis: den erhebenden Einzug der Athleten aus 27 Ländern bei der ersten *Makkabiya*. Sie beschrieb, wie sie mit ihrer Familie im oberen Rang des Stadions saß, das eigens für die Wettbewerbe an der Mündung des Yarkon-Flusses erbaut worden war, und gemeinsam mit Tausenden anderen Zuschauern den Sportlern zujubelte. Die Klänge von Musikkapellen begleiteten den farbenfrohen Einzug der aufrechten und stolzen Sportler und Sportlerinnen aus aller Welt. Als alle Mannschaften versammelt waren, stiegen Dutzende von Tauben gen Himmel auf und unter Trompetenfanfaren wurde die Fahne der *Makkabiya* am höchsten Mast des Stadions aufgezogen. In den Tagen darauf errang die Mannschaft aus Deutschland, mit Gerber und Simmenauer, den Sieg in der 4-mal-100-Meter-Staffel. Und Eva Levy gewann sogar zwei Goldmedaillen. Ayala ließ all dies in ihrem Aufsatz Revue passieren, aber im Schlussteil pflichtete sie der einhelligen Meinung der Athleten und Zuschauer bei: Nicht die Wettbewerbe und die Medaillen stünden im Vordergrund, sondern das nationale Gemeinschaftserlebnis.

Ayala las mir den Aufsatz vor – und riss dann die Seiten in kleine Stücke: »Die Lehrerin wird es eh nicht leiden können.« Die Papierschnipsel lagen auf dem Teppich verstreut, doch schien ihr dies nichts auszumachen. »In Erez Israel redet man so, wie man will«, bekundete sie schnippisch. »Mit Fehlern, mit Akzent, hier ein Wort auf Jiddisch, dort zwei auf Polnisch, dazwischen Ivrit – und alle verstehen alle.«

Am Freitagabend war ich bei den Grüngards eingeladen, gemeinsam mit Bassja und Fritz. Diesmal gab es nur belegte Stullen und Früchte,

Luftaufnahme des Makkabiya-Stadions (erbaut 1932) und des Areals der Levante-Messe, Aufnahme ca. 1934.

die sie von der Reise mitgebracht hatten: Datteln, Mandeln und Orangen. Für das übliche Schabbat-Essen gab es keinen Platz – im wahrsten Sinne des Wortes. Der große Esstisch war mit zahllosen Fotos bedeckt. Viele der Aufnahmen zeigten Ayala: im Badeanzug am Strand; auf einem ungepflügten Feld in Hadera; neben einem Orangenbaum in kurzen Hosen und sommerlicher Bluse, mit Sandalen und Strohhut, die Arme und Beine sonnengebräunt. Und als wäre es nicht schon schwer genug, bei diesem Mosaik von Fotos den Überblick zu behalten, gab es ein beständiges Hin und Her zwischen Mutter und Tochter, wer von beiden erzählen solle. So reisten wir denn anhand der Bilder gemeinsam mit ihnen durch Felder und Obsthaine in der Jesreelebene in Südgaliläa, erkundeten ein neues Viertel im Norden Tel Avivs und besichtigten frisch gepflanzte *Pardesim* nahe Karkur. Fünf Tage weilten sie in Hadera, wo – so jedenfalls Brainas Eindruck – die Spannungen mit den arabischen Nachbarn nachgelassen hatten. Dennoch, so gab sie zu, wäre sie nicht begeistert, in Hadera bei den *Pardesim* zu wohnen. Als sie erklären wollte, weshalb, wurde sie von Ayala unterbrochen: »Papa hat dir schon in der Vergangenheit immer nachgegeben. Wir wohnen schließlich auch in Berlin, und nicht in Danzig. Bald wird Papa zwischen Tel Aviv und Hadera hin- und herfahren müssen.« Braina lächelte. »Auch du liebst doch Tel Aviv, Ingale. Hab ich nicht recht?«

Freilich schlägt Faivels Herz ebenfalls für die Stadt, die er noch aus ihren Anfangstagen kennt: Als er und Braina Tel Aviv 1911 auf ihrer Hochzeitreise besuchten, war die Stadt – oder besser gesagt: das Städtchen – erst zwei Jahre alt. Die Bodenerwerbsgesellschaft *Achusat Bayit* hatte es mitten in den Dünen gegründet. »Der Alltagsrhythmus ist ganz anders als in den Städten in Europa, ja er sucht seinesgleichen«, schwärmte Faivel. Man baut unentwegt, teert die Straßen, die Stadt wächst immer weiter – an nichts mangelt es, außer an noch mehr zupackenden Händen. Und mit jeder neuen Straße kommen neue Geschäfte, Händler, Passanten und spielende Kinder.«

Dank einer Dauerkarte, die er gleich nach der Ankunft erwarb, besuchte Faivel mehrfach die Levante-Messe. Er war überzeugt: »Nicht nur wird unser Tel Aviv weiter florieren und zu einer Großstadt von internationalem Rang aufsteigen, sondern der Messe wird in den Ländern des Orients eine ähnlich wichtige Rolle für den Handel zukommen wie der Leipziger Messe bei uns in Europa.«

Er sah Tausende von Menschen, Juden und Nichtjuden, die von weit her über das Meer gekommen waren, um die Messe zu besuchen. Händler und Gewerbetreibende aus Ost und West – aus Litauen, aus Amerika, ja sogar aus Japan – stellten ihre Waren aus. Selbst Ägypten war vertreten, trotz wütender Proteste der lokalen arabischen Führer, die einen Boykott der Messe erklärt hatten. Die meiste Zeit verbrachte Faivel in den Hallen der erez-israelischen Aussteller. Besonders beeindruckt war er vom ›Hebräischen Industriepalast‹. Und natürlich vom ›Pavillon der Zitrusfrüchte‹, an dessen Eingang die fast deckenhohe, kunstvolle Nachbildung einer Orange plaziert war. Er kam nicht aus dem Staunen heraus, wie viele neue Haine überall im Lande gepflanzt worden waren; diese wiederum brachten Hunderte von Arbeitern in Brot und Lohn. Kühlhäuser ermöglichen die Lagerung der Früchte und sorgen dafür, dass die Zitrussaison nicht schon im späten Frühjahr endet.

Faivel war sichtlich darauf erpicht, uns seine noch ganz frischen Eindrücke mitzuteilen. Er verschwieg allerdings nicht, dass er auch kritische Bemerkungen gehört hatte. Die Messe sei lediglich ein Marktplatz für Kapitalisten, die nach Möglichkeiten suchen, ihr Geld mit möglichst hoher Rendite zu investieren. Aber das trübte seine Begeisterung nicht. Er genoss jede Minute und erwarb die eigens aus Anlass der Messe geprägte Erinnerungmedaille, auf der ein fliegendes Kamel zu sehen ist.

Die Medaille ging bei uns am Tisch von Hand zu Hand. Nur Fritz, Bassjas Ehemann, behielt sie länger in der Hand und betrachtete sie mehrmals von beiden Seiten. »Vergesst nicht, dass ihr hier seid, meine Lieben«, warf er in die Diskussion. »Hitler und seine Leute sind geschlagen. Jetzt, wo Hindenburg den zweiten Wahlgang gewonnen hat, wird alles gut.«

20. Mai 1932

Heute Abend erfuhr ich: Faivel ist der Inhaber der *Jaffa Goldfruit Cooperative Society*! Während seines Besuches in Erez Israel hat er, mit Unterstützung seines Cousins Tanchum Frank, diese Gesellschaft gegründet, die in allen Bereichen des Zitrusanbaus ausschließlich hebräische Arbeiter beschäftigt, sei es beim Ernten, Verpacken, Verladen oder Verschiffen der Früchte. Es stellte sich heraus, dass er rundheraus abgelehnt hat, den bekannten landwirtschaftlichen Kooperativen *Pardes* und *Yachin* beizutreten. Für dieses Jahr rechnete er mit »Tausenden Kisten hebräischer Arbeit«, wie er gutgelaunt bemerkte.

Noch ist er zwar in Berlin, aber der Weg nach Erez Israel ist nun bereitet und unumkehrbar.

38 Donnerstag, 1. September 1932

Vorgestern wurde Hermann Göring zum Reichstagspräsidenten gewählt. Wer denkt, wir hätten den Tiefpunkt bereits erreicht, täuscht sich. Unsichere Zeiten stehen uns bevor. Der Hass, den die Nazis schüren, zerstört den Liberalismus und untergräbt die republikanischen Werte, an die Vater so fest glaubte. Ende Juli errangen die Hitleristen einen unerhörten Sieg: mit mehr als 37 Prozent der Stimmen wurden sie die stärkste Partei im Reichstag. Wie die meisten meiner Freunde hat das auch mich nicht überrascht. Wir alle sind ratlos. Die Erfolge der Nazis in mehreren Landtagswahlen haben dieser Entwicklung den Weg geebnet. Die antisemitische Agitation wird immer erbitterter. Hitlers Anhänger haben dazu aufgerufen, das Hab und Gut von Ostjuden, die hier ansässig sind, zu beschlagnahmen. »Die Zeiten sehen für uns Juden gewiss nicht rosig aus«, konstatiert Bernhard Weiß, der Polizeivizepräsident von Berlin. Er sieht eine Welle des Antisemitismus auf uns Juden zukommen, die keinen verschonen werde. Weiß ist ein Demokrat durch und durch, der insbesondere Goebbels immer wieder in die Schranken gewiesen hat. Nun ist er entlassen worden.

In den großen Städten und auch auf dem Land haben die antisemitischen Gewaltakte stark zugenommen. Synagogen werden beschmiert, die Schaufenster jüdischer Geschäfte zerschlagen. Auf den Straßen und Plätzen rotten sich Nazis zusammen, schwenken Hakenkreuzfahnen und halten Banner mit judenfeindlichen Parolen in die Höhe. Lauthals grölen sie und schieben den Juden die Schuld für alle Probleme in die Schuhe. Es stimmt zwar, dass auch in Österreich und Polen, sogar in Dänemark und Spanien, der Antisemitismus massiv zugenommen hat. Aber das mindert nicht unseren Schmerz und unsere Angst.

Als Jehuda erfuhr, dass drei Professoren von der Hebräischen Universität in Jerusalem am Internationalen Mathematik-Kongress in Zürich teilnehmen werden, setzte er alles daran, dorthin zu fahren. Er hatte genug von den Übergriffen und Anfeindungen an der Humboldt-Universität. Im Juni hielten rechtsgerichtete Studenten eine Protestkundgebung gegen den Versailler Vertrag ab. In den Tagen darauf kam es an der Universität zu einer Reihe von gewalttätigen Auseinandersetzungen zwischen linken und nationalsozialistischen Studenten. Jehuda berichtete uns, wie der Rektor vergeblich versuchte, der Gewalt Einhalt zu gebieten. Die nationalsozialistischen Rädelsführer erklärten, dass die Aktionen fortgesetzt werden, bis alle jüdischen Studenten von der Universität ausgeschlossen seien.

Faivel bezweifelt, dass Jehuda sein Studium in Berlin wie geplant beenden wird.

Auch Heinz, Jehudas enger Freund, stellt sich diese Frage. Im Sommer hat er viel Zeit mit Ayala verbracht, im Freibad und im Kino. Im Rose-Theater sahen sie das Bühnendebüt von Lilli Palmer: zwar nur eine kleine Nebenrolle in einer seichten Komödie, »aber es ist der Anfang einer großen Karriere«, prophezeit Heinz. Er kennt sie gut. Als die beiden sich zum ersten Mal begegneten, hatte sie ihren Künstlernamen noch nicht angenommen und hieß Lilli Peiser. Eine charmante, ehrgeizige junge Frau. Bereits in ihrer Jugend begeisterte sie sich für Tischtennis und trainierte mit eiserner Disziplin für Wettkämpfe. Dabei spielte sie gegen Heinz, aber auch mit ihm als Partnerin im Mixed. Letztlich gewann ihre Leidenschaft für das Theater die Oberhand. Nun hat der Intendant Hartung sie für die nächste Spielzeit ans Landestheater Darmstadt verpflichtet, erzählte sie aufgeregt, als Ayala und Heinz nach der Aufführung mit ihr zusammensaßen. Gemeinsam stießen sie auf diese gute Nachricht an.

Mittlerweile kommt Heinz regelmäßig zum Abendessen zu den Grüngards. Er überlegt schon seit einiger Zeit, Deutschland zu verlassen. Allerdings spricht er kein Hebräisch und interessiert sich auch nicht sonderlich für den Zionismus. Am ehesten würde er in die Schweiz gehen. Seine sportlichen Leistungen und die Turniersiege machen sein Leben hier nicht leichter, sondern eher schwerer. Insgeheim und teilweise auch ganz offen mokieren sich einige Mitspieler und Zuschauer: Es könne nicht angehen, dass die deutsche Mannschaft sich so maßgeblich auf zwei ›Fremde‹ – einen Griechen und einen Juden – stütze. »Und dies, obwohl ich ein gebürtiger Berliner bin!«

»Es ist wichtig wegzugehen, bevor man weggejagt wird«, bekräftigte Heinz und erwähnte den Tennismeister Daniel Prenn. »Hat es Prenn genutzt, dass man ihm die deutsche Staatsangehörigkeit gegeben hat? Pustekuchen. Für die meisten ist und bleibt Prenn ein Ostjude. Zumal er öffentlich erklärt, dass er das nationale Judentum und *Makkabi* unterstützt. In der rechtsgerichteten Presse wird er heftig angegriffen. Dass die deutsche Mannschaft dank seiner Leistungen das Endspiel des Davis Cup erreichte, interessiert sie nicht. Der Tag ist nah, an dem – –«.

»Schhh«, besänftigte Ayala ihn. Sie umarmte Heinz von hinten und gab ihm einen leichten Kuss auf den Hals. Ob inzwischen aus ihrer Freundschaft Liebe geworden ist? Es scheint mir so, aber ich frage nicht.

2. September 1932

Heinz ist mit Ayala und der Familie ins Ostseebad Heringsdorf gefahren. Eigentlich wollte Faivel nicht fahren. Die Geschäfte im polnischen Gdingen bereiten ihm Kopfzerbrechen, auch wenn er nicht viel darüber redet. Die Wirtschaftskrise hat der Ölfabrik zugesetzt; die starke Konkurrenz aus dem Ausland kommt hinzu. Einmal machte Braina eine Andeutung, dass es zu einem Zusammenschluss (sie sagte: Fusion) kommen könnte. Faivel versucht, ihr schlechte Nachrichten zu ersparen, da sie ihre eigenen Sorgen hat. Von ihrer Familie aus New York hört man nichts Gutes, die Finanzkrise hat die Brüder in große Schwierigkeiten gestürzt. Auch in Litauen kommt man nur mit Mühe über die Runden. Braina schickte Pakete an den Bruder Mendel und andere Freunde in Kowno. Und dann der Brand im jüdischen Kinderheim dort, woraufhin Braina sich umgehend der Frauengruppe anschloss, die Spenden für den Wiederaufbau sammelte. Über den Neubau des Kinderheims berichtete ihr Mendel. Sie freute sich, dass er sich dafür eingesetzt hatte, aber sie war zugleich in Sorge über seinen Gesundheitszustand. »Er übertreibt. Was muss ein Mensch alles machen! Um sieben Uhr morgens öffnet er die Praxis. Dazu die ehrenamtlichen Tätigkeiten. Nicht zu reden von der Redaktion des *Folksblats.*« Vor Kurzem sprach Braina am Telefon mit Alte, Mendels eigenwilliger Frau, die darauf besteht, Jiddisch zu reden – nur Jiddisch, und partout kein Hebräisch. Alte erzählte, dass Mendel an einem stechenden Schmerz in der Brust leide. Der Puls sei zu schnell: »*Doß herz hot ongehojbn zu machen kunzn.*« Zudem gibt es Gerüchte, dass die litauische Geheimpolizei ihn im Visier hat. Er steht im Verdacht, Kommunist zu sein. »Wer hätte so etwas geglaubt!«, rief Braina. In eindringlichen

Briefen bat sie ihn, umgehend mit seiner Frau Litauen zu verlassen und nach Berlin zu kommen. Schließlich kennen sie die Villa gut, und es wäre ein Leichtes, für sie einige Zimmer einzurichten, wie seinerzeit bei ihrem Besuch. Doch die Antwort war eindeutig.

Jehuda überdachte seine Entscheidung, verzichtete auf den Kongress in Zürich und fuhr stattdessen mit nach Heringsdorf. Die Grüngards kennen das beliebte Seebad noch aus Stockholmer Zeiten und sind seitdem immer wieder zu Besuchen zurückgekehrt. Auch diesmal stiegen sie wieder in ›ihrem‹ Hotel ab und ließen es sich gutgehen. Faivel achtete darauf, jeden Tag mindestens eine Stunde zu Fuß zu gehen, und schloss sich außerdem einer Bridge-Gruppe an. Braina traf sich mit alten Freunden. Jehuda, Ayala und Heinz verbrachten fast jede freie Minute am Strand und badeten begeistert im Meer. Die Hotels und Pensionen waren vollkommen ausgebucht.

»Diejenigen, die in der Vergangenheit in andere Kurorte wie Ahlbeck gefahren sind, kommen dieses Jahr nach Heringsdorf. Es ist das einzige Seebad, in dem Juden noch willkommen sind«, beobachtete Faivel. »An allen Ferienorten der Ostseeküste wehen inzwischen Hakenkreuzfahnen, und man hört – mal nur als Andeutung, mal gänzlich unverhohlen: ›Juden sind hier unerwünscht.‹«

»Diese Schufte, sie werden noch eine Lektion lernen!«, rief Ayala. »Sie haben sehr gut an uns Juden verdient. Wir sind die treuesten Gäste in den Seebädern.«

Nach der Rückkehr zeigte Ayala uns Fotos vom Urlaub in Heringsdorf. Auf einer Aufnahme sieht man mehrere Personen in einer Formation neben dem Dünengras im warmen Sand liegen. Hinter ihnen eine junge Frau und ein kleines Kind, die Hand zum Hitlergruß erhoben. »Warum schweigt ihr?«, fragte Ayala erstaunt. Doch niemand antwortete. »Was ist los?«

Faivel war empört.

»Sie haben sich doch nur einen Spaß erlaubt, wollten ihnen was zeigen«, murmelte Ayala und blickte verlegen auf den Boden.

»Wem?«, fragte Faivel energisch.

»Ach, Papa, es sollte doch nur ein Spottbild vom Hakenkreuz sein. Es ist ohnehin nicht gut gelungen. Schau – –«

»Das misslungene Hakenkreuz«, notierte Ayala auf der Rückseite dieser Aufnahme. Heringsdorf, August 1932.

Aber Faivel unterbrach sie. »Es war gefährlich, dumm und geschmacklos«, rügte er in einem strengen Ton, den ich bei ihm noch nie erlebt hatte.

Ayala drehte sich schweigend um und verließ das Zimmer.

39 Mittwoch, 12. Oktober 1932

Ein Kapitel in meinem Leben ist zu Ende, und ein Neues beginnt. Mutter ist in ein Altersheim der jüdischen Gemeinde gezogen. Nachdem sie im Schlafzimmer gestürzt war und sich ein Bein gebrochen hatte, gab Nissan mir den ärztlichen Rat, sie in einem vielgelobten Heim, das letztes Jahr in Schmargendorf eröffnet wurde, unterzubringen. »Zu ihrem Wohl – und auch zu deinem«, beruhigte er mich, bevor er mit ihr darüber sprach. Zu meinem Erstaunen akzeptierte sie die Entscheidung und machte kein großes Aufheben darum. Hat sie nur eingewilligt, um mich zu entlasten? Ich weiß es nicht. Sie redet sehr wenig. Ihr Zimmer ist geräumig und hat reichlich Morgensonne.

Ich lebe nun alleine in der Wohnung, in der ich aufgewachsen bin. Vater blickt von den Portraits herab, die an der Wand hängen. Mutters Schlafzimmerschrank atmet noch den Geruch ihrer Kleider. Ich bin gerührt, wie liebevoll Braina sich um mich kümmert. Jetzt, während der Feiertage, bin ich fast täglich in der Villa und bekomme eine warme Mahlzeit. Unterdessen ist, mitten in den zehn ›Tagen der Umkehr‹ nach dem jüdischen Neujahrsfest, Faivel wohlauf in Erez Israel angekommen. Braina war sichtlich erleichtert, als sie sein Telegramm empfing. Vor seiner Abreise war er abgehetzt. Die ›Fusion‹, die Braina bereits angedeutet hatte, ist zustande gekommen. Die *Olejarnia* hat sich mit einer polnischen Gesellschaft zusammengeschlossen. Die *Union* – so der neue Name – wird hoffentlich mehr Umsatz erwirtschaften. Gleich nach der Rückkehr aus Danzig eilte Faivel direkt zu der Plenumssitzung des Hebräischen Weltbunds. Auf der Tagesordnung stand eine wichtige Frage – »eine grundlegende«, in seinen Worten: Wo soll der erste Hebräische Weltkongress im kommenden Jahr stattfinden? Aus Faivels Sicht war die Sache klar, aber im Bund gingen die Meinungen auseinander: In Erez Israel oder in der *Gola*? Faivel war umso zufriedener, als schließlich die Entscheidung für unser ›Altneuland‹ fiel.

Immer wieder erinnere ich mich an eine Bemerkung, die er vor einiger Zeit machte: »Solange ich noch nicht drüben bin, David, tue ich für dort, was ich nur immer von hier tun kann.« Zu *Rosch ha-Schana* hat er wie immer eine Spende an den *Keren Kayemet* geleistet. Schon im Sommer nahm er an der konstituierenden Sitzung des deutschen *Tel Hai*-Fonds teil, dessen Ziel es ist, die jüdische Jugend auszubilden und dabei insbesondere zu Selbstwehr und nationaler Widerstandskraft zu erziehen. Am Ende der Sitzung wurde Faivel in das Lenkungskomitee gewählt. Braina war besonders stolz darauf, da sie die Linie der Revisionisten unterstützt. Für Faivel ging es um die Sache selbst. Es sei das Gebot der Stunde – »ohne Unterschied der Parteizugehörigkeit«, wie Kareski, der Vorsitzende des Komitees, betont hatte.

Drei Briefe, die Faivel mit Luftpost geschickt hat, sind bisher eingetroffen. Als Erste liest Braina sie. In der Vergangenheit pflegte Jehuda die Briefe des Vaters laut vorzulesen, um Ayala das Verständnis zu erleichtern. Aber sie möchte es nicht mehr. Sie liest die Briefe jetzt lieber selber, wenngleich langsam und in meinem Beisein. Hier und da korrigiere ich einen Aussprachefehler oder erkläre ein Wort. Woher die Wendungen und Sprichwörter stammen, die Faivel einflicht, weiß sie nur selten; schließlich kennt sie sich mit den Quellen des Judentums nicht aus – ganz im Unterschied zu Faivel, der Tora und Talmud bereits als Kind in Litauen im *Cheder* aufs Gründlichste durchnahm. Freilich hat er sich seitdem vom Glauben abgewandt, und längst ist der Zionismus seine Religion. Aber bis heute schöpft er aus dem reichen hebräischen Wortschatz der ehrwürdigen Quellen.

Das holländische Passagierschiff, das Faivel nach Erez Israel brachte, hatte den Hafen von Genua verlassen und war in Richtung Port Said aufgebrochen. In der Vergangenheit pflegte Faivel in der »bürgerlichen Klasse« zu reisen, diesmal fuhr er »vornehm« in der ersten Klasse und war voll des Lobes. »Die Speisen hier sind *Kaftor wa-Ferach*«, las Ayala vor. »Das heißt ›wunderbar‹«, erklärte ich ihr. »In der Bibel bezieht sich das allerdings auf Leuchter *›mit Knäufen und Blumen‹*.« Dem Brief fügte er die Speisekarte bei, nicht nur der reichen Auswahl halber, sondern – ich zitiere – »wegen einer ungewöhnlichen Sache: Die Kellner, die uns bedienen, sind aus dem Fernen Osten. Sie verstehen keine Sprache außer ihrer eigenen. Deshalb hat man alle Speisen mit Nummern versehen. Auf diese Weise erfassen die Kellner die Wünsche der Passagiere – und wir Gäste haben eine Beschäftigung: Wir müssen die Zahlen in der fremden Sprache lernen. Ich kenne mich schon einigermaßen damit aus.«

Man genieße das fabelhafte Wetter, heißt es weiter. Sein Gesicht sei sonnengebräunt und erfrischt von der Meeresluft. Es ist offenkundig, dass er jede Minute auskostet und dabei gar nicht bemerkt, dass seine Unterkunft sich »bewegt und schaukelt«. Beschwingt ließ er uns wissen: »Es ist wahrlich keine Bürde, zweimal im Jahr eine solche Reise zu unternehmen.« Daraus schließe ich, dass er dies auch in Zukunft vorhat – und ich frage mich, ob er tatsächlich auswandern will.

Ausführlich beschrieb er die Passagiere. »›*Vierzig Tage vor der Bil-*

dung der Geburt ertöne eine Hallstimme und spreche: die Tochter von jenem für diesen‹, so steht es im Talmud – und ich ergänze: einige Tage vor der Abfahrt des Schiffes entscheidet die Hallstimme, wer am Esstisch neben wem sitzt. Als man mich anhand der Saalkarte fragte, welchen Platz ich möchte, zeigte ich mit dem Finger auf einen leeren Stuhl, ›*wie ein Blinder an die Luke*‹. So kam es, dass man mich neben eine Familie von sephardischen Juden aus Kairo setzte, die auf dem Rückweg von Europa war. Die Männer sprechen etwas Hebräisch, und wir verstehen uns ordentlich, etwas auf Hebräisch, etwas auf Englisch. Meine Tischgefährten zeigten mir viel Warmherzigkeit, besonders als sie erfuhren, dass ich unterwegs nach Erez Israel bin.« Zu seinem Glück erweist sich auch der »Gott des Bridge« als gütig: Jeden Abend spielt Faivel einige Stunden, und er schlägt sich sehr passabel. »Überhaupt: Die meisten der Passagiere vertreiben sich die Zeit mit diesem Spiel, und keiner schenkt der Schönheit der Natur und der Musik Aufmerksamkeit.«

»Ich beneide ihn!«, rief Ayala.

»Je ferner er ist, desto besser geht es ihm …«, kommentierte Braina schmunzelnd. »Faivel ist wie neugeboren, wenn er reist. Ich bin froh, dass er sich ausruht und seine Kräfte sammelt. Die Fusion und die Sache mit der Hypothek haben an seiner Gesundheit gezehrt.«

Von der Hypothek hatte er mir nichts erzählt.

Im Großen und Ganzen war das Meer »ruhig und träumerisch«. Nur in einer Nacht stürmte es, und es gab hohen Wellengang. Einige der Passagiere wurden seekrank, andere konnten nicht schlafen. Faivel schlief tief und fest: »Ich ward's nicht gewahr, als ich mich legte noch als ich aufstand, obwohl man mich beim gestrigen Tanzball nicht trunken gemacht hat, und mir nicht widerfuhr, was unserem Stammvater vor viertausend Jahren widerfahren ist. (Wenn Du jene Geschichte vergessen hast, musst Du es in der Bibel in der Geschichte von Noah nachlesen.)«

Ayala wusste nicht, wovon er sprach. Sie lief in Faivels Bureau und kehrte mit seinem Tanach in der Hand zurück, einer bereits in die Jahre gekommenen und etwas zerfledderten Bibel. Zusammen lasen wir das neunte Kapitel aus der Genesis.

Einen »merkwürdigen und unwürdigen Anblick« schilderte Faivel

Faivel (knieend) in seinem *Pardes* in Hadera, hier bei einem Besuch mit Braina, 1930er Jahre. Ganz rechts, mit Bart und Barett: der Cousin Tanchum Frank, der sich mit seiner Familie um das Tagesgeschäft im *Pardes* kümmerte.

in einem kurzen Brief aus Port Said: »›*Menschen, die Gott zu seinem Bilde geschaffen hat*‹, schwimmen nackt im Meer. Sie flehen und betteln darum, dass man Almosen zu ihnen herabwerfe. Einige von ihnen haben ein blaues Gesicht, da sie mehrere Stunden lang im recht kalten Wasser ausharren.«

Von Port Said fuhr er weiter nach El Kantara, und von dort aus mit dem Zug nach Hadera, wo der Cousin Tanchum und seine Familie bereits auf ihn warteten. Es müssen einige wichtige Entscheidungen getroffen werden. Aber an den Hohen Feiertagen ruht auch im *Pardes* die Arbeit, da Tanchum, obzwar Zionist, ein gesetzestreuer Jude ist.

So warten wir also auf den ersten Brief aus Erez Israel.

40 27. Oktober 1932

Braina ist schreibfaul und begnügt sich mit dem Schicken von Telegrammen. Faivel dagegen verwöhnt sie mit Briefen, die er aus einem Tel Aviver Café schreibt; das Briefpapier des Strandcafés *Tarshish* zeigt in der linken oberen Ecke einen elegant gekleideten Kellner. Hinter den bis auf den letzten Platz besetzten Tischen öffnet sich der Blick aufs Meer und den Sonnenuntergang. »Wollen wir mal abwarten«, scherzte

Braina, »vielleicht wird Faivel nur des Cafés wegen bereit sein, in Tel Aviv zu wohnen.« Schon als sie vor nicht allzu langer Zeit gemeinsam die Stadt besuchten, verbrachte er viele Stunden dort, genoss gegen Abend die leichte Meeresbrise und schaute auf die vorbeiflanierenden Passanten. »Selbstverständlich auch auf das weibliche Geschlecht«, fügt Braina mit einem Augenzwinkern hinzu. »Du weißt ja, hässliche Frauen hat er nicht gerne.«

»Hier, sieh mal mit eigenen Augen, wen er am ersten Tag von *Sukkot* getroffen hat.« Sie reichte mir den Brief. »Inga interessiert sich nicht für diese alten Leute. Aber du, Duvidl, kennst einige von ihnen, da sie mal bei uns waren. Lies doch vor!«

»Heute war ich bei Ben-Zion Katz; ungefähr dreißig Schriftsteller hatten sich eingefunden (darunter auch Tschernichowski und Frau Bialik, die Dich grüßen lassen). Ich traf mich auch mit Glickson und seiner jungen ›Frau‹, und verbrachte eine Stunde mit ihnen. Wo ich den Abend verbringe, weiß ich noch nicht. Entweder gehe ich zu *Habimah* oder zu *Ohel* (man führt dort *Shap* auf, in Shlonskis Übersetzung und Halevys Regie). Oder ich gehe zu Tanz und Modenschau im Hotel San Remo. Morgen früh fahre ich wieder nach Hadera.«

Wehmütig dachte ich an Shlonskis Lesung in der Villa zurück, und an die Soirée mit Halevy. Wo werde ich solch interessante Abende erleben, wenn die Grüngards wirklich auswandern sollten?

Faivel verbringt die meiste Zeit in Hadera. Ayala hat den ländlichen Ort in guter Erinnerung ebenso wie die Zeit, die sie dort mit den jungen Menschen, Aaron Frank und seinen Freunden, verbrachte. Sie las daher mit Interesse und Geduld Faivels Briefe, auch die Abschnitte über den *Pardes*. Genauer gesagt: die *Pardesim*, schließlich waren es alte und neue, wie aus den Briefen hervorging.

»In Hadera ist alles in bester Ordnung. Über unseren *Pardesim* liegen Frieden und Ruhe. Denn Frank hat, wie vereinbart, dafür gesorgt, dass zu achtzig Prozent hebräische Arbeiter angestellt sind. Beim Pflücken und Verpacken beschäftigen wir sogar zu hundert Prozent jüdische Arbeiter. Der alte *Pardes* ist viel schöner als bei eurem Besuch vor einem halben Jahr. Die neuen Anpflanzungen haben sich auf vorzügliche Weise entwickelt. Der alte Frank rechnet mit fünftausend Kisten, der junge mit sechstausend. Ganz genau kann man es nicht wissen. Am Tag nach meiner Ankunft haben wir mit der Pampelmusenernte begonnen. Selbstverständlich ist bislang nur ein kleiner Teil von ihnen reif genug, aber in den kommenden zehn Tagen werden wir etwa sechshundert Kisten Pampelmusen nach England, Frankreich und Deutschland schicken können. Mit der Arbeit von Franks Sohn Moshe bin ich sehr zufrieden. Er widmet sich mit großem Einsatz den Angelegenheiten der Kooperative, von morgens bis spät abends. Ich hoffe, bei der ersten Orangenernte Anfang November dabei sein zu können. Auch nach Rehovot will ich fahren. Ich möchte mich mit Smilansky beraten, wegen der Baumveredelung im *Pardes*, den wir im vergangenen Jahr gepflanzt haben. Wir könnten aus einem Teil der Apfelsinen Blutorangen machen. Mit einigen Leuten habe ich schon darüber gesprochen, aber mir ist an Smilanskys Meinung gelegen.

Ich betrachte den Orangenexport als ein sehr vielversprechendes

Faivel mit Arbeitern im Verpackungsraum seines *Pardes* in Hadera. Aufnahme aus den 1930er Jahren.

Feld und will alles so gut wie möglich einrichten. Möge dieses Geschäft, das mir so sehr am Herzen liegt, von Glück und Segen begleitet sein!«

»Hadera ist für Faivel ein Zuhause geworden, dank seines Cousins und dessen Kindern«, kommentierte Braina. Sie erzählte mir gestern auch zum ersten Mal ausführlich über die Familie Frank, die »von der Grüngard *mischpoche* sind«. Sie war in Erzähllaune und sparte kein Detail aus, während ich in einem Meer von Namen ertrank. Nicht nur, dass die Familie weitverzweigt und kinderreich ist, die Vornamen wiederholen sich auch durch die Generationen hindurch, gemäß dem Gebot, die Eltern zu ehren. Daher wusste ich nicht immer, wer gemeint ist. Die meisten von ihnen sind orthodox und leben streng nach den Geboten. Etliche sind Rabbiner, eine ehrwürdige Tradition in der Familie Frank.

»Du wunderst dich sicherlich, was Faivel mit religiösen, gottesfürchtigen Menschen gemeinsam hat«, sagte Braina schmunzelnd. »Seit vielen Jahren war er nicht mehr in einer Synagoge. Dass er an *Yom Kippur* nicht fastet, weißt du doch.«

»Ich weiß«, antwortete ich und erinnerte mich an das, was David Steinsapir mir über Faivels Eigenwilligkeit aus Stockholmer Zeiten erzählt hatte.

»Warum lächelst du?«, fragte sie – und wartete nicht auf meine Antwort. »Wir waren damals, 1911, in Erez Israel, gleich nachdem wir geheiratet hatten. Kurz bevor du ins Land gekommen bist – –«.

»Lange davor ... Fast zehn Jahre vor mir.«

Sie besuchten damals Hadera und fuhren auch nach Jerusalem, erzählte sie. Am Samstagmorgen saß Faivel allein im Foyer des Hotels und wartete auf seinen Cousin Zvi-Pessach Frank. Mehrere Jahre waren vergangen, seitdem er ihn – einen Bruder Tanchums – zuletzt in Litauen gesehen hatte. Zvi-Pessach war früh nach Erez Israel eingewandert und hatte sich dort einen Namen als Rabbiner, Lehrer und Richter am Rabbinatsgericht gemacht. Das Warten zog sich hin, und Faivel wurde die Zeit lang. Er zündete sich eine Zigarette an – und während er so vor sich hin rauchte, sah er plötzlich den Rabbiner mit dem wallenden Bart ins Foyer eilen. Selbst an jenem heißen Sommertag trug er einen schwarzen Kaftan. Blitzschnell drückte Faivel die noch glühende Zigarette in der Hand aus, denn *›ihr sollt kein Feuer anzünden am Sabbattag‹*.

Dem Brief, den Braina auf Hebräisch an Faivel schrieb, fügte Ayala einige Zeilen hinzu. Zum ersten Mal, seitdem ich sie kenne, schrieb sie von sich aus in »unserer Sprache« (wie sie stolz anmerkte). Manchmal schrieb sie *Ayin* statt *Alef*, oder *Tet* statt *Tav*. Wenn ich Fehler sehe, solle ich sie korrigieren, bat sie mich. Ich sah welche – aber korrigierte nicht. Ich war froh genug, dass sie einen Brief auf Hebräisch verfasste. Ob mit oder ohne Fehler, Faivel jedenfalls wird sich darüber freuen. Zumal Ayala von guten Schulnoten zu berichten wusste. In der Englischprüfung hatte sie sich für die kurze Erzählung *The Doll's House* von Katherine Mansfield entschieden und bekam ein »Sehr gut«. Frau Dr. Vester ist ihre Lieblingslehrerin, und Ayala ist entschlossen, die beste Leistung zu erbringen. »Wenn doch nur alle Lehrer so vorurteilsfrei wie Frau Vester wären!«, pflegt sie zu sagen.

Es ist noch unklar, wann genau Faivel zurückkehrt. So oder so wartet viel Post auf ihn. Und diesmal auch ein hoher Stapel von Zeitungen und Journalen: Ayala hatte sie alle gekauft und regelrecht verschlungen – beziehungsweise nur die Reportagen über die Hochzeit des schwedischen Thronfolgers Gustav Adolf und seiner großen Liebe, Sibylla von Sachsen-Coburg. Auf zwei Bildern sieht man auch Ingrid, die Schwester des Kronprinzen. Aufgeregt erklärte Ayala mir: »Das ist Ingrid! Ich erinnere mich noch an sie aus der Ballettschule in Stockholm. Sie sieht so schön und vornehm aus wie damals.«

Ayalas Freude wurde einzig getrübt durch die Nachricht, dass der Coburger Bürgermeister – ein strammer Nationalsozialist – als Standesbeamter bei der Eheschließung fungierte. Und Hitler hatte ein Telegramm mit Glückwünschen geschickt.

41 Sonntag, 20. November 1932

Faivel ist zurückgekehrt, gesund und voller Tatkraft. Sein Gesicht ist sonnengebräunt, und die Augen leuchten. Die Abreise von Erez Israel fiel ihm schwer, wie er zugab: »Ich fühlte mich wie ein Fisch im Wasser« (so sagt man also inzwischen auch auf Hebräisch!).

Wir saßen in seinem Bureau und plauderten, obgleich er nur wenig Zeit hatte. Draußen goss es in Strömen, aus der Ferne hörte man Donnergrollen. Er hat mir sehr gefehlt, dachte ich, als er mir wehmütig von den letzten Tagen seiner Reise erzählte. Trotz der Hitze, die Ende Oktober noch herrschte und hier bei uns undenkbar wäre, fühlte er sich blendend. Er war zwischen Hadera und Tel Aviv hin und her gefahren und hatte es dabei selbstverständlich nicht versäumt, sich eine Karte für František Langers Schauspiel *Peripherie* zu besorgen, das die *Habimah* aufführte. Vor einigen Jahren hat er dieses Stück gemeinsam mit Braina in Reinhardts Theater gesehen, aber »die Schauspieler von *Habimah* haben besser gespielt als ihre Kollegen in Berlin. Wenn Braina doch nur ihre Rovina gesehen hätte! Hinreißend schön, in einem überaus kurzen Rock und mit rabenschwarzen Haaren.« An jeder Ecke in Tel Aviv traf er einen Bekannten – selbst bei der Rückreise auf dem Schiff. An Bord unterhielt er sich lange mit Berl Locker, Mitglied im Vorstand der *Jewish Agency* und zudem ein alter Freund aus Stockholm, wo dieser seinerzeit das Bureau der *Poalei Zion* leitete.

Der letzte Brief, den Faivel aus Erez Israel schickte, war länger als die vorherigen. »Schau dir das Briefpapier an«, bemerkte Braina und reichte ihn mir sichtlich stolz. Das Papier ist hellblau, und in der Kopfzeile steht: *The Jaffa Goldfruit Cooperative Society Ltd.* Daneben das Signet der Firma – und der Ort: Hadera. Schon die erste Seite des Briefes ist ein kleines hebräisches Wunderwerk, und ich werde die Zeilen weiter unten einrücken.

»Papa hatte Glück«, kommentierte Ayala. »Das ganze Tamtam hier. Vielleicht hat er es deswegen mit der Rückkehr nicht eilig gehabt.«

In der Tat gaben sich am 1. November wieder einmal Gäste die Klinke in die Hand. Jehuda tauchte ab und zeigte sich erst gar nicht. Ayala ging mit ihrer Klassenkameradin Raya zum Titania-Palast. Sie sind inzwischen beste Freundinnen, auch weil sie in ihrer Klasse als Ostjüdinnen von einigen geschnitten werden. Zum zweiten Mal schaute sie sich den Film *Der träumende Mund* an. Beim ersten Mal hatte Ayala ihn gemeinsam mit Braina gesehen – und war danach ganz aufgewühlt. Ein zutiefst berührendes Drama über eine Frau, die zwischen ihrem Gatten und seinem Jugendfreund hin- und hergerissen ist: Nie-

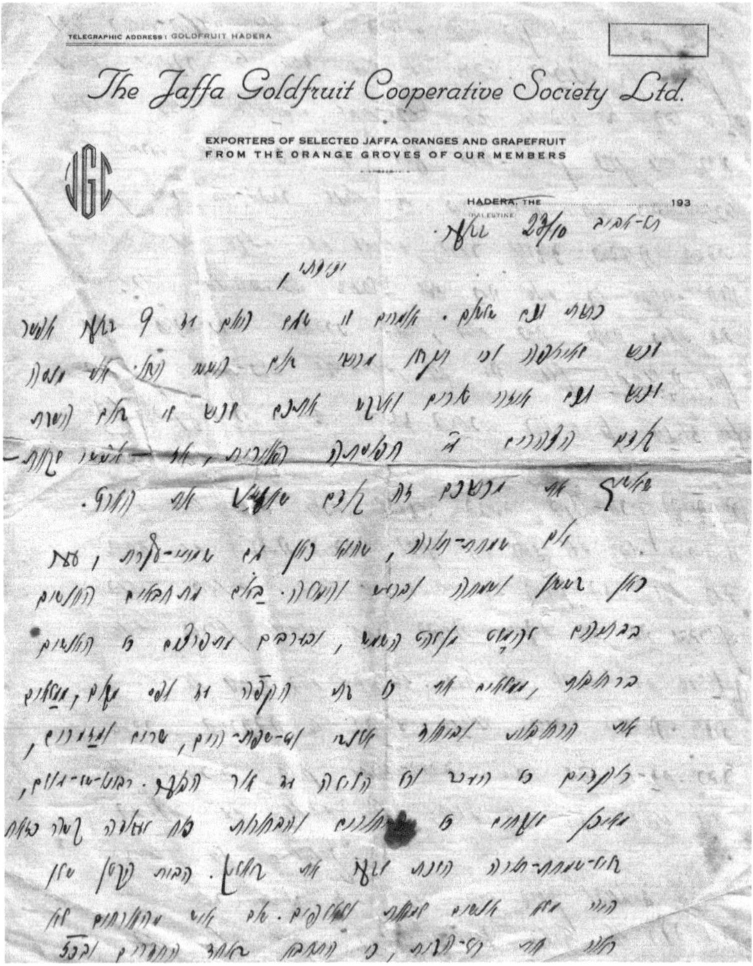

TELEGRAPHIC ADDRESS: GOLDFRUIT HADERA

The Jaffa Goldfruit Cooperative Society Ltd.

EXPORTERS OF SELECTED JAFFA ORANGES AND GRAPEFRUIT
FROM THE ORANGE GROVES OF OUR MEMBERS

JGC

HADERA, THE 193
PALESTINE

Brief Faivels aus Tel Aviv an Braina in Berlin, 23. Oktober 1932. Auf dem Briefpapier der von ihm gegründeten *Jaffa Goldfruit Cooperative Society* berichtet Faivel über den Besuch bei Bialik.

mals wird sie sich von ihrem Mann abwenden, doch zugleich kann sie vom Liebhaber nicht lassen. »Die Bergner ist großartig, Leidenschaft durch und durch. Und sie ist eine von unseren Leut'«, schwärmte Ayala.

Herr und Frau Grüngard
beehren sich, Sie zu dem am

Dienstag, 1. November
IN IHREM HAUSE

zu Gunsten des BETH AM IWRI stattfindenden
LITERARISCHEN ABEND
einzuladen.

MEINHART MAUR
V. DEUTSCHEN THEATER

bringt, in **Ernst** und **Humor**, eine besondere Auslese aus
13
erfolgreichen Saal- und Rundfunkprogrammen zum Vortrag.

Beginn 8[30] Uhr. FREIHERR V. STEINSTRASSE 13
Nähe Bayerischer Platz.

Einladung zum Literarischen Abend mit dem renommierten Schauspieler Meinhart Maur (1884–1964) in der Villa Grüngard, 1. November 1932.

Kurz und gut: Faivel, Jehuda und Ayala fehlten bei dem literarischen Abend, den Braina zugunsten des Volksheims ausrichtete. Der Schauspieler Meinhart Maur sagte sofort zu. »Aber als Honorar möchte ich nächstes Mal einen *lokschenkugel*«, scherzte er. Er und seine Frau sind regelmäßige Gäste an Schabbat-Abenden und Feiertagen, stets bringen sie gute Laune und einen gesunden Appetit mit. In jüngster Zeit hat er sich von der Bühne auf den Rundfunk verlagert, wobei ihm sein ›Projekt‹ besonders am Herzen liegt: In Saal- und Rundfunkprogrammen bringt er den Zuhörern das Wesen und Werden des Judentums nahe, geschöpft aus der Bibel und Klassikern der europäischen Literatur. So auch an jenem Abend in der Villa. Den Auftakt machte er auf Deutsch, mit Auszügen aus Heine, Morgenstern und Beer-Hofmann. Bevor er ins Hebräische wechselte, entschuldigte er sich charmant für seinen »furchtbaren deutschen Akzent«. Dann trug er auf Hebräisch ein Kapitel aus der Bibel und Gedichte von Bialik vor. Braina feuerte die Anwesenden zu großzügigen Spenden für das Volksheim an, und Rawidowicz bedankte sich mit warmherzigen Worten für ihren Einsatz. Nachdem die letzten Gäste gegangen waren, stießen wir mit einem Glas Wein an – ehrlich gesagt, mehr als nur einem. Und Maur, der in bester Laune – und vielleicht auch schon etwas beschwipst – war, unterhielt uns mit jüdischen Witzen und Anekdoten. Schade nur, dass diesmal unser Schauspieler Alexander Granach nicht ebenfalls dabei war – »er kann *majßalach* auf Jiddisch erzählen wie sonst keiner«, schwärmte Braina.

»Weißt du von Faivel, wie viele Verehrer Inga in Hadera hat?«, fragte mich Braina.

Ich verneinte.

»Alle haben sich nach ihr erkundigt: Aaron Frank und sein Freund, auch der amerikanische Bursche, den sie dort getroffen hat. Er hat sich Hals über Kopf in sie verliebt.«

»Nein, Faivel hat nichts erwähnt«, gestand ich.

Braina war enttäuscht, wollte sie doch am liebsten, dass alle Welt es wüsste. Nach einer Pause fuhr sie fort: »Hauptsache, Inga gibt gut auf sich acht und entscheidet sich für den richtigen Mann.«

Und nun noch der kuriose Auszug aus Faivels besagtem Brief aus Tel Aviv. Ich hatte schon von Freunden gehört, dass diese ›Heimsuchungen‹ Bialiks ein jährlicher Brauch geworden sind, aber ich finde Faivels Beschreibung besonders anschaulich:

»*Simchat Tora* ist mit ›*Freude und Wonne*‹, mit viel Wirbel und Trubel, vorbeigegangen. Tagsüber verschanzen sich die Menschen in ihren Häusern, der gleißenden Sonne wegen. Am Abend strömen sie hinaus, füllen die Kaffeehäuser bis auf den letzten Platz, bevölkern die Straßen, besonders die Allenby-Straße und die Promenade, singen und trällern, tanzen den ganzen Abend und die ganze Nacht lang, bis zum Morgengrauen. Großer Gott, woher nehmen diese jungen Männer und Frauen die Kraft zu so schwerer Arbeit! Am Vorabend von *Simchat Tora* ging ich zu Bialik. In seinem kleinen Haus wimmelte es von Leuten, Hunderte oder auch Tausende mögen es gewesen sein. Doch keiner von ihnen bekam den Gastgeber zu Gesicht, da er sich in einem der Zimmer versteckte. Dennoch strömten Menschen massenhaft durch das Haus. Sie drängten sich in allen Räumen, im Garten, sogar in der Straße. Das Haus war gewissermaßen herrenlos, und ein jeder tat, was er wollte. Ich schlängelte mich durch die Menge, und fühlte mich, als sei ich in ein russisches Badehaus hineingezogen worden, in dem der Dampf sich aufstaut und der ganze Leib in kürzester Zeit mit Schweiß bedeckt ist. Und in diesem schrecklichen Gedränge, in dieser Luft, in der man nicht atmen kann, und in dieser Hitze fanden die Menschen – alte wie junge – doch Wege, zu singen und zu tanzen, während ihnen der Schweiß wie aus Eimern über ihr Gesicht rann. Ursprünglich, also vor einigen Jahren, mögen diese ›Besuche‹ einem Gefühl der Verehrung für unseren großen Dichter entsprungen sein, aber so wie es sich jetzt abspielt, ist es keine Ehrerweisung für den Hausherrn, sondern eine Art Bacchanalie, ein Furor, der die Einwohner Tel Avivs ergriffen hat. Die Menschen waren berauscht von … dem *Gasos*, von dem *Asis*-Fruchtsaft und von Nektar.«

42 Freitag, 3. März 1933

Was wir befürchteten, ist eingetreten: Hitler ist Reichskanzler geworden. Vier Wochen nach seiner Vereidigung brannte der Reichstag. In Berlin wurden umgehend Oppositionelle und Juden verhaftet. Übermorgen finden neue Reichstagswahlen statt, und ich ahne, dass die Nazis eine klare Mehrheit erringen werden. Wenn es so sein sollte, werden sie ihre Macht ausbauen und den Anspruch auf die Regierung untermauern. In den jüdischen Gemeinden hatten die Gutgläubigen gehofft, dass Hitler in seinem neuen Amt zur Vernunft kommen und gemäßigter auftreten werde. Doch sein Erfolg hat das Feuer des Hasses noch weiter geschürt. Jetzt geht er rücksichtslos gegen alle vor, die er hasst: Kommunisten, Sozialisten und Juden. Ich – und viele meiner Freunde – sehen schwarz, aber wir sind nicht bereit aufzugeben.

Ich erinnere mich immer wieder an die Worte unseres großen jüdischen Historikers Simon Dubnow in seinem Buch *Jüdische Geschichte – für Kinder erzählt*, das vor einigen Monaten hier auf Jiddisch erschienen ist. Wie mir Faivel berichtete, hoffte Dubnow wie so viele andere, dass im »neuen Deutschland« für die über eine halbe Million Juden eine neue, strahlende Zeit beginnen würde. Da es aber bekanntlich anders gekommen sei, müssten sich die deutschen Juden auf den Kampf gegen diese Nachfahren der mittelalterlichen »Kreuzträger« vorbereiten. Auch die heutigen Feinde der Juden trügen ein Kreuz auf ihrer Uniform – ein Hakenkreuz.

In Erez Israel und in der *Gola* feierte man Bialiks sechzigsten Geburtstag. So auch bei uns. Allerdings musste die Feierstunde in Berlin verschoben werden, da die Polizei Störaktionen und Pöbeleien befürchtete. Wir holten die Feier einige Tage später nach; der Saal war restlos gefüllt. Rawidowicz hielt eine Begrüßungsrede, Maur rezitierte auf Deutsch und Hebräisch, und der Chor *Brit ha-Olim* sang Lieder von Bialik. »Mich beschlich bei aller Freude ein merkwürdiges Gefühl«, so drückte es Faivel aus. »Ich erinnerte mich an den Rat, den Bialik unserem Freund Pines gegeben hatte: ›Fliehe rechtzeitig.‹«

Im Hause Grüngard herrscht Kommen und Gehen wie eh und je. Braina empfing erneut die Gruppe Grunewald der Frauenarbeitsgemeinschaft für Palästina. Der Redakteur Yeshayahu Klinov sprach über Kommunismus und Zionismus. Noch vor nicht allzu langer Zeit war er ein feuriger Anhänger Jabotinskys gewesen, aber inzwischen hat er seine Meinung geändert und sich der sozialistischen Partei *Poalei Zion* angeschlossen. Seither vertritt er moderatere Positionen, wie Braina mir berichtete.

Mitte Februar hatte ich Gelegenheit, mich mit Klinov ausführlich zu unterhalten. Wir waren Tischnachbarn bei einem Abendessen, das Braina anlässlich des Besuchs von Berl Locker ausrichtete. Vor einigen Monaten war Klinov durch Erez Israel gereist und erzählte mir nun wie ein Wasserfall von seinen Erlebnissen. Ganz pragmatischen Themen widmete sich hingegen das Referat von Locker. Er betonte die Verpflichtung der *Jewish Agency*, alles nur irgend Mögliche zur Unterstützung der in Armut und Angst lebenden Ostjuden zu tun.

Als wir noch bei Tisch saßen, traten Ayala und Heinz ein. Klitschnass vom Regen, aber wie zwei Turteltäubchen. Braina lud sie ein, sich dazuzusetzen, aber Ayala wollte nicht. Das junge Paar verschwand im Treppenhaus; die beiden hatten gewiss Besseres zu tun.

Heinz überlegt mehr denn je, Deutschland zu verlassen. Er war schlecht gelaunt aus Österreich zurückgekehrt, wo er an der Tisch-

Heinz und Ayala, 1934.

tennisweltmeisterschaft teilgenommen hatte. »Nicht wegen des Abschneidens der Mannschaft, sondern wegen der Atmosphäre«, wie er sich ausdrückte. »Einige seiner Mannschaftskameraden zeigen ihm die kalte Schulter«, erzählte mir Ayala.

»Wer weiß, was die Zukunft bringt«, höre ich Braina immer öfter sagen. Sie sorgt sich, seufzt häufig, isst aus Nervosität zu viel und nimmt zu. Als Ayala mit der gesamten Klasse zu einer Skiausfahrt ins Riesengebirge fahren sollte, versuchte Braina in den Tagen davor, sie davon abzubringen. Da dies nicht fruchtete, bat sie zunächst Faivel und danach mich, mit Ayala zu reden. Aber auch unsere Bemühungen waren vergeblich. Vier bange Nächte verstrichen, bis Ayala blendend gelaunt zurückkehrte. »Es war wunderbar! Wenn nur der Alltag in der Schule auch so wäre ...«

Braina hat kaum eine Atempause. Schon seit Wochen kehrt Jehuda aufgewühlt von der Universität zurück, entrüstet über die sich wiederholenden Übergriffe. Einmal geriet er auf dem Nachhauseweg in eine Kundgebung von Nazis und konnte weder nach rechts noch links ausweichen: Kurzerhand reihte er sich ein und lief mit. An der erstbesten Kreuzung nahm er Reißaus.

Dieses Gesindel ahnte damals nicht, dass ein Jude unter ihnen war. Aber wenig später wussten sie es sehr wohl: Als Jehuda zur Bibliothek eilte, um ein Buch zu retournieren, und das Gebäude betrat, erblickten ihn einige Kommilitonen aus der Mathematik-Vorlesung. In ihren Augen blitzte Hass und Neid auf. Sie verstellten ihm den Weg. »Sollen wir ihn verprügeln?«, rief ihr Rädelsführer übermütig. Jehuda war fassungslos, er fühlte sich ihnen ausgeliefert. Plötzlich rief einer: »Ausländer!« Und ein anderer: »Er ist Schwede. Man muss aufpassen.«

»Er geht nicht mehr zurück!«, rief Braina empört. Und Faivel schrieb umgehend an Ephraim Kuzenok, den er noch vor Kurzem in Tel Aviv gesehen hatte. Bei ihrem Gespräch im Café *Tarshish* hatte Kuzenok ausführlich von der Gründung der *Palestine General Insurance Company* erzählt, an der er maßgeblich beteiligt war. Ich empfand es als großen Vertrauensbeweis, dass Faivel mir den Brief vorab zeigte:

»Mein Sohn möchte sein Studium hier nicht mehr fortsetzen. Vielleicht wird er nach England fahren. Er hat schon zwei Studienjahre hinter sich und braucht noch anderthalb bis zum Doktor. In Mathematik und Physik erbringt er exzellente Leistungen. Bestünde die Aussicht auf eine Stelle als Mathematiker bei einer Versicherung in Erez Israel, wäre er bereit auszuwandern, sein Studium an der Hebräischen Universität abzuschließen und sich im Lande niederzulassen.«

Doch am Ende wartete Faivel den Rat, um den er Kuzenok gebeten hatte, nicht ab. Stattdessen fasste man einen anderen Plan ins Auge: Jehuda sollte das Studium in der Schweiz abschließen. Wenn er dort in Versicherungsmathematik einen Doktor machte, könnte er später der erste promovierte Aktuar in Erez Israel sein.

Die Sache hat allerdings ihren Preis. Das Studiengeld beträgt zweihundert Franken im Semester, und die erklecklichen Lebenshaltungskosten kommen hinzu. »Es ist wichtig, dass er ein schönes Zimmer findet und es ihm an nichts fehlt«, macht Braina zur Bedingung. Faivel wird nicht müde zu betonen: »Das Geld ist da. Es gibt keinen Grund zur Sorge«, aber Jehuda schwankt bei der Entscheidung. Und ich frage mich, woher Faivel seine Zuversicht nimmt, auch in finanziellen Dingen. Nach Danzig fährt er nun nicht mehr; er hat es nicht einmal mitbekommen, dass jüdische Facharbeiter vom Senat der Freien

Stadt keine Arbeitserlaubnis mehr erhalten, da man sie als polnische Staatsbürger betrachtet. Gdingen erwähnt Faivel mit keinem Wort mehr.

Nach seiner Rückkehr hielt Faivel auf Einladung des Hebräischen Volksheims einen Vortrag über »Die palästinensische Wirtschaft«. Die meisten Anwesenden waren junge Männer und Frauen, darunter einige meiner Schüler. Sie alle spielen mit dem Gedanken, nach Palästina auszuwandern, wo die Wirtschaft, wie Faivel berichtete, einen großen Aufschwung erlebe. Laut der etwas trockenen Programmankündigung sollte es in dem Referat um »Landwirtschaft, Klein- und Großindustrie und Arbeitsfragen« gehen. Aber Faivel wusste den Ausführungen Anschaulichkeit und Farbigkeit zu verleihen. So erzählte er vom Wadi Chawarat, wo im Auftrag des *Keren Kayemet* Hunderte von Arbeitern die Sümpfe trockenlegen. In Haifa baut man derweil mit Tatkraft den ersten hebräischen Hafen, der zum größten im Nahen Osten werden soll. Er sprach auch vom Unterschied zwischen nationalen und privaten Investitionen. Beide seien notwendig für den Aufbau der Heimat. Während in Europa die Arbeitslosigkeit Millionen von Menschen in Not gestürzt habe, benötige man im *Yishuv* jede Hand, die beim Aufbau helfen kann, vor allem gelernte Handwerker wie Schreiner, Maler, Maurer und Stuckateure. Doch auch wer bereit sei, sich ausbilden oder umschulen zu lassen, dem stünden alle Möglichkeiten offen. Viele der jungen Leute im Publikum machten sich ausgiebig Notizen. Im Anschluss an das Referat gab es zahlreiche Fragen, und so ging die Veranstaltung erst kurz vor Mitternacht zu Ende.

Aufmerksam beobachtete ich Faivel beim Reden und studierte die Handbewegungen, mit denen er seinen sorgfältig formulierten Sätzen Nachdruck verlieh. Seit nunmehr neun Jahren stehe ich ihm nah. Kenne ihn und kenne ihn doch nicht. Er brachte den Zuhörern viel Interesse entgegen und antwortete auf jede Frage, manchmal sogar zu ausführlich. In zehn Tagen feiern wir seinen Geburtstag: Siebenundfünfzig Jahre werden dann hinter ihm liegen, aber noch immer funkelt ein jugendlicher Geist in seinen grauen Augen.

In einem Monat fährt er wieder nach Erez Israel.

43 Schabbat-Ausgang, 10. Juni 1933

Drei Monate sind seit meinem letzten Eintrag ins Tagebuch vergangen. Unsere Welt hat sich radikal verändert. Der widerliche Boykott am 1. April hat das wahre Gesicht der Nazi-Regierung offenbart: »Deutsche, kauft nicht bei Juden!« Dieses Gesindel setzt Patriotismus und Antisemitismus gleich. Die Juden sollen an den äußersten Rand gedrängt werden, mit den Mitteln des Gesetzes und mit nackter Gewalt. Der »jüdische Ungeist« – was für ein hanebüchener Unfug! – sei auszumerzen. In den Krankenhäusern wurden jüdische Ärzte entlassen, Richter verloren ihr Amt, namhafte Professoren dürfen nicht mehr unterrichten. Zwanzigtausend Bücher wurden im Mai unter den Augen der Öffentlichkeit verbrannt, die meisten aus der Feder jüdischer Autoren. Die Bände wurden auf dem Opernplatz ins Feuer geworfen, nur Asche blieb übrig.

Wir alle schwanken zwischen Erstarrung, Panik und kurzzeitiger Beruhigung. Immer mehr Juden wählen den Freitod. Andere fliehen in die Niederlande, die Schweiz und sogar nach Südamerika. Lange Schlangen haben sich vor dem Eingang des Palästina-Amts in der Meinekestraße gebildet: Die Menschen suchen verzweifelt nach Rat, wie und wohin sie auswandern können. Ende Mai verließen die ersten beiden Gruppen der Jugendvereinigung *Hechaluz* die Stadt. Auf dem Bahnsteig versammelten sich Hunderte Familienangehörige und Freunde. Ich verabschiedete mich von zweien meiner Schüler. Als der Zug sich in Bewegung setzte, stimmte die Menge das zionistische Lied *Techesakna* (»seid stark, Brüder ...«) an. Die Menschen ringsherum schauten verblüfft. Ende März veranstalteten wir eine Abschiedsfeier für unseren Freund, den hingebungsvollen Hebräischlehrer Nachum Lewin. Die Erziehung der Jugend war ihm eine heilige Aufgabe gewesen: »Sprich Hebräisch und du wirst dich neu erschaffen!«, predigte er seinen Schülern. Gut für ihn, dass er seine Rückkehr nach Erez Israel schon seit geraumer Zeit geplant hatte.

Ich vermisse die beiden Schüler, die uns verlassen haben, sie zählten zu meinen besten. Insgesamt habe ich freilich mehr Hebräischschüler denn je. Erwachsene und Jugendliche gleichermaßen. Alle hoffen sie, dass das Erlernen der Sprache ihnen bei der Auswanderung helfen wird. Es gibt zu wenig Lehrer, bei stetig steigender Nachfrage. Ich unterrichte jetzt an allen Wochentagen und komme damit sehr gut über die Runden. Aber viele leben von der Hand in den Mund. Mehrmals in der Woche besuche ich meine Mutter im Altenheim. Zu den Grüngards gehe ich nur dienstags und am Schabbat.

Die meisten Schüler begnügen sich mit einem minimalen Hebräisch, das gerade so für die Auswanderung ausreicht. Die erste Auflage des Heftes *1500 Worte Hebräisch*, vom Breslauer Lehrer Isaac Reznikow zusammengestellt, war innerhalb weniger Tage vergriffen. Wer hätte es geglaubt: Hebräische Vokabeln erscheinen inzwischen, teilweise in lateinischer Umschrift, in der jüdischen Presse, und keineswegs nur in den zionistischen Zeitungen. Und eine weitere Wendung, mit der niemand gerechnet hätte: Juden, die bis vor Kurzem nicht das geringste Interesse an der nationalen Bewegung zeigten, schließen sich der Berliner Zionistischen Vereinigung an. Ich frage mich, ob sie tief in ihren Herzen tatsächlich Zionisten sind. »Haifa ist eine große Stadt in Ägypten«, vernehme ich. Oder auch: »In der Wüste Sinai gedeihen jüdische Siedlungen.« Die Berliner Zionistische Vereinigung bietet Hebräischkurse für alle Altersgruppen an und organisiert Vorträge zur landwirtschaftlichen Kolonisation, zur jüdischen Stadt und sogar zur hebräischen Literatur. Hier ist die Zahl der Teilnehmer noch weitaus höher, als sie es bei Veranstaltungen im Hebräischen Volksheim je war. Übrigens wurde angesichts der Lage in Deutschland das Bureau des Hebräischen Weltbunds von Berlin nach Warschau verlegt.

Ich bin soeben von den Grüngards zurückgekehrt. Mehr als zwei Stunden lasen Ayala und ich Goethe und Schiller, deren Werke zum Schulstoff der letzten Monate gehörten. Die Lehrerin hatte einen Wink gegeben, dass eines der Prüfungsthemen in Deutsch mit dem Sturm und Drang zu tun haben werde. Ayala begeisterte sich besonders für *Maria Stuart*, und dies nicht nur wegen der dramatischen Beziehung zwischen den beiden Königinnen. Alles, was mit der englischen Monarchie zu tun hat, zieht sie in den Bann. Und in der englischen Sprache brilliert sie.

Wir saßen zu dritt am gedeckten Tisch: Braina, Ayala und ich. Jehuda studiert inzwischen in Bern. Faivel wird bald aus Erez Israel zurückkehren. Sie warten sehnsüchtig auf seine Rückkehr. Ayala trug laut aus Faivels Brief vor. Sie liest jetzt sehr viel flüssiger auf Hebräisch:

»Meine liebe Ayala,

Dein Gebet, dass meine Liebe für das Land noch zunehmen und inniger werden solle, erfüllt sich. Ich bin glücklich, dass du und Juditzl mich dazu drängen, unsere Einwanderung nach Erez Israel zu beschließen.«

»Hast du gehört, wer drängt, David?«, fragte Ayala und las den Satz vergnügt noch einmal vor.

Nach den Osterferien hat ihr letztes Schuljahr begonnen. Die Abiturprüfung rückt näher. Doch nach dem Tag des Boykotts wuchs unter den jüdischen Schülerinnen die Angst, gar nicht mehr in die Schule zurückkehren zu dürfen. Die Lehrerinnen Simon, Dr. Wolfsohn und Dr. Merzbach sind entlassen worden. »Ich wusste es! Ich wusste, dass sie alles tun werden, um uns das Abitur vorzuenthalten«, redete sich Ayala in Rage, aber vielleicht empfand sie auch eine gewisse Genugtuung, da sie seit Monaten wiederholt: »Wir hätten schon längst gehen sollen.«

»Ich habe es euch doch gesagt, Mama. Aber ihr – –«

Braina schlug die Hände vor das Gesicht. Dann stand sie wortlos auf und verließ das Zimmer. Am nächsten Tag schickte sie ein Telegramm an Faivel in Hadera. Er antwortete umgehend:

»Schreib mir, sobald klar wird, wie es mit Inga im Gymnasium weitergeht.« Und er fügte hinzu, dass sie, falls erforderlich, die Stadt jederzeit verlassen könnten: »Ehrenpreis in Schweden besuchen oder Jehuda in Bern.«

Sie blieben in Berlin. Braina wegen Ayala, und Ayala auch wegen Heinz. Noch ist er hier, aber bald wird er entweder nach Mailand oder in die Schweiz gehen. In der deutschen Tischtennis-Mannschaft darf er nicht mehr spielen. »Die Nazi-Schufte machen jüdischen Sportlern das Leben so gut wie unmöglich. Der begnadete Prenn ist tatsächlich nach England geflohen«, erzählte Heinz resigniert. Umso mehr bewunderte Ayala die Haltung des schwedischen Königs Gustav, eines passionierten Tennisspielers, der noch vor Kurzem nach einem Treffen mit Hindenburg und Hitler ausdrücklich auf ein Match mit Prenn bestand.

Auf dem Weg nach Genua, wo das Schiff nach Erez Israel wartete, hatte Faivel in Bern Halt gemacht und Jehuda besucht. Sie verbrachten den ganzen Tag zusammen und sahen am Abend eine Revue, die von einer Wiener Truppe gegeben wurde. »Jehuda hat sich gut eingerichtet, er hat ein schönes Zimmer und eine gutherzige Vermieterin«, berichtete Faivel brieflich. »Er hat sich bei seinen Professoren vorgestellt, und was das Studium betrifft, wird er noch besser vorankommen als an dem vorherigen Ort.«

»›Der vorherige Ort‹, seht ihr das? Papa will nicht mal mehr ›Berlin‹ schreiben. Recht hat er!«, rief Ayala.

Faivel bestätigte, dass das Leben in der Schweiz teuer ist, aber »ich habe ihm gesagt, er soll nicht zu viel über Ausgaben nachdenken und gut essen und trinken. Du weißt doch, meine Liebe, wie bescheiden er ist.«

Übrigens hat Jehuda noch kurz vor seinem Umzug nach Bern die erste Schachmeisterschaft an der Universität Berlin gewonnen. Die feierliche Preisverleihung fand jedoch ohne ihn statt. Ein Jude wird dieser Tage nicht mehr öffentlich geehrt. Die Trophäe – ein großer schwarzer Schachturm aus Holz – sandte man dem Meister schnöde nach Hause. Eingraviert ist die Zeile: »Dem Sieger im 1. Berliner Hochschul-Turnier, Februar 1933«.

Faivel verwöhnt Braina und Ayala von unterwegs mit Briefen und Telegrammen. Braina ist schreibfaul und hat es mit dem Antworten nicht eilig. Meist begnügt sie sich wie schon früher mit einem kurzen Telegramm. Aber sie freut sich über die ausführlichen Berichte von der Reise. Auf dem Schiff war Faivels Kabinennachbar ein englischer Jude, der einen *Pardes* in Erez Israel besitzt. Und im Speisesaal saß er neben seinem Berliner Bekannten Dr. Fritz Kahn. Der Arzt, der mit populären Büchern über den menschlichen Körper bekannt geworden ist, hat seine Praxis angesichts der antisemitischen Anfeindungen aufgegeben: Er will sich in Haifa niederlassen und seine Kinder dort zur Schule schicken. Vom Schiff aus schickte Faivel ein lyrisches Geschenk auf Hebräisch, und stolz beeilte sich Braina, es uns vorzulesen: Das gereimte

Gedicht trägt den Titel »Erinnerungen«. Volle sieben Seiten und dazu ein Blatt, auf dem er schwierige hebräische Wörter und Ausdrücke erläuterte, nebst dem Hinweis, dass die Verse in aschkenasischer Aussprache vorzutragen seien:

> Die Bilder der Kindheit,
> die ungeordneten, ungenauen
> führen zurück mich in
> mein Städtchen in Litauen

Doch beim Aufsteigen dieser Erinnerungen überkommt ihn eine starke Sehnsucht nach einem neuen Leben – »ein Leben in der Natur der Heimat«. Ich wollte das ganze Gedicht, mit seinen filigranen hebräischen Reimen, ins Deutsche übertragen, doch fehlt mir in diesen Tagen die Muße.

Die meiste Zeit verbringt Faivel in Hadera. Er widmet sich seinen *Pardesim*, gemeinsam mit dem alten Frank und dessen Söhnen. Der tiefe Wasserbrunnen, den man angelegt hat, erweist sich als segensreich, und in der Gegend nennt man ihn inzwischen den »Grüngard-Brunnen«. Eine erfolgreiche Erntesaison ist abgeschlossen, trotz der Hindernisse, die das englische Zollgesetz dem Export in den Weg legt. Der Preis für eine Kiste schwankt, doch zur allgemeinen Überraschung hat in Deutschland die Nachfrage nach Orangen zugenommen. Und der Transport der Kisten läuft inzwischen viel besser. Einige große Kooperativen, darunter die *Pardes*, kamen auf Faivel zu und luden ihn ein, sich ihnen anzuschließen. »Aber«, so berichtete er, »nach reiflicher Überlegung entschied ich mich, meine Kooperative auch in der Zukunft selbständig zu führen.«

»Ich hätte es anders gemacht«, bemerkte Braina. Von Anfang an war sie mit Faivels Entscheidung für eine eigenständige Kooperative nicht ganz einverstanden. »Wir hatten schon genug Enttäuschungen. Faivel hat mit seinen Geschäften nicht immer ein glückliches Händchen bewiesen.« Nach einer Pause setzte sie leise hinzu: »Mendel hat recht, *a paetisch geschtimter mentsch*«.

26. Juni 1933
Ein Uhr in der Nacht. Tausende sind zur Gedenkfeier für Chaim Arlosoroff in die Philharmonie gekommen. Vor zehn Tagen ist der junge zionistische Politiker ermordet worden, als er mit seiner Frau am Strand in Tel Aviv spazieren ging. Die Nachricht schlug wie ein Blitz ein. Kein Araber, sondern ein Jude – ein radikaler Revisionist – ist als Tatverdächtiger festgenommen worden. Dr. Landauer und Kurt Blumenfeld haben bewegende Reden über den Mann gehalten, der die politische Leitung der *Jewish Agency* maßgeblich bestimmte und für uns ein Hoffnungsträger war. In jüngster Zeit setzte er sich für die Auswanderung deutscher Juden ein und war an der Aushandlung eines entsprechenden Abkommens mit dem Deutschen Reich beteiligt. Als Kantor Gollanin das »*Gott voller Erbarmen*« vortrug, herrschte heilige Stille im Saal.

44 Dienstag, 12. Dezember 1933

Heute Abend haben wir das erste Licht von *Chanukka* entzündet und Brainas Geburtstag gefeiert, gemeinsam mit der Familie und einer Handvoll Freunden. Wie immer schenkte Faivel ihr eine Orchidee, violett und von elegantem Wuchs. Die saftigen *latkes*, die Fräulein Ladebeck vorbereitete, machten ihrem Ruf alle Ehre. »Bassja und ich haben sie in die Geheimnisse der jüdischen Küche eingeführt, und inzwischen kocht sie besser als wir«, scherzte Braina. Draußen schüttete es. Jehuda fehlte.

In Bern vertieft er sich ins Studium, insbesondere in die Versicherungsmathematik. Er hat sich entschieden, seine Doktorarbeit bei Professor Friedli zu schreiben. Begeistert erzählte er von dem Mann, der sich hingebungsvoll um die Studenten kümmert, obwohl er körperlich versehrt ist. Der Gegenstand der Arbeit muss noch festgelegt werden. Der Professor hat ein Thema aus dem Gebiet der Invalidenversicherung ins Gespräch gebracht, eine Entscheidung soll bald fallen. Es scheint, als ob Jehuda in Bern aufblüht. Nur die beträchtlichen Lebenshaltungskosten bereiten ihm ein schlechtes Gewissen. Die Miete und Aufwendungen für den Alltag belaufen sich auf etwa zweihundert Franken pro Monat, die Studiengebühren kommen noch hinzu.

Zu Jehudas Glück – und Ayalas Leidwesen – lebt auch Heinz inzwischen in der Schweiz. Die beiden treffen sich regelmäßig und unternehmen viel zusammen. Heinz lebt vom Tischtennis, er spielt gegen jedermann, sei es in Vereinen oder in Gaststätten. Vor einer Woche gab er sein Debüt in der Schweizer Nationalmannschaft bei der Weltmeisterschaft in Paris. Im kommenden Jahr wird er an allen Mannschaftsspielen teilnehmen und erntet bereits Vorschusslorbeeren: »Er spielt wie eine Gummiwand«, heißt es über ihn.

Man kann nicht behaupten, dass Braina traurig über den Weggang von Heinz ist. Es ist nicht der *schiddech*, den sie sich für ihre Tochter wünscht. Ihre Inga soll einen Mann mit festem Einkommen und abgeschlossenem Studium finden. Sport sei kein Beruf und werfe auch nicht viel ab. Freunde können sie bleiben. Im Übrigen fehlt es Ayala nicht an Verehrern: Richard, mit dem sie Ausflüge unternimmt; Hansi, mit dem sie seit der Überfahrt Briefe wechselt, und der junge Amerikaner in Hadera.

In der Tat erwies sich die Distanz als hilfreich – zumindest im Sinne Brainas. Am Anfang korrespondierten Ayala und Heinz noch viel und sprachen auch am Telefon miteinander. Sie schickte ihm kleine Päckchen in die Schweiz, aber mit der Zeit wurden die Sendungen weniger.

»Das Abitur, nur noch das Abitur, und dann weg von hier«, bekräftigt Ayala immer wieder. Übermäßig strengt sie sich für die Prüfungen nicht an. Ihre Noten sind mittelmäßig. In Englisch hat sie allerdings ein »Sehr gut« und in Mathematik ein »Gut« – Letzteres gewiss auch dank des engagierten Lehrers »mit dem hässlichen Gesicht«. »Ich möchte technische Assistentin bei einem Arzt werden. Dafür muss man sich weder in Geschichte noch in deutscher Literatur großartig auskennen. Habe ich recht?«, bemerkte sie flapsig.

Die Hebräischlektionen haben wir zurückgestellt. Ich will ihr keinen Druck machen. Inzwischen komme ich nur noch einmal die Woche, meist am Schabbat, und dies reicht ohnehin nicht für das ganze Pensum. »Was du mir hier nicht beigebracht hast, werde ich dort lernen«, erklärte sie. In Hebbels Tragödie *Maria Magdalena*, die auf der Lektüreliste für den Deutschunterricht steht, hat sie nur oberflächlich geblättert. »Sowieso – –«

»Ja, ich weiß, was du sagen willst«, unterbrach ich sie.

»Alles ist anders geworden. Der Ungeist der Nazis ist längst auch bei uns im Gymnasium angekommen.«

Seit Oktober gewährt man jüdischen Schülerinnen keine Schulgeldermäßigung mehr. Der Unterricht wird zunehmend ideologischer. Immer mehr Lehrer schwenken auf die Linie der Nazis ein, anfangs noch mit einer gewissen Zurückhaltung, jetzt eher unverhohlen. Auch unter den Schülerinnen merkt man, dass ein neuer Wind weht, viele gehen auf Abstand zu den jüdischen Schülerinnen. Von denen erzählen einige zu Hause nicht die volle Wahrheit, um die Eltern zu schonen. »Gut, dass wir zumindest Dr. Kölle als Schuldirektor haben. Er ist den jüdischen Schülerinnen wohlgesonnen«, berichtete Ayala. Bei der Gedenkfeier für Schlageter, den die Nazis zum Helden erhoben haben, hielt nicht der Direktor, sondern einer der Lehrer die Ansprache. Allerdings hat Dr. Kölle der Einführung des Hitler-Grußes an der Schule nicht widersprochen. Und auch die Vorgabe, dass der Anteil der deutsch-jüdischen Schülerinnen fünf Prozent nicht übersteigen soll, scheint man umsetzen zu wollen. Jedenfalls musste Grete Lewy, mit deren Eltern die Grüngards bekannt sind, das Gymnasium verlassen.

Braina geht nach Anbruch der Dunkelheit kaum noch aus dem Haus. Seit jenem schrecklichen Abend, an dem drei Uniformierte in die Villa kamen, ist sie verstört: In Faivels Bureau durchwühlten sie alle Schränke und Schubladen und hinterließen ein Chaos. »Wer sind die Denunzianten?«, fragt sie immer wieder. Faivel versucht sie zu beruhigen. Vergeblich. Selbst wenn es nur für eine Stunde ist, hat Braina jetzt Angst, das Haus zu verlassen. Sie, die so regelmäßig ins Theater ging, verzichtete sogar darauf, die Aufführung von *Nathan der Weise* zu sehen, die den Auftakt zu den Aktivitäten des im Sommer gegründeten Kulturbunds deutscher Juden bildete. Hier fanden die Künstler, die von den Nazis kurz zuvor entlassen worden waren, ein neues Wirkungsfeld. Zumindest konnten Faivel und ich sie überreden, uns zu einem hebräischen

Das sogenannte *Casino*, ein beliebtes Café am Strand von Tel Aviv, Aufnahme ca. 1926.

Abend mit Rezitation und Musik zu begleiten, den der Hebräischlehrer Saul Kaléko organisierte. Auf dem Rückweg bemerkte sie: »Alles schön und gut. Aber es ist nicht so, wie es war.« Und sie nannte die Namen von Freunden, die Berlin bereits verlassen haben – allen voran die Ehepaare Gronemann und Rawidowicz. Dass diese begeisterten Zionisten nicht nach Erez Israel gegangen sind, steht auf einem anderen Blatt.

»Erzähl mir von Tel Aviv«, fordert Braina Faivel auf, wenn die Schwermut sie überkommt. »Was gibt es Neues dort?« Er berichtet ihr zum zweiten und dritten Mal von Dingen, die er ihr bereits erzählt hat. So etwa vom ungebrochenen Baueifer: Die Stadtverwaltung hat Hunderte Anträge für die Errichtung von Wohnhäusern und Geschäften bewilligt. Die Grundstückspreise steigen und steigen. Und die Spekulanten verdienen ordentlich daran. »Die Einwanderer aus Deutschland haben nicht viel für das Leben im Kibbuz übrig und ziehen das Stadtleben vor, egal ob in Tel Aviv oder Haifa. Genau wie du, meine Liebe.«

»Ja, genau wie ich«, nickt sie. »Und was tut sich am Strand?«

Faivel nimmt sie mit auf einen imaginären Spaziergang in Tel Aviv, wie es sich schon einige Male bewährt hat. »Mit oder ohne Poesie? Ganz wie du willst.«

»Diesmal mit Poesie, gerne.«

Faivel erzählt, dass sie sich vor dem Moghrabi-Kino treffen und entlang der Allenby-Straße und vor dort aus bis zum Meer schlendern. Die Sonne wirft ein goldenes Licht auf das Wasser, Möwen tauchen in den Schaum der Wellen. ›Ihr‹ Café *Casino*, von dem aus man den Strand überblickt. Unten kleine Gruppen, die Gymnastikübungen machen, hübsche – und weniger hübsche – Frauen im Badeanzug. »Schau mal, die Kinder dort drüben bauen Sandburgen.« Die salzige Brise, die vom Meer her weht, ist gut für die Gesundheit. »Pass auf, meine Liebe, die Radfahrer sind schnell wie der Blitz.« Er findet für sie beide gerade noch einen Platz im *Tarshish*, seinem Lieblingscafé – »ein Gefallen des Oberkellners, er kennt mich gut«. Abends nimmt er sie zu einem Vortrag im *Beit ha-Am* mit oder vielleicht zum benachbarten *Gan Rina*, wo man einen neuen Film aus Europa zeigt. Und wenn sie möchte, können sie davor durch das Tel Nordau-Viertel bummeln, damit sie feststellen kann, wie prächtig es sich entwickelt hat. Im Hof, nahe der Grundschule, wachsen blattlose Tamarisken und anmutige Pfefferbäume, die dafür bekannt sind, Trockenheit gut zu vertragen. Wunderschöne Häuser mit zwei und drei Etagen, einfach und doch geschmackvoll. Und die Menschen, die in den Häusern leben, hat sie ja bei ihren Besuchen schon mit eigenen Augen gesehen. Sie stammen überwiegend aus Europa. Mit der Religion haben sie nicht viel am Hut, sie glauben an den Zionismus. Tüchtige Juden, ein neuer Mittelstand – alles ganz nach Brainas Geschmack.

Tief in seinem Herzen weiß Faivel ganz genau, wo sie gerne wohnen würde. Seitdem er zurückgekehrt ist, schickt er Briefe an Makler und Immobilienbureaus, fragt Freunde um Rat. Soll man gleich kaufen, trotz der ansehnlichen Preise – oder wäre es besser, eine Wohnung zu mieten, vielleicht sogar mit *Dmei Mafteach*, also Schlüsselgeld? Das bedeutet, man muss an den Eigentümer eine hohe Einmalzahlung leisten und kann dafür unbegrenzt wohnen. Er überlegt hin und her, macht sich Notizen und rechnet die Sache durch.

»Was würdest du tun?«, fragte er mich.

»Ich?«, entgegnete ich verblüfft. »Ich bin doch schon seit zwölf Jahren nicht mehr im Land gewesen.«

»Ach ja, David, ich vergaß es. Entschuldige«, sagte er leise. »Vielleicht ist es das Alter. In meinen Gedanken bin ich schon dort.«

45 Mitternacht, 20. Januar 1934

Ein ungewöhnlicher Schabbat. Nach dem Besuch bei meiner Mutter fuhr ich direkt zu den Grüngards, obwohl die Stunde mit Ayala erst für den Nachmittag abgemacht war.

»Wunderbar«, rief Braina und führte mich zum gedeckten Tisch. »Du bist gerade richtig gekommen.«

Unverhofft hatte ich also Glück, denn den ganzen Morgen über war Braina am Telefonieren gewesen, darunter die übliche Stunde mit Bassja. Das Mittagessen verzögerte sich dadurch.

Abends saßen Faivel und ich am Kamin in seinem Bureau. Wir genossen einen vorzüglichen Wein, den er aus Erez Israel mitgebracht hatte, und plauderten. Schon lange haben wir keinen so gemütlichen Abend zusammen verbracht.

Aber der Reihe nach. Vor drei Tagen ist er aus Stockholm zurückgekehrt. Auch diesmal fuhr er mit der *Queen Victoria*, noch immer seine bevorzugte Fähre. Von Bord schickte er einen Brief voller Erinnerungen an das Land, in dem sie fast neun Jahre gelebt hatten. Über den Zweck der Reise erfuhr ich von Braina. Zum einen musste er eine Postanschrift für den Grundschuldbrief hinterlegen (um was genau es geht, mochte ich nicht fragen). Zum anderen hatte er sich vorgenommen, die Nachfrage für Zitrusfrüchte in Skandinavien zu erkunden und seine geschäftlichen Beziehungen zu vertiefen. Und drittens wollte er sich von alten Freunden verabschieden – und vom »wunderschönen Stockholm«, das ihm am Herzen lag, viel mehr als es Braina je bedeutet hatte. »Der Weg ist bereitet und geradlinig«, verriet sie. »Aber lies selbst seinen Brief«:

»Eine Kette verbindet mich mit meinem Heim, meinem festen Heim, sie zieht und führt mich förmlich zu ihm hin. Und diese Reise ist ein Ring in dieser Kette. Alle Wege führen nach Rom, aber meine führen nach Jerusalem. Auch diese Reise dient der Vorbereitung jenes festen Heims, das ich schon bald in Erez Israel errichten will.«

Ich wollte mehr über die Reise wissen. Faivel erzählte bereitwillig.

»Steinsapir hat nach dir gefragt, David. Er erinnert sich gut an die schönen Stunden, die er mit dir in Berlin verbracht hat, und lässt dich herzlich grüßen.«

Von Steinsapir erfuhr Faivel, dass auch in Skandinavien der Antisemitismus inzwischen sein hässliches Gesicht zeigt. Zwar ist die überwiegende Mehrheit der Bevölkerung liberal und tolerant gesinnt, aber wer geglaubt hat, dass es in Schweden überhaupt keinen Nährboden für den Judenhass gibt, hat sich geirrt. »Zweifellos«, so Faivel, »lernen auch deshalb mehr schwedische Juden Hebräisch. Mit Berlin kann man

Verladen von Orangen für den Export nach Europa, ca. 1934. Faivels Hoffnungen auf einen florierenden Export erhielten schon bald einen herben Dämpfer durch den von Italien angezettelten Abessinienkrieg (1935) und die daraus resultierenden Spannungen im Mittelmeer.

es natürlich nicht vergleichen. Und doch, wer hätte das vor fünfzehn Jahren gedacht! Damals gründeten wir in Stockholm eine hebräische Schule und engagierten einen Lehrer aus Deutschland, der viel Erfahrung mitbrachte. Aber nach nur neun Monaten mussten wir die *Ivria* schließen, aus Mangel an Interesse unter den ortsansässigen Juden.«

Als Braina in das Bureau eintrat und auf die Uhr zeigte, führte Faivel mich gerade vor unserem geistigen Auge durch die *Pardesim*. »Gib uns noch einen Augenblick, meine Liebe. Wir sind fast fertig.« Braina zuckte mit den Schultern, und Faivel fuhr fort: »Wie es scheint, hat der Gott Israels sein Land und sein Volk doch nicht verlassen. Er hat eine eisige Kälte über Spanien niedergehen lassen, an der die Orangen verdarben. Bei uns hingegen rechnet man mit einer guten Saison und ordentlichen Preisen. Wir verschiffen die Ware von drei Häfen: das meiste von Jaffa aus, ein kleiner Teil über Port Said, der Rest über Haifa. Und wir exportieren in immer mehr Länder. Auch nach Schweden, wo in der letzten Zeit die Nachfrage nach Pampelmusen und Orangen erheblich angestiegen ist.« Dies war übrigens auch der Grund, weshalb er nach Helsingborg gefahren war, wo er Verhandlungen mit den beiden Direktoren der größten Importgesellschaft für Zitrusfrüchte führte.

»Wie du siehst, bin ich vollkommen in die Welt der *Pardesim* vertieft. Ein weiteres Kapitel meines Lebens schließt sich nun«, bemerkte er gelassen, ohne jede Sentimentalität. »Berlin wird mir nicht fehlen, weder das Haus noch die Annehmlichkeiten.«

Auch Braina wendet sich innerlich immer mehr von der Stadt ab, von der sie einst so schwärmte. Ungeduldig sehnt sie sich fort. Bei der Einweihungsfeier der neuen Räumlichkeiten der Berliner Zionistischen Vereinigung in der Kantstraße fehlte sie. Eine zionistische Feierlichkeit ohne Frau Grüngard, ist das denn denkbar? Als sie hörte, dass Kurt Blumenfeld bei der Frauenarbeitsgemeinschaft für Palästina über »Die Aufgabe der Frau bei der Gestaltung jüdischen Lebens« vortragen würde, erklärte sie entschieden: »Ohne mich!« Sie ließ ihrem Unmut freien Lauf: »Unnötig, vollkommen unnötig. Wir arbeiten doch ständig und helfen an allen Ecken und Enden. Für hochtrabende Belehrungen haben wir keinen Bedarf.«

Vor vier Tagen hat sie ihr Haus zum letzten Mal für die Frauenarbeitsgemeinschaft sowie geladene Gäste geöffnet – mit Bedacht einen Tag vor Faivels Rückkehr. Der Nachmittag wurde zu einer großen Abschiedsfeier. »Ein Glück, dass Papa in Schweden ist. Ihm wäre das hier alles zu bunt geworden«, kommentierte Ayala süffisant. »Und auch du bist noch einmal glimpflich davongekommen, David. Gut, dass du bis spätabends unterrichtest.«

Freilich erhielt ich von Braina später einen ausführlichen Bericht. Als Rednerin hatte sie Elfriede Bergel gewonnen, die Schwester Sammy Gronemanns. Sie ist eine Sozialarbeiterin, außerdem eine leidenschaftliche Zionistin und zählt zu Brainas engsten Freundinnen. Gleich zu Beginn erklärte sie, dass eine neue Epoche in der jüdischen Geschichte angebrochen sei. Die Einwanderung von jungen Menschen nach Erez Israel leiste einen entscheidenden Beitrag zum Werden einer neuen Gesellschaft. Es sei verständlich, dass die Mütter beim Abschied Angst und Schmerz verspürten, doch hätten sie die Pflicht, ihre Kinder mit vollen Kräften zu unterstützen und zu ermutigen. Als ich Brainas Zusammenfassung zuhörte, kam mir eine Frage in den Sinn, die ich mir zuvor nie gestellt hatte: Weshalb eigentlich hat sie in all den Jahren keinen einzigen Vortrag gehalten?

Doch zurück zum heutigen, denkwürdigen Schabbat. Nach dem verspäteten Mittagessen saßen Ayala und ich zusammen. »Diesmal will ich unbedingt erfolgreich sein«, bekräftige sie. Anfang kommender Woche steht die letzte Klassenarbeit in Deutsch an. »Die Ausstellung wird sicherlich eines der Themen sein, da geh ich jede Wette ein« – sie meinte die Fotografieausstellung *Die Kamera*, in der die Klasse kürzlich eine Führung bekommen hatte. Ayala hatte dem Besuch entgegengefiebert, schließlich ist ihre eigene Kamera für sie ein heiliger Gegenstand.

Drei auf ein enormes Format vergrößerte Aufnahmen empfingen die Besucher in der Eingangshalle: Bilder von Massenveranstaltungen, Hakenkreuzfahnen, Hunderte zum Hitlergruß ausgestreckte Arme.

Worüber also schreiben und worüber nicht? Über dieser Frage haben wir uns lange unterhalten – oder genauer gesagt: gestritten. Ayala wollte unter anderem einen Vergleich mit Fotografien anstellen, die sie in Tel Aviv auf der Levante-Messe gesehen hatte.

»Der Zionismus interessiert deine Lehrerin nicht«, brachte ich vor.

»Das weiß ich besser als du«, entgegnete sie gereizt.

»Aber du sagtest doch, dass du unbedingt erfolgreich sein willst – –«

Es half nichts. Sie hatte kein Einsehen, der Ton wurde hitziger. Ich packte meine Unterlagen zusammen und wollte aufbrechen. Da lief sie mit raschen Schritten hinter mir her. Wir versöhnten uns.

»Aber gib auf die Zeichensetzung acht. Und auf deine Handschrift. Du weißt doch, wie pedantisch deine Lehrerin ist. Sie hat euch immer wieder eingebläut, dass – –«

»Ja, ja, ich weiß. Schreib säuberlich. Ordnung muss sein. Regeln sind da, um eingehalten zu werden. Nicht wahr, Herr General?«

46 Schabbat, 10. Februar 1934

Die Entscheidung ist gefallen. Vom 26. März an wird Frau Emma Adolph die Villa verwalten. Faivel hat ihr eine Vollmacht erteilt. Als Mieterin zieht Anfang April eine Frau Konradt mit ihrer Familie ein. Die oberen Zimmer möchte sie zu Wohnzwecken nutzen, das Erdgeschoss und den Keller für ihr Fotoatelier. »Sie hat einen guten Ruf als Fotografin«, erklärte Ayala. »Ihre Aufnahmen sind gefragt.«

Braina befasst sich von morgens bis abends mit den Möbeln und anderen Gegenständen im Haus – was mitnehmen und was nicht? Zu ihrem Leidwesen wird einiges hierbleiben müssen. Die Bücherregale und die elegante Vitrine sind fest in der Wand verankert, so hatte es der Innenarchitekt seinerzeit entschieden. »Sowieso werden wir dort keine achtzehn Zimmer haben«, rief Ayala durch das Treppenhaus. »Sicherlich auch keinen Wintergarten.«

»Das weiß ich alles«, seufzte Braina.

»Und denk erst gar nicht daran, den Pelz mitzunehmen, Mama! Du weißt doch, wie heiß es dort ist. Abgesehen davon sind die Menschen schlicht und bescheiden angezogen.«

Braina konnte bereits etliche Stühle und einige der Teppiche verkaufen. Noch unklar ist, was mit den imposanten Sesseln geschehen soll: Zwar gibt es einige Interessenten, aber die Gebote liegen weit unter dem Wert. Die Käufer profitieren von der Politik, denn jüdische Eigentümer wollen scharenweise ihre Wohnungen und Möbel loswerden. Arische Käufer können frei wählen. Man schätzt, dass in der Stadt bereits dreißigtausend Wohnungen und Läden leerstehen.

Und doch gibt es auch Juden, die bleiben. Manche halten die Hoffnung aufrecht, dass der Nazi-Spuk bald ein Ende hat. Andere verwerfen die Auswanderung, weil sie ihre Familien nicht verlassen können. Und vielen fehlen schlichtweg die Mittel. In der Tat greifen Armut und Hunger um sich. Die Winterhilfe hat dieses Jahr allein in Berlin mehr als zwanzigtausend Juden mit gebrauchten Kleidern und mit Lebensmitteln versorgt.

»Wir sind privilegiert« – diesen Satz wiederholt Braina immerfort. »Gott sei Dank haben wir schwedische Pässe. Gut, dass Faivel damals nicht auf mich gehört hat und wir länger in Stockholm geblieben sind. In unserem letzten Jahr erhielten wir die Staatsbürgerschaft.« Weil sie in Deutschland Ausländer sind, müssen sie keine Reichsfluchtsteuer zahlen.

»Wir sind auch nicht von den armen Leuten. Kapitalisten sozusagen«, fügte sie lächelnd hinzu. »Faivel hat mir versichert: ›Nimm alles mit, wie du es für richtig hältst.‹ Hauptsache, er muss sich nicht mit dem Umzug befassen. ›Der Umzug ist deine Sache. Ich bin zwar Kaufmann von Beruf, aber du bist praktischer und tüchtiger als ich – und vierzehn Jahre jünger.‹«

Die Karten für die Überfahrt besorgte er. Mit dem Zug geht es nach Triest, dort wartet das Schiff. Diesmal werden sie in der ersten Klasse reisen.

Braina streift durch die Zimmer, manchmal allein, manchmal mit Bassja. Sie zerbricht sich weiterhin den Kopf darüber, was mit der Spedition geschickt und was zurückgelassen werden soll. Immer wieder hadert sie und ändert ihre Meinung, was genau mitnehmen oder zurücklassen? Faivels Schreibtisch; vier breite Sessel, vielleicht sogar mehr; der große Esstisch; einige der Landschaftsbilder von Gustav Hesse (eines schenkte sie mir zum Andenken); das Blumenstillleben, das Olga nicht mehr vollenden konnte, und so fort.

»Und was ist mit dem teuren Porzellanservice?«, fragte Fräulein Ladebeck.

»Das kommt auf jeden Fall auch mit«, antwortete Braina.

Und so geht es in einem fort: die blauen Weingläser, das Silberbesteck, das Teeservice ... »Das ist doch kein ›oller Plunder‹, Ingale. Wir verbinden kostbare Erinnerungen und Augenblicke damit.«

»Ich brauche nichts; nur hier wegkommen«, warf Ayala ein.

Jehuda seinerseits erklärte, dass er auf den Billardtisch verzichtet, wenn auch schweren Herzens.

Schabbat-Ausgang, 17. Februar

»Noch etwas mehr als zwei Wochen – dann ist Schluss!«, empfing mich Ayala übermütig.

Nächste Woche hat sie ihren neunzehnten Geburtstag, aber sie will nachfeiern, wenn das Abitur bestanden ist.

Mit den jüdischen Schülerinnen der unteren Klassen empfindet sie Mitleid: »Wer weiß, ob man sie überhaupt bis zum Abitur kommen lässt.« Der neue Geist, der durch die Schule weht, hat selbst jene auseinanderdividiert, die noch vor Kurzem beste Freundinnen waren.

Am ersten Jahrestag der ›Übernahme der nationalen Regierung‹ fand eine Feierstunde in der großen Aula statt. Für die kommende Woche ist eine Heldengedenkstunde angekündigt. »Diesmal wird Direktor Kölle die Rede halten«, berichtete Ayala. »Mag sein, dass er ein Humanist ist. Aber er beugt sich dennoch.«

Zum Abendessen kamen heute wieder Frau Koigen und ihr Sohn Georg. Nach dem plötzlichen Tod ihres Mannes David im März vergangenen Jahres machten Braina und einige Freunde es sich zur Herzensangelegenheit, die Witwe und ihre Kinder zu unterstützen. Nach vielen Jahren als Privatgelehrter, Schriftsteller und Leiter eines Privatkollegs bekam David Koigen schließlich knapp ein Jahr lang finanzielle Zuwendungen vom preußischen Ministerium für Wissenschaft, Kunst und Volksbildung. Doch damit war Ende 1931 aus unerfindlichen Gründen Schluss. Faivel und Kuzenok sind der Meinung, dass Frau Koigen besser daran getan hätte, gleich nach dem Tod ihres Mannes nach Erez Israel auszuwandern.

Georg, der Sohn, saß neben Ayala: Er ist nur zwei Jahr älter als sie, athletisch gebaut, mit funkelnden Augen und vollen Lippen. Er scheint sich zu ihr hingezogen zu fühlen. Und sie? Beide standen noch vor dem Dessert vom Tisch auf.

Wir sprachen lange über die Palästina-Ausstellung im Logenhaus in der Kleiststraße. Tausende haben sie sich bereits angeschaut, ein großer Erfolg der Zionistischen Vereinigung für Deutschland. Ausgestellt waren Modelle und Fotos: Kibbuz Beit Alfa am Fuße des Gilboa als Musterbeispiel einer hebräischen Siedlung, das Elektrizitätswerk Tel-Or, die Altstadt von Jerusalem und im Kontrast dazu das junge Tel Aviv. Große Plakate des *Keren Kayemet* und des *Keren Hayesod* riefen zu Spenden und zur Auswanderung auf.

Die Zionisten unter uns muss man – da sind wir uns einig – gewiss nicht überzeugen. Aber die Meinungen sind geteilt, was die Ausstellung bei den Skeptikern und Assimilierten bewirken wird.

»Es kann sein, dass Ayala einige Tage früher als wir aus Berlin aufbricht. Sie würde gerne Zeit mit Juditz und Heinz in Bern verbringen«, deutete Braina an. Jehuda studiert fleißig und arbeitet an seiner Doktorarbeit, die sich mit den »mathematisch-technischen Grundlagen der Invalidenversicherung« beschäftigt. Hin und wieder unternimmt er Wanderungen in den Bergen, aber im Großen und Ganzen zieht er es vor, Zeit mit Freunden und natürlich mit dem Schachspiel zu verbringen. Im Sommer soll Emanuel Lasker nach Zürich kommen, um an einem internationalen Turnier teilzunehmen – und Jehuda hat sich kurzerhand entschieden hinzufahren. Noch immer bewundert er Lasker, und es schmerzt ihn umso mehr, dass der Mann, der siebenundzwanzig Jahre lang Weltmeister war, über Nacht nach Holland fliehen musste. Seit neun Jahren hat Lasker nicht mehr an solchen Wettbewerben teilgenommen. Erst in letzter Zeit spielt er wieder – oder besser gesagt: muss er spielen, da er sonst finanziell kaum über die Runden käme. So wie es aussieht, sollen im Rahmen des Turniers auch Simultanspiele stattfinden. Wenn das wahr ist, wird sich Jehuda einen lang gehegten Traum erfüllen können.

Schabbat-Ausgang, 24. Februar 1934

Nach dem Abendessen zogen sich Braina und ihre Schwägerin zurück, um die Garderobe durchzusehen. Zurück blieben Faivel, Nissan und ich, eine Herrenrunde mit einer Flasche Wein. Jeder von uns saß an einer anderen Seite des großen Tisches, mit breitem Abstand zwischen uns. Hier hast du ein Zeichen der Zeit, dachte ich bei mir. Um diesen Tisch saßen einst zwanzig, ja dreißig Personen, Verwandte, Freunde und flüchtige Bekannte. Das Klappern von Besteck, ein babylonisches Sprachgewirr, ausgelassenes Lachen – das alles schien jetzt der fernen Vergangenheit anzugehören.

Wieder einmal kreiste das Gespräch um diejenigen, die Deutschland schon verlassen haben, und diejenigen, die es bald verlassen werden. Alleinstehende, aber auch ganze Familien und zuletzt Gruppen von Kindern und Jugendlichen. Letztere verdanken diese Möglichkeit der *Aliyat ha-Noar*, die von Frau Freier auf bewundernswerte Weise koordiniert wird.

»Ich mache mir Sorgen um Bassjas Burschen«, bemerkte Faivel. »Ernst und Heinz haben keine Zukunft hier.«

»Auch Bassja macht sich Sorgen. Aber Fritz wird niemals die Firma in Kreuzberg aufgeben«, warf Nissan missmutig ein. »Er hat sie schon von seinem Vater geerbt, *Lasch und Sohn*. Und er will, dass auch seine Söhne sie eines Tages unter diesem Namen fortführen.«

Faivel, gelassen wie immer, wollte seine Schwägerin in Schutz nehmen. »Nissl, du kennst doch deine Schwester. Und weißt, wie herzensgut und sanft Bassja ist – –«

»Sie ist zu nachgiebig«, unterbrach ihn Nissan. »Fritz wird Deutschland nie verlassen, und Bassja wird ihn nicht verlassen. Wenn die Nazis ihm die Firma wegnehmen, wird er schon Rat wissen und Wege finden, seine Handschuhe weiterhin zu verkaufen.«

Bassja hängt an Braina. In Schweden lebte sie als junges Mädchen bei ihrer Schwester im Haus, bis sie bei einem Besuch in Berlin Fritz kennenlernte. Und nun soll sie bald ohne Schwester und Bruder hier zurückbleiben. In alle Himmelsrichtungen werden die Geschwister dann zerstreut sein: Mendel in Kowno, Selig jetzt in Riga, Chajsarah und Ephraim in New York. Nissan und Rachel wiederum werden, so wie Braina und Faivel, noch dieses Jahr nach Erez Israel auswandern. Vierzig Prozent der Ärzte, die aus Berlin fortgegangen sind, haben dasselbe getan. Gleichwohl lässt sich Nissan nicht von dem Gerede beirren, es gebe bereits zu viele Ärzte in Erez Israel. Er ist ein Optimist. »Wir werden nicht verhungern«, so wiederholte er auch heute Abend – und fügte mit einem Lächeln hinzu: »Wenn alle Stricke reißen, werden wir bei Braina ein Dach über dem Kopf und ein Stückchen Brot finden.«

Faivel stand vom Tisch auf und verließ das Zimmer. Als er zurückkehrte, hielt er ein Foto in der Hand und reichte es uns. Es zeigte eine sandige Straße mit einem schmalen Fußweg, ein Auto neben einem Esel, ein arabischer Ziegentreiber mit seiner Herde.

»Oho, damit muss es wohl etwas auf sich haben«, brummte Nissan und schaute sich die Aufnahme genauer an.

»Tel Aviv, Hayarkon-Straße«, erklärte Faivel. »Hier gibt's Hotels und Pensionen, alle mit warmem Wasser und Komfort: *Kurpin*, *Gat Rimon*, *Kaete Dan* und noch andere.« Dann fuhr er mit dem Finger über den Rand des Fotos hinaus. »Am nördlichen Ende der Hayarkon-Straße steht die Seefahrtschule *Zevulun*, daneben die Seidenwarenfabrik von Herrn Delfiner.«

»*Nu, nu, gib sach a schokl*, lass die Katze aus dem Sack«, drängte Nissan.

Kurz gesagt: Auf dem sandigen Grundstück an der Ecke Hayarkon-/Bograshov-Straße wird ein zweistöckiges Wohnhaus gebaut. Vom Balkon aus wird man einen unverstellten Blick auf das Meer genießen. Als Faivel davon hörte, zögerte er nicht und setzte sich sofort mit dem Bauherrn in Verbindung. Die Bauarbeiten sind zwar noch in vollem Gange, aber es steht bereits fest, dass die Wohnung unbefristet für Schlüsselgeld vermietet werden soll. Deshalb werden die Grüngards zunächst im Hotel nebenan Quartier nehmen. Ob sie in die obere oder untere Etage einziehen werden, ist noch Verhandlungssache.

»Etage?«, fragte Nissan erstaunt. »Wie viele Zimmer?«

»Mehr als genug. Vermutlich fünf.«

»Fünf?«, hakte Nissan ungläubig nach. »Die meisten Familien in Erez Israel begnügen sich doch mit ein oder zwei Zimmern – –«

»So könnt ihr, wenn es nötig ist, bei uns wohnen, mein Lieber. Und auch du, David.«

»Nun denn, *masl tow*«, gratulierte Nissan und hob das Glas.

»Aber behaltet es für euch und erzählt Braina nichts. Ich glaube, dass ich das Haus ihrer Träume gefunden habe.«

Hayarkon-Straße 90, Tel Aviv. Zustand nach der Generalrenovierung, 2014. In diesem Haus – inzwischen um eine Etage aufgestockt – bezogen die Grüngards 1934 die Wohnung im ersten Obergeschoss. Die Fünfzimmer-Wohnung mit bis heute unverstelltem Meerblick war komplett mit Möbeln und Bildern aus der Berliner Villa eingerichtet. Faivel Grüngard starb 1951; Braina im Jahr 1971.

47 Donnerstag, 1. März 1934

»Es war schrecklich«, beklagte sich Ayala.

Am Vormittag fand die erste schriftliche Abiturprüfung, in Deutsch, statt. Vier Themen standen zur Auswahl:

1. Volk und Lebensraum – Blut und Boden
2. Die Idee des politischen Führertums
3. Der deutsche Staatsgedanke nach Kants Schrift *Vom ewigen Frieden* und Fichtes *Reden an die deutsche Nation*.
4. Der Gedanke der Volksgemeinschaft

»Und wofür hast du dich entschieden?«

Sie wollte es mir nicht sagen. »Ich bin sicher, dass ich es verbockt habe.«

Mittwoch, 7. März 1934

Morgen: feierliche Verabschiedung der Abiturientinnen. Studienrat Gallaus hält die Rede.

»Am Schabbat werden wir das bestandene Abitur und den bevorstehenden Aufbruch feiern«, kündigte Ayala am Telefon an.

Meine Aufgabe als Privatlehrer ist erfüllt.

Ayala, Aufnahme vom März 1934. Aus dem schielenden Mädchen ist eine attraktive Frau geworden – ganz so wie Tschernichowski es Braina einst vorhergesagt hatte.

Bezirksamt Schöneberg

Berlin-Schöneberg, den 26. Oktober 1959

Der Senat von Berlin hat beschlossen, das Grundstück Berlin-Schöneberg, Freiherr-vom-Stein-Straße 13, eingetragen im Grundbuch von Berlin-Schöneberg Band 120 Blatt 3863, zu erwerben.

Als Eigentümerin des in Berlin-Schöneberg gelegenen Grundstücks ist die Witwe Braina Grüngard, geb. Sudarsky, wohnhaft in Tel-Aviv/Israel, 90, Hayarkon-Straße eingetragen.

Die Eigentümerin – nachstehend Verkäuferin genannt – verkauft das ihr gehörende 556 qm große Ruinengrundstück Freiherr-vom-Stein-Straße 13 an das Land Berlin.

Quelle: Grundbuchamt Berlin-Schöneberg, Bd. 117, Bl. 3764–89 (alt Bd. 120, Bl. 3863), S. 91.

Dank

Es war eine lange, spannende Reise in die Vergangenheit, fast hundert Jahre zurück. Bei meiner Spurensuche in zahlreichen in- und ausländischen Archiven, Bibliotheken und persönlichen Sammlungen unterstützten mich Freunde, Kollegen und Verwandte. Für Hinweise, Rat und Hilfe unterschiedlichster Art möchte ich den folgenden Personen (in alphabetischer Reihenfolge) danken: Günther Angenendt (Bochum), Shmuel Avneri (Tel Aviv), Ido Bassok (Jerusalem), Bernhard Cedar, sel. A. (Cherry Hill, NJ), Sigal Davidi (Tel Aviv), Verena Dohrn (Hannover), Familie Estermann (London), Menachem Frank (Jerusalem), Roland Gruschka (Heidelberg), Haya Hofmann (Tel Aviv), Inge Jens † (Tübingen), Nahum Karlinsky (Beer Sheva), Helmut Krauß (Berlin), Silvana Krautz (Berlin), Jan Kühne (Jerusalem), Andreas Mengel (Bad Homburg), Florian Mildenberger (Berlin), Jan Mispelaere (Stockholm), Bertus Mulder (Amsterdam), Morton H. Narrowe (Stockholm), Nira Nave (Jerusalem), Andrea Pahlke (Berlin), Benjamin Ravid (Waltham, Mass.), Joachim Rogall (Heidelberg), Anne-Christin Saß (Berlin), Annette Sasse (Frankfurt a. M.), Uwe Schaper (Berlin), Joachim Schlör (Southampton), Hilary Spurling (London), Dajana Denes Walters (Philadelphia), Anne Weberling (Berlin), Chaviva Wiener (Jerusalem), Michaela Wiese (Stuttgart).

Ein besonderer Dank gilt meinen beiden Cousins in Tel Aviv, Emanuel Grüngard und Nadav Grüngard, die mir familiengeschichtliche Fotos und Dokumente zur Verfügung gestellt haben und auch Fragen nach meinen Großeltern beantworten konnten.

Ein herzlicher Dank gilt den ersten Lesern des Manuskripts, Eginhard Hora, Martina Kayser und Christiane Freudenstein-Arnold, für ihr Feedback und redaktionelle Ratschläge sowie meiner ausgezeichneten Lektorin Ursula Kömen.

Bei der Recherche und Niederschrift unterstützten mich mit unendlicher Geduld über viele Jahre hinweg die beiden Historiker meiner Familie. Meinem Mann, Robert Jütte, und meinem Sohn, Daniel Jütte, gilt mein besonderer Dank.

Glossar

Aliyat ha-Noar: hebr. 1933 in Berlin gegründete Organisation für die Einwanderung von Jugendlichen nach Palästina

Asis: hebr. Fruchtsaft

Bar/Bat Mizwa: hebr. Feier der religiösen Mündigkeit im Alter von 13 bzw. 12 Jahren

Bal chalojmes: jidd. Traumtänzer

Chaluz: hebr. Pionier

Cheder: hebr. (jidd. chejder) jüdische Religionsschule für Knaben

Chol ha-Moed: hebr. Zwischenfeiertage von *Pessach* und *Sukkot*

Chovevei Zion: hebr. Zionsfreunde; frühe zionistische Vereinigung von Ostjuden

Erev: hebr. Abend

Gasos: hebr. Sodawasser mit Saftgeschmack

Gola: hebr. Diaspora

Haggada: hebr. Pessach-Erzählung

Ha-Melitz: hebr. erste hebräische Tageszeitung im Zarenreich

Hatikva: hebr. Hymne der zionistischen Bewegung, heute israelische Nationalhymne

Hora: hebr. Kreistanz

Litvak: Jiddisch für Person aus Litauen

Makkabiya, hebr. Internationale jüdische Sportveranstaltung (erstmals 1932)

Matza: hebr. ungesäuertes Brot, das am *Pessach*-Fest gegessen wird

Melamed: hebr. und jidd. Lehrer

Moschav: hebr. landwirtschaftliche Genossenschaftssiedlung

Moschava: hebr. landwirtschaftliche Siedlung mit privatem Grundbesitz

Schiddech: jiddischer Ausdruck für Heiratsvermittlung

Tu bi-Schwat: hebr. Neujahrsfest der Bäume

Yishuv: hebr. das jüdische Gemeinwesen in Palästina vor der Staatsgründung

Literatur- und Quellenverzeichnis

Archive

Deutschland

Bundesarchiv, Standort Berlin (Bestand R 87/2175, R 87/8884)

Entschädigungsamt Berlin (Akten zu Ayala Feinberg, Yehuda Grüngard, Faivel Grüngard, Bassja Sudarski)

Familienarchiv Feinberg, Stuttgart

Friedhofsamt Berlin-Heerstraße (Verzeichnis der Bestatteten 1930)

Grundbuchamt Berlin-Schöneberg, (Bd. 117, Bl. 3764–89 (alt Bd. 120, Bl. 3863)

Landesarchiv Berlin (Rep. 211, Nr. 5134, 5135, Rep. 020–53)

Standesamt Berlin-Mitte (Sterberegister 1930)

Israel

Familienarchiv Grüngard, Tel Aviv

Verwaltungsarchiv Habimah, Tel Aviv

Zionistisches Archiv, Jerusalem (Bestände Nahum Judelewitz; Yechezkel Dov Danin)

Polen

Archiwum Państwowe w Gdańsku Oddział w Gdyni, Danzig (Bestand APG O/G 149/481)

Schweden

Kungsholms kyrkoarkiv Stockholm (Bestand Inflyttningslängder over inkomna personakter SE/SSA/00011/BI/62)

Riksarkivet Marieberg, Stockholm (Bestand Patent- och registreringsverket 1897–1972, Bd. 219)

Stadsarkivet Stockholm (Einwohnerverzeichnisse und Steuerakten 1915–1927)

Sammlungen

Bibliothek für Bildungsgeschichtliche Forschung des DIPF (Bestand: Berichte über das Schuljahr, Rückertschule, Städtische Oberschule für Mädchen, Sprachliche Form zu Berlin-Schöneberg 1924–1934)
Jüdisches Museum Berlin
Tischtennis-Museum Bochum

Zeitungen (H = Hebräisch)

Davar (H)
Die Jüdische Presse
Die Neue Welt
Die Welt
Doar Hayom (H)
Haam (H)
Haaretz
Haolam (H)
Hazafon (H)
Hazfira (H)
Jüdische Rundschau
Palestine Post
The Palestine Gazette
Vossische Zeitung

Adressbücher

Adressbuch für Danzig und Vororte 1926 (http://genwiki.genealogy.net/Danzig/Adressbuch_1926)
Berliner Adressbuch 1924–1934 (https://digital.zlb.de/viewer/metadata/34115495/1/)
Jüdisches Adressbuch für Gross-Berlin 1929/30, 1931/32 (https://digital.zlb.de/viewer/cms/142/)
Reichs-Medizinal-Kalender für Deutschland 1931

Stockholms Adresskalender 1920 (https://stockholmskallan.stockholm.se/PostFiles/SMF/SD/SSMB_0023983_1920_20.pdf)

Literatur

Adler, Arthur: »Werner Friedli«: 26. September 1893 bis 14. September 1936. In: Verhandlungen der Schweizerischen Naturforschenden Gesellschaft 119 (1938), S. 421–425.
Bajohr, Frank: »Unser Hotel ist judenfrei«. Bäder-Antisemitismus im 19. und 20. Jahrhundert. Frankfurt a. M. 2003.
Benecke, Hans: Eine Buchhandlung in Berlin. Frankfurt a. M. 1995.
Bertz, Inka, Dohrn, Verena et al.: Berlin Transit. Jüdische Migranten aus Osteuropa in den 1920er Jahren. Göttingen 2012.
Bialik, Chaim Nachman: Gedichte. Aus dem Hebräischen übertragen von Louis Weinberg. 2 Bde. Berlin 1920.
Bürger, Karin, Sonder, Ines et al. (Hg.): Soncino-Gesellschaft der Freunde des jüdischen Buches. Berlin 2014.
Chemical Heritage Foundation (Hg.): A Memoir of the Life of Jerry M. Sudarsky. Philadelphia 2010.
Diebold, Bernhard: Habima. Hebräisches Theater. Berlin 1928.
Dohrn, Verena: »Wir Europäer schlechthin«. Die Familie Koigen im russisch-jüdischen Berlin. In: Osteuropa 58 (2008), 8–10, S. 211–232.
Dohrn, Verena, Pickhan, Gertrud (Hg.): Transit und Transformation. Osteuropäisch-jüdische Migranten in Berlin 1918–1939. Göttingen 2010.
Döpke, Elsa u. a.: 75 Jahre Rückert-Schule. Nachforschungen – Erinnerungen – Einblicke. Berlin 1984.
Drozd, Jarosław: Społeczność żydowska Gdyni w okresie międzywojennym. Gdynia 2007.
Dubnow, Simon: Jüdische Geschichte – für Kinder erzählt, hg. von Marion Aptroot. Aus dem Jiddischen von Jutta Schumacher. Göttingen 2012.
Feinberg, Anat: ›Wir laden Sie höflich ein‹ – The Grüngard Salon and Jew-Zionist Sociability in Berlin in the 1920s. In: Transit und

Transformation. Osteuropäisch-jüdische Migranten in Berlin 1918 bis 1939, hg. von Verena Dohrn, Gertrud Pickhan. Göttingen 2010, S. 234–253.

Feinberg, Anat: The Unknown Leopold Jessner. German Theatre and Jewish Identity. In: Malkin Jeanette, Rokem Freddie (Hg.): Jews and the Making of Modern German Theatre. Iowa 2010, S. 232–260.

Feinberg, Anat: ›The sky of Eretz Israel: my sky‹ – Berlin and the Early Yishuv as Reflected in the Letters of Feivel Shraga Grüngard. In: Jewish Lifeworlds and Jewish Thought, ed. by Nathanael Riemer. Wiesbaden 2012, S. 309–320.

Feinberg, Anat: Der Fasan, Bialik und die Sehnsucht nach dem Zuhause. In: Jahrbuch Exilforschung, Bd. 31: Dinge des Exils, hg. von Dörte Bischoff, Joachim Schlör. München 2013, S. 250–267.

Fleckenstein, Jutta, Tillian-Fink, Lisa-Maria (Hg.): Never Walk Alone. Jüdische Identitäten im Sport. Berlin 2017.

Gronemann, Sammy: Erinnerungen. Berlin 2002.

Grosche, Heinz: Geschichte der Juden in Bad Homburg vor der Höhe, 1866–1945. Frankfurt a. M. 1991.

Grüngard, Isaak: Beiträge zur mathematisch-technischen Grundlage der Invalidenversicherung. Inauguraldissertation Universität Bern. Zürich 1935.

Hazen, N. William: The Citrus Industry of Palestine. Washington D. C. 1938.

Heilmann, Matthias: Leopold Jessner – Intendant der Republik. Tübingen 2005.

Herzl, Benjamin Zeev: Briefe und Tagebücher 1899–1904, bearbeitet von Johannes Wachten und Chaya Harel, Bd. 3. Frankfurt a. M., Berlin 1985.

Heymann, Michael (Hg.): The Uganda Controversy. Vol. 1–2. Piscataway, NJ 1970–1977.

Holitscher, Arthur: Reise durch das jüdische Palästina. Berlin 1922.

Horner, Deborah: Emil Bernhard Cohn. Berlin 2009.

Jacob, Ruth (Hg.): Jüdische Ärzte in Schöneberg – Topographie einer Vertreibung. Berlin 2012.

Jahresbericht Hilfsverein der deutschen Juden. Berlin 1931.

Jacobowitz, Georg: 25 Jahre Baugeschäft Georg Jacobowitz: Berlin, Joachimsthaler Str. 9; 1902 -1927. Berlin 1927.

Jütte, Robert: Leib und Leben im Judentum. Berlin 2016.

Jütte, Robert: Den Nazis ein finanzielles Schnippchen schlagen: Der »argentinische Krösus« Felix Weil und der Berliner Zionist Faivel Grüngard. In: Johannes Becke, Roland Gruschka (Hg.): Sprachheimaten und Grenzgänge.Festschrift für Anat Feinberg. Heidelberg 2021, S. 49–64.

Karlinsky, Nahum: California Dreaming: Adapting the »California Model« to the Jewish Citrus Industry in Palestine, 1917–1939. In: Israel Studies 5, 1 (2000), S. 24–40.

Kolb, Eberhard, Schumann, Dirk: Die Weimarer Republik. Boston, Berlin 2013.

Lengowski, Sara Janina: Bruno Eisner. In: Lexikon verfolgter Musiker und Musikerinnen der NS-Zeit, hg. von Claudia Maurer Zenck, Peter Petersen. Hamburg: Universität Hamburg, 2010 (https://www.lexm.uni-hamburg.de/object/lexm_lexmperson_00001799).

Lengowski, Sara Janina: Olga Eisner. In: Lexikon verfolgter Musiker und Musikerinnen der NS-Zeit, hg. von Claudia Maurer Zenck, Peter Petersen, Hamburg: Universität Hamburg, 2010 (https://www.lexm.uni-hamburg.de/object/lexm_lexmperson_00001802).

Lühe, Barbara von der: Die Musik war unsere Rettung. Tübingen 1998.

Moreau, Patrick: Nationalsozialismus von links. Stuttgart 1985.

Myers, David N.: Between Jew and Arab: The Lost Voice of Simon Rawidowicz. Waltham, Mass. 2008.

Narrowe, Morton Herman: Zionism in Sweden: its beginnings until the end of World War I. In: Nordisk Judaistik 3 (1981), S. 12–26.

Narrowe, Morton H.: Jabotinsky and the Zionists in Stockholm (1915). In: Jewish Social Studies 46 (1984), S. 9–20.

Narrowe, Morton Herman: Jidische Folkschtime (sic). In: Nordisk Judaistik / Scandinavian Jewish Studies 7 (1986), S. 92–103.

Narrowe, Morton H.: Zionism in Sweden. Its Beginning until the End of World War I. Ph.D. Dissertation. The Graduate School of The Jewish Theological Seminary of America 1990.

Omland, Sabine: NS-Propaganda im Unterricht deutscher Schulen 1933–1934. Münster 2014.

Or, Tamara: Heimat im Exil. Göttingen 2020.

Rawidowicz, Simon: Between Babylon and Jerusalem. Selected Writings, hg. von David N. Myers, Benjamin C. Ravid, Göttingen 2020.

Rott, Joachim: »Ich gehe meinen Weg ungehindert geradeaus«. Dr. Bernhard Weiß (1880–1951). Polizeivizepräsident in Berlin. Leben und Wirken. Berlin 2013.

Saß, Anne-Christin: Berliner Luftmenschen. Osteuropäisch-jüdische Migranten in der Weimarer Republik. Göttingen 2012.

Schäfer, Barbara: Berliner Zionistenkreise. Berlin 2003.

Schäfer, Manfred: Einst spielte er wie eine Gummiwand. In: Zeitschrift Deutscher Tischtennissport 1997, H. 2, S. 45.

Schlögel, Karl, Kucher, Katharina et al. (Hg.): Chronik russischen Lebens in Deutschland 1918–1941. Berlin 1999.

Schneersohn, Fischl: Grenadierstrasse, hg. von Anne-Christin Saß. Göttingen 2012.

Schöneberg Museum in Zusammenarbeit mit der Gedenkstätte Haus der Wannsee-Konferenz (Hg.): Orte des Erinnerns: Bd. 2: Jüdisches Alltagsleben im Bayerischen Viertel. Berlin 1995.

Simmenauer, Felix: Die Goldmedaille. Berlin 1989.

Sophoni Herz, Yitzhak: Meine Erinnerungen an Bad Homburg und seine 600jährige jüdische Gemeinde. Rehovot 1981.

Specht, Heike: Lilli Palmer. Die preußische Diva. Berlin 2014.

Spiegel, Alexander S.: A Life in Storm. Jerusalem, Tel Aviv 1963.

Spurling, Hilary: Matisse. The Master. A Life of Henri Matisse: The Conquest of Colour, 1909–1954. New York 2005.

Stenographisches Protokoll der Verhandlungen des 3. Zionisten-Congresses Basel 15. bis 18. August 1899. Wien 1899.

Stenographisches Protokoll der Verhandlungen des 5. Zionisten-Congresses in Basel 26., 27., 28., 29. und 30. Dezember 1901. Wien 1901.

Stenographisches Protokoll der Verhandlungen des 6. Zionisten-Congresses Basel 23.-28. August 1903. Wien 1903.

Sudarski, Nissel (Nissan): Atresia hymenalis und ihre Folgezustände. Med. Diss. Friedrich-Wilhelms-Universität zu Berlin. Berlin 1907.

Sudarsky, Mendel: Ein Fall von progressiver perniziöser Anämie mit schwerer Rückenmarkserkrankung. Med. Diss. Friedrich-Wilhelms-Universität zu Berlin. Berlin 1912.

Šulskus, Mantautas: Dr. Mendel Sudarsky: Founder of Folksblat and Editor of Lite. Life Through the Lens of Interwar Lithuanian Authorities. M. A. Thesis, Hochschule für Jüdische Studien, Heidelberg 2020.

Tanikowski, Artur (Hg.): Gdynia – Tel Aviv. Polin Museum of the History of Polish Jews. Warschau 2019.

Tarschis, Moritz: Zionism i sverige. In: Judisk Tidskrift 11 (1942), S. 319–326.

Tjiok, Clifford: Die rhetorische Gestaltung der Wahlkampf- und Zielgruppenwerbung der NSDAP in der Weimarer Republik unter Berücksichtigung der NS-Linken. Phil. Diss. Tübingen 1997.

Trapp, Frithjof, Mittenzwei, Werner, Rischbieter, Henning, Schneider, Hansjörg (Hg.): Handbuch des deutschsprachigen Exiltheaters 1933–1945. 3 Bde. München 1999.

Triendl-Zadoff, Miriam: Nächstes Jahr in Marienbad. Göttingen 2007.

Tschernichowski, Saul: Dein Glanz nahm mir die Worte. Aus dem Hebräischen von Jörg Schulte, Bd. 1. Berlin 2020.

Weiss, Yfaat: Schicksalsgemeinschaft im Wandel: Jüdische Erziehung im nationalsozialistischen Deutschland 1933–1938. Hamburg 1991.

Wichmann, Manfred: Jung-Ivria, Bar Kochba und Olympia – Felix Simmenauers Verbindung von Leichtathletik und Zionismus. In: Bahro, Berno, Braun, Jutta, Teichler, Hans-Joachim (Hg.): Vergessene Rekorde. Jüdische Leichtathletinnen vor und nach 1933, Berlin 2009, S. 174–181.

Hebräische und jiddische Quellen und Literatur

אביצור, שמואל: פירות יפו. מכון אבשלום לידיעת הארץ 1997

אבנרי, שמואל: כמה ביאליק יש? תל אביב: ידיעות ספרים 2021

אהרנפרייז, מרדכי: בין מזרח למערב. כפר סבא: הוצאת סיגלית 1986

אהרנפרייז, מרדכי: לאן? מסות ספרותיות. כינס וצירף הערות אבנר הולצמן. ירושלים: מוסד ביאליק 1998

ביאליק, חיים נחמן: איגרות. מסודר על ידי פ. לחובר. תל אביב: דביר 1938

ביין, אלכס: תיאודור הרצל. ספר תולדותיו. חלק שני. תל אביב: הוצאת מצפה 1934

בסוק, עידו: ליופי ונשגב ליבו ער. שאול טשרניחובסקי – חיים. ירושלים: כרמל 2017

בראלי, אבי, נחום קרלינסקי (עורכים): כלכלה וחברה בימי המנדט 1918–1948. הוצאת הספרים של אוניברסיטת בן גוריון בנגב 2003

דודה, אלפונס: ספורי שני בשבת. תרגם לעברית: מ. בן-אליעזר. פרנקפורט ע"נ מין, מוסקבה – אודיסה : הוצאת אמנות 1923

הגרי, אילן (עורך): העיר העברית הראשונה. תל אביב: הוצאת מוזיאון בית ראובן 2009

הולצמן, אבנר: חיים נחמן ביאליק. ירושלים: מרכז זלמן שזר לתולדות ישראל 2009

זר-ציון, שלי: הבימה בברלין, מיסודו של תאטרון ציוני. ירושלים: מאגנס 2015

יערי-פולסקין, יעקב: חולמים ולוחמים. פתח תקווה: זלמן גיסין 1922

כ"ץ, בן ציון: על חיי שאול טשרניחובסקי. תל אביב: הזמן (בהמשכים) 1944

כ"ץ, בן ציון: על עיתונים ואנשים. תל אביב: צריקובר 1983

כרמיאל, בתיה: בתי הקפה של תל אביב 1920–1980. תל אביב: מוזיאון תל אביב ויד יצחק בן-צבי 2007

לוינסון, אברהם: התנועה העברית בגולה. ורשה: האכסקוטיבה של הברית העברית העולמית בלונדון, תרצ"ה 1935

סודארסקי, מנדל, אוריה קאצענעלבאגן (עורכים): ליטע. 1951

סמילנסקי, משה: חדרה. מהדורה שניה. תל אביב: הוצאת אמנות 1936

סמילנסקי, משה: בצל הפרדסים. תל אביב: מסדה 1951

עבר הדני: חדרה תרנ"א – תשי"א. תל אביב: מסדה וחברת מייסדי חדרה 1951

עזריאלי, יהודה: שרשים ונצרים. ירושלים: עזריאלי 1994

פיינגולד, בן-עמי: »אוהל« – עלייתו ונפילתו של תאטרון פועלים. עיונים בתקומת ישראל, כרך 15, 2005, עמודים 349–372

פרידמן, ישעיהו: הרצל ופולמוס אוגנדה. עיונים בתקומת ישראל 4, 1994, עמודים 175–203

פרישמן, דויד: כל כתבי. הוצאת לילי פרישמאן, כרך שישי. ורשה וניו יורק 1931

קינן (קוצנוק), אפרים: במעגל דורי. רמת גן: מסדה 1952

קלאוזנר, מרגוט: יומן הבימה. תל אביב: הוצאת מועדים 1971

קרלינסקי, נחום: פריחת ההדר. יזמות פרטית ביישוב. 1890–1939. ירושלים: מאגנס 2000

ראביז, בנימין: שמעון ראבידוביץ וברית עברית עולמית: פרק ביחסים בין תרבות עברית

בתפוצה לאידיאולוגיה הציונית. מחקרים ומסות בלשון העברית ובספרותה. האוניבר־
סיטה החופשית, ברלין, המכון למדעי היהדות, יולי 2001, עמודים 119–154
שלום, גרשם: מברלין לירושלים. תל אביב: עם עובד 1982
תדהר, דוד: אנציקלופדיה לחלוצי הישוב ובוניו. 1947–1971

Internet

Zu Luise Zickel – https://www.stolpersteine-berlin.de/de/biografie/3974 (letzter Zugriff 9. 8. 2022)

Zu Meinhart Maur – https://de.wikipedia.org/wiki/Meinhart_Maur (letzter Zugriff 9. 8. 2022)

Zu Heinz Nickelsburg (später Nichols) – https://de.wikipedia.org/wiki/Heinz_Nickelsburg (letzter Zugriff 9. 8. 2022)

Zu Mendel Sudarsky (Sudarski) – https://he.wikipedia.org/wiki/%D7%9E%D7%A0%D7%93%D7%9C_%D7%A1%D7%95%D7%93%D7%A8%D7%A1%D7%A7%D7%99; Leyb Vaserman, Mendl Sudarski (http://yleksikon.blogspot.com/2018/03/mendl-sudarski-mendel-sudarsky.html (letzter Zugriff 9. 8. 2022)

Zum jüdischen Altersheim-Wilmersdorf: Berlingeschichte Lexikon: https://berlingeschichte.de/lexikon/chawi/w/wohnpflegezentrum_wilmersdorf.htm (letzter Zugriff 9. 8. 2022)

Bildnachweis

Die Autorin hat sich bemüht, sämtliche Rechteinhaber der in diesem Buch enthaltenen Abbildungen ausfindig zu machen. Sollte es in Einzelfällen nicht gelungen sein, die Rechtslage völlig zu klären, mögen sich allfällige Betroffene mit dem Verlag in Verbindung setzen.

Bibliotheka Narodowa 103
Compact Memory 117
Familienarchiv Feinberg 15, 21, 26, 30, 32, 36, 41, 44, 49, 64, 69, 77, 92, 94, 107, 133, 142, 152, 169, 180, 184, 186, 190, 191, 195, 218, 220
Library of Congress 53, 79, 83, 114, 123, 173, 209
National Photo Collections of the State of Israel 206
Wikimedia Commons 88, 101

Inhalt